alternatives sociales / les métiers du social

Daniel Verba

LE MÉTIER D'ÉDUCATEUR DE JEUNES ENFANTS

Mars 2003

La Découverte
9 *bis*, rue Abel-Hovelacque
75013 Paris

Catalogage Électre-Bibliographie

VERBA, Daniel
Le métier d'éducateur de jeunes enfants. – Nouv. éd. – Paris : La Découverte, 2003. (Alternatives sociales / Les métiers du social.)
ISBN 2-7071-4015-5

Rameau :	Travailleurs spécialisés dans le soin des enfants : descriptions d'emploi : France.
	Travailleurs spécialisés dans le soin des enfants : orientation professionnelle : France.
Dewey :	362.7 : Services sociaux spécifiques. Protection de l'enfance et de la jeunesse.
Public concerné :	Professionnel, spécialiste.

Si vous désirez être tenu régulièrement informé de nos parutions, il vous suffit d'envoyer vos nom et adresse aux Éditions La Découverte, 9 *bis*, rue Abel-Hovelacque, 75013 Paris. Vous recevrez gratuitement notre bulletin trimestriel *À La Découverte*. Vous pouvez également retrouver l'ensemble de notre catalogue et nous contacter sur notre site **www.editionsladecouverte.fr**.

PRÉFACE DE LA SECONDE ÉDITION

Comme nous l'indiquions déjà dans la première édition de cet ouvrage, un métier est un « corps » vivant qui évolue selon le contexte socio-économique, les multiples interactions matérielles et symboliques qui s'engagent au sein du champ professionnel, le dynamisme de ses représentants, la légitimité dont on le crédite, etc., et qui peut donc aussi disparaître si son utilité sociale n'est pas réaffirmée régulièrement. À l'occasion de la réédition de cet ouvrage publié en 1993, les éditions Syros [1] nous ont demandé d'actualiser les données de ce travail et de faire le point sur les grandes évolutions du métier d'éducateur de jeunes enfants (EJE) depuis une dizaine d'années. L'histoire de la profession d'EJE sera, en effet, probablement marquée par cette fin de siècle et ce début de millénaire qui ont vu au moins trois grands événements législatifs si ce n'est bouleverser, du moins significativement transformer

1. Les éditions Syros sont désormais intégrées dans les éditions La Découverte.

son cadre légal d'exercice. Ces mutations, qui étaient déjà perceptibles en 1993 et dont nous avions fait état dès la première édition de ce livre, sont dans l'ordre chronologique :

– la réforme du diplôme d'État et de la formation (1993) ;

– la refonte de la grille de la fonction publique territoriale (1992-1998) ;

– et surtout la publication, après vingt ans de tergiversations et de luttes d'influence, du décret « petite enfance » qui rend enfin lisibles et légales d'indiscutables évolutions contextuelles.

Pour actualiser ce livre, nous avons commencé par rafraîchir certains chiffres et la bibliographie, puis nous avons modifié la dernière partie en introduisant une analyse plus approfondie des récents mouvements législatifs déjà évoqués.

De plus, nous avons tenté de corriger certains oublis qui nous avaient été signalés lors de la première publication, comme le rôle important des caisses d'allocations familiales (CAF) dans l'accueil des jeunes enfants (contrats-enfance) et l'émergence de structures innovantes telles que les relais assistantes maternelles, les maisons ouvertes ou les lieux-passerelles.

Par ailleurs, une relecture attentive du livre et des récentes publications sur la petite enfance [2] n'a fait que renforcer nos hypothèses premières, tout en éveillant déjà quelques pistes de travail futur. Nous pensons en effet que l'accès facilité à la direction des structures d'accueil [3] pourrait avoir rapidement des effets significatifs sur le recrutement des futurs EJE et amener dans la profession non seulement des candidats mieux dotés scolairement, mais aussi un plus grand nombre

2. Didier-Luc Chaplain et Marie-France Custos-Lucidi, *Les Métiers de la petite enfance, des professions en quête d'identité*, Syros, 2001 ; « La petite enfance : pratiques et politiques », *Cahiers du Gedisst*, n° 22, L'Harmattan, 1998.

3. Décret n° 2000-762 du 1er août 2000.

d'hommes, attirés par les gratifications symboliques des nouveaux postes de direction. Cette promotion pourrait aussi avoir une influence sur les représentations de la profession, en la rendant plus légitime socialement.

En raison de ces mutations, nous avons souhaité ajouter quelques portraits de professionnels qui ont su évoluer au sein de leur métier et mettre leurs connaissances du jeune enfant au service de projets de développement social aussi bien dans le cadre de la fonction publique territoriale que dans celui des associations. Nous annoncions en 1993 qu'une fraction minoritaire des EJE commençait à s'engager dans une démarche de développement ; une étude d'Unites, l'organisme représentatif des centres de formation d'EJE, montre qu'ils sont aujourd'hui de plus en plus nombreux dans ce cas et que, pour une part importante des professionnels, « le travail auprès des enfants ne représente plus qu'environ 50 % des tâches, le reste étant soit de l'accompagnement des familles, soit de la gestion d'équipe, soit un travail en partenariat avec les collectivités locales [4] ». Le métier d'EJE, comme le dit très bien Jean Epstein, « devient de plus en plus un métier de la famille et pas seulement de l'enfant [5] ».

Car, outre les évolutions du cadre légal d'exercice du métier d'EJE, les professionnels de la petite enfance sont directement en prise avec les mutations socio-économiques qui touchent notamment les univers familiaux. Les sociologues de la famille montrent en effet que les modalités de construction des interactions familiales se sont diversifiées, que la famille nucléaire, qui a longtemps constitué le seul modèle de référence pour les sociétés occidentales, a perdu son exclusivité. Familles monoparentales, familles recomposées, familles

4. *Journal de l'action sociale*, mai 1998, p. 3.

5. « Prendre le tournant du social : jusqu'où ? » *ASH*, n° 2046, 21 novembre 1997, p. 22.

homosexuelles ont reconfiguré le paysage de la famille française et obligé les professionnels et les experts à s'interroger sur de nouvelles modalités d'intervention. C'est ainsi que l'on a pu observer ces dix dernières années la montée en puissance de catégories nouvelles de la pratique, comme la *parentalité*, qui indique confusément le trouble qui nous habite aujourd'hui lorsque nous nous interrogeons sur la fonction parentale et la manière d'exercer affectivement, pratiquement et juridiquement la condition de parent. Ces changements, qui affectent la place de l'enfant et nos conceptions de la *parentalité*, ont incontestablement des effets sur les missions confiées aux EJE et à l'ensemble des professionnels de l'éducation.

Pendant deux siècles, les institutions ont grignoté sur le pouvoir des familles, celui du père d'abord, qui a perdu sa « puissance paternelle », puis celui de la famille en général, qui a dû se dessaisir d'un certain nombre de prérogatives confiées à un corps d'experts, qui se sont souvent imposés en opposition aux valeurs et pratiques familiales. En dessaisissant les familles, avec leur complicité, de leurs dispositions traditionnelles, on a produit une forme de désengagement qui s'exprime aujourd'hui dans un brouillage des rôles et des fonctions où les uns et les autres peinent à repérer ce qui relève ou non de leur responsabilité. Du coup, les exigences pour être ou devenir un « bon parent » sont devenues quasi démesurées. On demande aux pères et aux mères d'être tout à la fois citoyens, éducateurs, instructeurs, répétiteurs, travailleurs, etc., alors que les institutions et l'État en premier n'ont fait que les dessaisir et les exclure de ces pôles de pouvoir. Les institutions se plaignent aujourd'hui du peu d'investissement des familles populaires dans l'éducation de leurs enfants, mais qu'ont-elles fait pour mieux les accueillir dans les crèches ou les écoles, où elles ont été le plus souvent contenues avec condescendance voire avec mépris hors de l'espace matériel ou symbolique de l'établissement ? Et lorsque les familles mieux dotées revendiquent un droit de regard sur la pédagogie et la considération due à un « partenaire » éducatif, selon les termes mêmes des textes ministériels, on les renvoie à plus de modestie en les cantonnant à l'organisation des kermesses ou à l'entretien des locaux. Si les familles sont parfois introuvables, c'est aussi que les professionnels n'ont pas encore trouvé la bonne distance avec celles-ci. C'est ce qui explique les nouveaux mots d'ordre de soutien à la parentalité, comme si être parent pouvait s'assimiler à un métier et donc s'enseigner dans des « écoles de parents », comme si nous avions encore besoin de nouveaux spécialistes pour apprendre à nous occuper de nos enfants alors que toutes les enquêtes montrent que, à l'exception de familles pathologiques peu nombreuses, les parents sont pour la plupart soucieux du devenir de leur enfant et conscients des enjeux de l'éducation que ceux-ci reçoivent. En ce sens, les familles sont aujourd'hui bien plus débordées par leurs progénitures et les univers dans lesquels elles évoluent que démissionnaires, comme on l'entend encore trop souvent dire par ceux qui voudraient renforcer la répression et l'appauvrissement des plus démunies. Il est donc prévisible que l'arrivée éventuelle des familles dans les institutions socio-éducatives, comme semblent l'encourager avec force aujourd'hui toutes les circulaires et les politiques contractuelles, ne se fera pas sans douleur et sans conflits avec les professionnels qui jusque-là s'abritaient derrière des instances infaillibles et bénéficiaient d'une protection de compétence qui est aujourd'hui largement remise en cause dans tous les secteurs de l'activité humaine (médecine, enseignement, politique, ingénierie, agriculture, etc.).

J'émettrai, pour ma part, une hypothèse forte selon laquelle les difficultés que nous rencontrons aujourd'hui avec une fraction heureusement très minoritaire de jeunes doit être mise en corrélation avec la manière dont nous autres adultes concevons le monde et les modalités éducatives auxquelles nous avons soumis nos propres enfants. Ceux-ci ne sont, après tout, que le produit négocié d'un contexte familial, social, économique et culturel auquel nous avons contribué et qui, malgré tous les prêches politiques et les incantations citoyennes, fait plus de place à la coercition qu'à la solidarité, au profit qu'à la générosité sociale et individuelle. Je n'exclus aucunement de ces tensions éducatives la responsabilité des enfants eux-mêmes, qu'il ne s'agit pas de transformer en victimes expiatoires de nos dérives sociales. Il convient plutôt de se demander ce qui, dans les interactions qui structurent les rapports entre les adultes et les enfants, mais aussi entre les adultes eux-mêmes, provoque la déstabilisation du système de valeurs qui avait, semble-t-il, triomphé au lendemain de la Seconde Guerre mondiale et auquel les générations favorisées du *baby boom* n'ont substitué qu'un fatras confus de bonnes intentions malmenées par le néo-libéralisme ambiant et l'absence d'alternative politique.

Ce n'est donc sûrement pas un hasard si, au-delà des contingences purement matérielles et des besoins clairement affirmés par les familles qui font passer l'accueil des jeunes enfants comme leur préoccupation numéro un, avant même l'emploi, dont il est souvent une des conditions pour les femmes, la création de nouveaux lieux d'accueil a été l'un des enjeux prioritaires des élections municipales de mars 2001 [6].

Daniel Verba,
mai 2001.

---

6. Voir à ce propos l'article « Les chantiers du nouveau Paris », *Libération*, 26 mars 2001.

À Anne

« ... grâce à l'infâme sophistique du concept de punition, on a entièrement dépossédé de son innocence la pure contingence de ce qui advient. On a même poussé la frénésie jusqu'à enjoindre d'éprouver l'existence elle-même comme une punition – on dirait que l'éducation de l'humanité a été dirigée jusqu'à présent par l'imagination déréglée de geôliers et de bourreaux. »

Nietzsche, *Aurore*, 13.

INTRODUCTION

C'est en 1973, à la suite d'une reconfiguration du métier de jardinière d'enfants, qu'apparaissent pour la première fois les *éducateurs de jeunes enfants*. Sanctionnée par un diplôme d'État délivré par le ministère de l'Emploi et de la Solidarité après deux années d'études dispensées dans des centres privés à but non lucratif, la profession d'éducateur de jeunes enfants est le produit d'une recomposition du secteur de la petite enfance qu'il s'agit de mettre en relation, selon Jeannine Verdes-Leroux, « avec les stratégies de reconversion des fractions de classe d'où elle est issue [1] ». Quittant en effet le champ de l'instruction préscolaire auquel était rattachée l'activité de la jardinière d'enfant, l'EJE [2] rejoint dans les nouveaux dispositifs de formation du ministère de la Santé les

1. Jeannine Verdes-Leroux, *Le Travail social*, Minuit, 1978, p. 132.
2. Éducateur de jeunes enfants.

autres intervenants de l'action sociale, comme les éducateurs spécialisés auxquels ils sont souvent assimilés ou les assistantes sociales. Ce repositionnement de la profession va avoir pour effet de clarifier ses fonctions, d'en permettre l'accès aux hommes [3] et de lui conférer, grâce au diplôme d'État, une légitimité dont ne disposaient pas les jardinières d'enfants.

Sa mission officielle consiste à organiser des activités éducatives personnalisées afin de favoriser le développement des jeunes enfants de 0 à 6 ans partout où ceux-ci sont momentanément ou définitivement séparés de leur milieu familial. Se fondant sur l'affirmation du caractère décisif des premières années de la vie et du rôle irremplaçable de la mère, la profession revendique un savoir établi sur les apports de la psychologie, et de plus en plus fortement de la psychanalyse, qui la dispose à entreprendre un travail de prévention auprès des enfants et à « structurer harmonieusement sa personnalité naissante, c'est-à-dire à grandir, à conquérir son autonomie de vie pratique, à développer sa curiosité, ses intérêts, sa capacité d'effort, à établir au bout de tout cela des relations qui soient positives avec son entourage et à accepter les contraintes de la vie en société [4] ». La référence préférentielle à la psychanalyse vise à résoudre la contradiction idéologique majeure de la profession qui, tout en cherchant à se doter d'outils théoriques légitimes, préfère cependant à des sciences trop radicalement expérimentales (comme certains courants de la psychologie et de la sociologie) des disciplines plus souples, plus floues aussi qui lui permettent de satisfaire sa propension à tout ramener à la subjectivité et à l'« affectif ».

3. 3,4 % d'hommes diplômés, selon une enquête du CEREQ réalisée en 1985.

4. Jeannine Verdes-Leroux, *op. cit.*, p. 133.

Malgré cette clarification de statut et la volonté d'apparaître plus comme des pédagogues capables d'instaurer un climat favorisant l'épanouissement du jeune enfant par des relations heureuses à autrui que comme des professionnels de l'instruction, le métier d'éducateur de jeunes enfants est encore mal perçu, mal connu, peu mobilisé autour d'objectifs de reconnaissance communs, et trop souvent confondu avec d'autres professions comme éducateur spécialisé, instituteur de maternelle ou encore animateur. « L'éducatrice de jeunes enfants, écrit Verdes-Leroux, s'impose donc difficilement comme travailleur social, même si elle en revendique avec assurance la qualité [5]. » Cette marginalité dans le champ du travail social est confirmée par la quasi-absence des EJE dans la synthèse de la grande enquête que la MIRE a consacrée aux mutations du travail social [6].

En effet, ceux qui accompagnent quotidiennement les petits enfants, que ce soit à l'école ou dans les crèches, sont mal connus, mal payés et de plus stigmatisés par une activité considérée comme relevant uniquement de qualités naturelles ou innées dont chaque femme, en tant que mère virtuelle, peut se prévaloir [7]. Lorsqu'elle ne se manifeste pas tout simplement par l'indifférence ou le mépris, cette stigmatisation prend d'ailleurs très souvent la forme euphémisée de la considération sociale qui relève plus de la pitié que du respect : « Je vous admire de faire ce métier. Moi, je ne pourrais pas... »

5. Jeannine Verdes-Leroux, *op. cit.*, p. 133.

6. Jean-Noël Chopart (dir.), *Les Mutations du travail social*, Dunod, juin 2000.

7. Voir à ce sujet Liane Mozère, « Les métiers de la crèche », *Cahiers du Gedisst*, n° 22, 1999.

Composés à 98 % de femmes, les 10 000 EJE – ce chiffre est une estimation puisque aucun organisme statistique n'a été en mesure de nous fournir des données fiables [8] – exerçant actuellement en France et métropole représentent donc un groupe socioprofessionnel peu influent, dominé dans presque tous les secteurs dans lesquels il exerce, que ce soit par les puéricultrices, les éducateurs spécialisés ou les instituteurs de maternelle qui, plus nombreux, mieux dotés scolairement, statutairement et symboliquement, mieux organisés syndicalement aussi, les méconnaissent le plus souvent ou les confinent dans des tâches de maternage ou d'animation peu conformes à leur formation.

Si, comme l'explique Pierre Bourdieu à propos de la sociologie, « la puissance d'une méthode de pensée ne se manifeste jamais aussi bien que dans sa capacité de constituer en objets scientifiques des objets socialement insignifiants [9] », on pourrait dire du métier d'éducateur de jeunes enfants qu'il consiste à rendre professionnellement légitimes des gestes et des objets traditionnellement considérés comme insignifiants et indignes. La petite enfance constitue en effet une nouvelle catégorie sociale qui, malgré une forte rhétorique de légitimation dont les médias se sont fait depuis quelques années l'écho, s'impose difficilement sur le marché de l'emploi comme objet professionnel pertinent [10]. La professionnalité des EJE, c'est-à-dire la capacité de mettre en œuvre des connaissances et des capacités visant à fonder une pratique,

8. Les estimations oscillent entre 15 000 professionnels (*Journal de l'action sociale*, octobre 1997) et 9 000 (DREES, septembre 2000).

9. Pierre Bourdieu, *Réponses*, Seuil, 1992, p. 191.

10. Daniel Verba, « Le sentiment de la petite enfance ou l'invention d'une nouvelle catégorie : enjeux et profession » *Migrants-formation*, n° 110, septembre 1997.

semble d'autant plus difficile à affirmer qu'ils évoluent dans ce monde imperceptible du « presque rien », selon l'expression de Vladimir Jankélévitch, qui relève d'un travail « relationnel » discret et socialement illisible dont les professionnels se refusent le plus souvent à objectiver les effets.

L'objectif du travail présenté ici est, d'une part, de mettre en évidence les lignes de force historiques et sociologiques qui ont contribué à l'émergence puis à l'évolution du métier d'éducateur de jeunes enfants et, d'autre part, de montrer comment le tout jeune enfant, voire le bébé[11], devient un objet d'intérêt éducatif lorsque la mortalité infantile liée aux mauvaises conditions de vie et à l'abandon recule et autorise l'investissement affectif[12]. Nous formulons l'hypothèse selon laquelle *on a pu en effet assister à partir de la fin de la Seconde Guerre mondiale à la constitution d'une nouvelle classe d'âge, les enfants de 0 à 6 ans, autour desquels se sont organisées, au sein d'un espace d'enjeux spécifiques, des professions (instituteurs de maternelle, puéricultrices, auxiliaires de puériculture, psychologues, pédiatres) qui luttent pour le monopole de la compétence à gérer, au sein de structures d'accueil de la petite enfance (crèches, haltes-garderies, écoles maternelles), cette nouvelle catégorie d'acteurs sociaux. Parmi ces professions, les éducateurs de jeunes enfants se présentent comme les mieux préparés, par leur formation à dominante psychopédagogique, à assurer la prévention, l'accompagnement quotidien et le développement psychomoteur du petit enfant à l'« épanouissement » duquel ils auront pu ainsi durablement contribuer. Nous pensons donc que l'« invention » du métier d'éducateur de jeunes enfants est le*

11. Ce bébé sera définitivement consacré dans une émission de télévision et un livre de Bernard Martinot au titre évocateur : *Le Bébé est une personne* (Balland, 1985).

12. La mortalité infantile est actuellement inférieure à 1 %.

produit de l'occupation d'un nouvel espace d'enjeux, celui de la prime enfance, par une catégorie d'acteurs socialement disposés par leurs trajectoires familiales et scolaires à rompre avec l'héritage des jardinières d'enfants aux connotations trop religieuses et féminines pour affirmer leur professionnalité.

Pour tenter de valider ces quelques pistes de travail, nous avons choisi les modes d'investigation suivants :

– une série d'entretiens exploratoires avec des experts ou des spécialistes – personnages historiques, conseillers techniques ministériels, formateurs et directeurs de centres, chercheurs, sociologues... –, qui nous ont permis d'affiner nos hypothèses ;

– un questionnaire distribué lors des journées d'étude de la Fédération nationale des éducateurs de jeunes enfants (FNEJE)[13] au mois d'octobre 1991 à environ 500 professionnels présents et dont nous avons finalement recueilli 367 exemplaires exploitables ;

– 25 entretiens semi-directifs et approfondis (une heure trente environ par entretien) avec des professionnels actuellement en activité dans des structures d'accueil de la petite enfance (crèche collective, halte-garderie, hôpital, crèche parentale...) ;

– une observation participante de près de quinze ans (1973-1987) en tant qu'enseignant, formateur, directeur de centre de formation d'éducateur de jeunes enfants.

Ces deux dernières modalités d'exploration d'un métier méritent quelques remarques. Si la tradition méthodolo-

---

13. Nous tenons ici à remercier la FNEJE qui a soutenu le projet sans réserve et nous a permis d'accéder aux différentes sources d'information.
FNEJE : 2, rue du Maréchal de Lattre de Tassigny, 44000 Nantes
Tél. : 02 40 47 53 64 Fax. : 02 40 47 00 97
e-mail : fneje@aol.com

gique en sociologie s'est parfois crispée sur des modèles statistiques qui, en réaction à la philosophie sociale, avaient l'avantage de légitimer la discipline aux yeux de ceux qui la rejetaient dans le champ des « sciences peu assurées » au point parfois de lui dénier toute crédibilité scientifique, il semble que les sociologues aient aujourd'hui acquis une maturité suffisante pour adopter des façons de savoir qui auraient été mal acceptées il y a quelques années. La fin des grands modèles explicatifs, comme la théorie marxiste de l'histoire et la remise en question du déterminisme, a permis à la sociologie de se débarrasser de l'ambition de dire *la* vérité sur le monde social et d'affirmer le principe qu'« une observation bien prise prime toutes les statistiques [14] ». « Ainsi, écrit Pierre Tripier, à défaut de dire la vérité sur le monde, peut-on dire la vérité sur la conception que les hommes s'en font [15]. »

Si ce travail parvient en effet à approcher quelque chose de l'ordre de cette vérité, toujours provisoire, toujours fragile, à propos de la conception que les EJE se font d'eux-mêmes, il le devra peut-être plus que tout à ces observations accumulées pendant des années au contact direct des EJE et que les investigations complémentaires sont venues structurer et solidifier. Les Grecs de l'Antiquité, qui furent peut-être les plus disposés à s'enquérir de la vérité, avaient un mot pour la désigner que les sociologues pourraient faire leur : αληθεια, ce qui est privé de voilement. Cette notion a l'avantage de concevoir la vérité comme une épreuve temporelle très fugitive, fruit d'un long labeur, au terme duquel quelque chose se

14. Jean Piaget, *La Naissance de l'intelligence chez l'enfant*, Delachaux et Niestlé, Paris/Neuchâtel, 1968.

15. Pierre Triper, *Du travail à l'emploi. Paradigmes, idéologies et interactions*, Éditions de l'université de Bruxelles, 1991, p. 178.

découvre puis s'échappe à nouveau. On est évidemment très loin des prétentions cartésiennes aux vérités éternelles et de tous ceux qui cherchent à refaire le monde en cent cinquante pages.

Enfin nous tenons ici à redire combien le sociologue est chaque fois surpris par la teneur des entretiens qu'il mène auprès des sujets dont il recueille les propos. Qu'ils soient petits commerçants, cadres supérieurs, instituteurs ou ouvriers, le chercheur ne peut manquer d'être étonné par la qualité de réflexion dont les acteurs sociaux font preuve chaque fois qu'on leur demande d'aborder leur activité professionnelle et leur trajectoire socioculturelle. Ainsi que l'exprime Pierre Bourdieu, l'« une des satisfactions les plus extraordinaires que procure le métier de sociologue, c'est cette possibilité d'entrer dans la vie des autres. Des gens qui peuvent paraître ennuyeux à mourir, dans les dîners par exemple, où les convenances interdisent que l'on parle de choses sérieuses, c'est-à-dire de soi, de son travail, etc., deviennent passionnants dès qu'ils parlent de ce qu'ils font, de leur métier par exemple [16] ». De ce point de vue, les EJE n'ont pas manqué à l'appel et ont constamment tenu en haleine notre curiosité. Durant les entretiens, il est même parfois arrivé que les questions qui portaient sur le passé de nos interlocuteurs déclenchent des réactions propres à l'entretien psychothérapeutique, quelques professionnels « craquant » à l'évocation de certaines expériences douloureuses de l'enfance. L'auteur de ce livre ne peut se passer de signaler la profonde sympathie que ces personnes lui ont constamment inspirée, l'importance qu'il

16. Pierre Bourdieu, *Réponses*, *op. cit.*, p. 177-178.

attache lui-même à la petite enfance et l'effort de mise à distance qui a été nécessaire pour respecter la vigilance épistémologique minimale sans laquelle l'entreprise sociologique n'a pas de sens [17].

Je tiens par ailleurs à remercier tous ceux sans qui ce livre n'aurait probablement jamais vu le jour et en premier lieu mes anciens étudiants, Anne-Marie Barot, Nadia Fraous, Marie-Paule Gauvin, Béatrice Lasarte, Annie Mary et Bruno Spagnulo, qui se sont chargés du recueil partiel des données, du traitement informatique et du secrétariat, et dont les suggestions en tant que professionnels et étudiants [18] ont su nourrir ce travail.

Ma reconnaissance va aussi tout droit à Pierre Teisserenc, directeur du Centre d'étude et de recherche sur l'action locale (CERAL) et à toute l'équipe du laboratoire de sociologie, sans la confiance de laquelle je n'aurais probablement pas pu mener à bien ce travail.

Pour la version réactualisée de cet ouvrage, j'ajouterai à cette liste déjà longue de collaborateurs les professionnels qui ont bien voulu témoigner de leur parcours et de leur expérience : Christine Devreese, Pierrette Henri, Sabine Olivier et Cathy Santi.

Je n'oublierai pas pour finir Claudie Cheboldaeff, et toute l'équipe du Centre d'études et de recherches pour la petite enfance (CERPE) dont l'esprit inspira constamment la conception de ce livre.

---

17. C'est aussi le constat que fait Dominique Schnapper dans le petit ouvrage qu'elle a consacré au chômage : *L'Épreuve du chômage*, Gallimard, coll. « Idées », 1981, Introduction.

18. La plupart d'entre eux ont poursuivi des études à l'université Paris-VIII en sciences de l'éducation.

Mon souhait le plus cher est que ce travail puisse refléter la qualité de tous ceux qui, éducateurs de jeunes enfants ou professeurs d'université, ont contribué à cette première publication sociologique sur un métier et des acteurs qui méritent incontestablement d'être mieux connus et reconnus.

1

LA SOCIOLOGIE DES MÉTIERS

« La question n'est pas de nous demander comment le phénomène doit être ployé, tordu, unilatérisé et amoindri pour être au besoin encore et toujours explicable à partir des principes que nous avons pris la résolution de ne pas enfreindre ; nous avons au contraire à nous demander : en quel sens faut-il que s'élargissent nos pensées pour se maintenir en rapport avec le phénomène ? »

Schiller, *Philosophie de la mythologie*, Werke, XII, 137.

« Le métier d'un homme, écrit le sociologue américain Everett C. Hughes, est une des composantes les plus importantes de son identité sociale, de son moi et même de son destin dans une existence qui ne lui est donnée qu'une fois. En ce sens le choix d'un métier est presque aussi irrévocable que le choix d'un partenaire [1]. » Dans nos sociétés, une part essentielle de notre identité se décline en effet selon les titres professionnels que nous pouvons revendiquer et à l'aune desquels nous sommes à la fois jugés par les autres et évalués par nous-mêmes. C'est dire combien cette dimension a pris de l'importance dans la société française où le travail

1. Everett C. Hughes, *Men and their Work*, The Free Press, Glencoe, 1958.

est devenu une denrée rare et où la privation d'emploi condamne ceux qui la subissent à la damnation sociale du chômage[2] qui signifie autant la diminution des ressources économiques que la perte d'une existence sociale. Cette survalorisation du travail est récente. Elle date en fait du développement de l'industrialisation et de la promotion des valeurs bourgeoises de capitalisation dont Marx s'est toute sa vie évertué à décrire la constitution. En 1860, Victor Hugo peut encore écrire : « La noblesse se conquiert par l'épée et se perd par le travail. Elle se conserve par l'oisiveté. Ne rien faire c'est vivre noblement ; quiconque ne travaille pas est honoré. Un métier fait déchoir[3]. » Le XIXe siècle inversera le système de valeurs auquel se référait la noblesse d'Ancien Régime et imposera l'animal *laborans*. Marx notait dès *L'Idéologie allemande* (1845) que « le premier acte historique par lequel l'homme se distingue de l'animal n'est pas qu'il pense mais qu'il produit sa propre subsistance », inaugurant ainsi l'ère de l'homme s'autocréant par le travail.

Dire sa profession ou son métier, c'est donc bien affirmer qui l'on est, se signifier aux yeux des autres, se valoriser ou se dévaloriser à tel point que notre activité professionnelle et le titre par lequel nous la désignons nous disposent, à l'inverse des sociétés traditionnelles, bien plus sûrement dans l'espace social que notre nom propre ou notre appartenance régionale. Les mots par lesquels les activités professionnelles se désignent constituent ainsi des efforts permanents d'imposition symbolique qui font partie de l'effort argumentaire en vue de la conquête non seulement d'un statut, mais d'une identité personnelle. On a assisté récemment à cette forme

2. *Cf.* Dominique Schnapper, *L'Épreuve du chômage*, *op. cit.*, 1981.
3. Victor Hugo, *Les Travailleurs de la mer*, Garnier-Flammarion, 1980, p. 290.

de « combat de mots » avec les instituteurs, qui ont réussi à obtenir l'abandon d'un titre jugé désuet pour s'adjuger enfin, après des années de lutte, la désignation ronflante de « professeur d'école » qui les place symboliquement au même niveau que les enseignants de collège et de lycée.

On peut ainsi mieux comprendre les combats acharnés que se livrent les groupes professionnels pour imposer leur « indispensabilité » sur le marché de l'emploi et du même coup gagner à tous ses membres le prestige et les gratifications qui sanctionnent toute reconnaissance réussie. Sur la scène sociale du travail, les professions ou les métiers engagent une véritable compétition où l'on constate que, comme des corps vivants et pour des raisons qui tiennent à l'histoire et à une multitude de variables comme le progrès technique, l'idéologie et les rapports de force politiques, l'état du champ[4], dirait Pierre Bourdieu, les uns s'épuisent et disparaissent tandis que d'autres émergent et s'imposent.

Qu'est-ce qu'une profession ?

« Selon la tradition anglo-saxonne, rappelle Pierre Tripier, nous entendons par profession la réunion d'activités spécifiques, de même ordre, effectuées par un ensemble d'individus ayant eu une éducation scolaire plus longue que la moyenne de leurs concitoyens [...]. Cette réunion s'effectuant grâce à une procédure de coalition qui permet à ces

4. « J'appelle champ un espace de jeu, un champ de relations objectives entre des individus ou des institutions en compétition pour un enjeu identique » (*Questions de sociologie*, Minuit, 1980, p. 197) ou encore : « La structure du champ est un *état* du rapport de force entre les agents ou les institutions engagés dans la lutte ou, si l'on préfère, de la distribution du capital spécifique qui, accumulé au cours des luttes antérieures, oriente les stratégies ultérieures. » (*Ibid.*, p. 113-116.)

activités de se soustraire de la concurrence de quiconque n'a pas été admis à entrer dans la coalition[5]. » En français, le terme « profession » n'a pas la connotation prestigieuse qui s'attache au mot anglais. On utilise d'ailleurs indistinctement ou presque métier, profession, emploi comme des synonymes même si l'approche étymologique montre que ces mots « gardent parfois les intuitions élémentaires et profondes de leurs commencements ».

Selon Claude Dubar, « les professions et les métiers ont d'ailleurs, en Occident, une origine commune : les *corporations*[6] ». Au sens propre, la corporation désignait ceux qui ont « droit au corps », artistes, artisans, intellectuels et manuels reconnus comme les compagnons, par opposition à ceux qui n'y avaient pas droit parce qu'ils exerçaient des activités indignes. On entrait dans une corporation en accomplissant un rite d'institution sous la forme d'une « profession de foi » visant à formaliser son engagement et à déclarer publiquement ses convictions. C'est de là que dérive le mot « profession » dans son acception moderne et dont le *Petit Robert* donne la définition suivante : « Tout genre de travail déterminé, reconnu ou toléré par la société et dont on peut tirer ses moyens d'existence. »

Par la suite cette première séparation entre « le travail de notre corps et l'œuvre de nos mains », selon l'expression de John Locke[7], allait évoluer vers une différence plus radicale entre métiers et professions, qui recouvrent pour Claude Dubar « un ensemble de distinctions socialement structurantes et classantes qui se sont reproduites à travers les siècles :

5. Pierre Tripier, *Du travail à l'emploi, op. cit.*, p. 139.
6. Claude Dubar, *La Socialisation*, Armand Colin, 1991, p. 133.
7. John Locke, *Deuxième Traité du gouvernement civil*, Vrin, 1967, sec. 26.

tête/mains, intellectuels/manuels, haut/bas, noble/vil[8] ». Si un métier se transmet par un processus d'imitation du geste (par exemple la menuiserie), une profession passe par l'enseignement d'un savoir scientifiquement constitué, le plus généralement diffusé dans le cadre de l'université (par exemple la médecine). Le *Petit Robert* intègre cette dimension classante dans une définition corollaire de la profession : « Métier qui a un certain prestige par son caractère intellectuel ou artistique, par la position sociale de ceux qui l'exercent. » C'est sur cette distinction que nous nous fondons pour titrer « Le métier d'éducateur de jeunes enfants » plutôt que « La profession d'éducateurs de jeunes enfants » dans la mesure où le mode d'acquisition du savoir popre à cette activité passe plus, comme on le verra, par un processus imitatif – « regarde comment je fais » – que par un corps constitué de théories disciplinaires qui s'enseignent à l'université. Ce choix de départ n'exclura pourtant pas, pour des raisons rédactionnelles, l'emploi alternatif et interchangeable de « profession » et de « métier » pour désigner génériquement toute activité rémunérée et plus particulièrement celle d'EJE.

Si nous comparons en effet les analyses du travail en France et les recherches anglo-saxonnes sur les professions, nous nous heurtons très vite à des difficultés de vocabulaire. Comme l'indique Raymond Bourdoncle dans un article de synthèse sur la professionnalisation des enseignants anglais et américains, « le terme de "profession" en anglais est, comme celui de cadre en français, intraduisible dans l'autre langue. Leur équivalent littéral perd une grande partie de sa symbolique sociale, qui fait toute leur valeur. Le *professional* anglais

8. Claude Dubar, *La Socialisation*, *op. cit.*, 1991, p. 134.

ou américain, médecin ou avocat, architecte ou universitaire, est beaucoup plus que le professionnel français qui, comme le veut l'expression "c'est un professionnel", est quelqu'un qui possède son métier jusqu'au bout des doigts, qui l'a même incorporé, de la tête aux pieds, pourrait-on dire, comme l'indiquent par exemple les appellations d'ouvrier professionnel ou de joueur professionnel (football, tennis, échecs...). Le *professional* américain, ce serait plus qu'un "cadre", une sorte de cadre indépendant, s'il se pouvait. C'est dire son prestige [9] ! »

Parmi les très nombreux ouvrages sociologiques anglais et américains consacrés au travail et aux professions, Hoyle [10] a pu classer et distinguer trois types d'études : celles qui sont consacrées à la sociologie du travail, aux métiers, et celles qui concernent les « professions ». Le premier groupe de travaux dont se sont inspirés en France les fondateurs de la sociologie du travail, comme Georges Friedmann, et plus tard la sociologie des organisations, dont Michel Crozier est l'un des plus éminents représentants en France, s'est plus particulièrement focalisé sur le système sociotechnique et les situations de travail [11] alors que la sociologie des métiers et des « professions » a considéré dès le départ ses objets comme un ensemble cohérent indépendamment des champs dans lesquels ils s'inscrivaient plus largement.

---

9. Raymond Bourdoncle, « La professionnalisation des enseignants : analyses sociologiques anglaises et américaines », *Revue française de pédagogie*, n° 94, janvier-mars 1991, p. 73.

10. *The Social Sciences in Éducational Studies, A Selective Guide to the Literature*, Heineman Educational Books, Londres, 1982.

11. *Cf.* à ce propos les fameuses trois phases d'évolution du travail ouvrier décrites par Alain Touraine à partir d'une étude aux usines Renault (*L'Évolution du travail ouvrier aux usines Renault*, Éd. du CNRS, 1955).

La sociologie des professions n'est donc pas un produit des grands modèles fondateurs de la discipline consacrée en Occident par Marx, Durkheim et Weber. Son développement s'inscrit en fait dans l'expérience spécifique d'une fraction de sociologues américains qui visait « à promouvoir une sociologie "neutre" et "impartiale" et du même coup leur propre professionnalité, contre la sociologie "morale" et "impliquée" représentée notamment par Small et ses collègues de Chicago [12] ».

C'est à la suite de cette évolution que les recherches sur les professions établies vont se multiplier et imposer un modèle théorique avec lequel nous n'avons pas encore fini de débattre. De la définition désormais classique de Carr-Saunders selon laquelle « une profession émerge quand un nombre défini de personnes commence à pratiquer une technique définie fondée sur une formation spécialisée », les chercheurs vont tenter de construire un modèle théorique à partir de la détermination d'attributs dont le nombre varie selon les analyses. Parmi celles-ci, la théorie fonctionnaliste de Parsons est pour Jean-Michel Chapoulie la « tentative la plus aboutie » dans la mesure où elle impose un « type idéal professionnel » construit sur le modèle de la médecine. La profession médicale, et notamment la relation entre médecin et malade, constituera un temps pour toute la sociologie des professions le modèle presque indépassable d'une professionnalisation réussie. Freidson en fera l'objet d'un célèbre ouvrage qui paraîtra en 1970 aux États-Unis et qui ne sera traduit en français qu'en 1984 [13]. Il y montre la percée foudroyante en à

12. Claude Dubar, *La Socialisation*, *op. cit.*, p. 138.

13. On peut noter au passage que très peu d'ouvrages anglo-saxons de sociologie des professions sont disponibles en français. On peut trouver le

peine deux siècles d'une activité dont Molière nous dépeignait avec talent l'état de faible légitimité dans lequel elle se trouvait et qui relevait plus du charlatanisme des sorciers que de la haute compétence des grands professeurs d'aujourd'hui, qui bénéficient sur le marché de l'emploi et dans l'espace social d'un crédit prestigieux. On comprend donc que la réussite incontestable de ces « professions » autorisées qui bénéficient à la fois de ressources économiques et d'un fort pouvoir symbolique ait pu laisser croire que le paradigme dont elles étaient le produit pouvait assurer à n'importe quelle activité un succès comparable.

Analysant les différentes approches anglo-saxonnes du concept de « profession », Marc Maurice note que « sur huit auteurs parmi les plus éminents, on constate que sur les dix critères les plus souvent cités l'accord entre eux ne se fait que sur un seul : la spécialisation du savoir ; viennent ensuite la formation intellectuelle et l'idéal de service (six auteurs sur huit) [14] ».

Malgré ces différences, Maurice montre cependant que ces études sont « plus répétitives que cumulatives » et que l'on peut, comme Jean-Michel Chapoulie le propose, réduire les fondements de la professionnalisation anglo-saxonne à deux propriétés :

---

principe de la désaffection des chercheurs français pour l'étude des professions dans l'histoire sociale européenne et la volonté syndicaliste de lutter contre toute forme de corporatisme. Les sociologues français préféraient penser l'exploitation, l'organisation et la division du travail plutôt que les groupes professionnels. Cependant, on signalera la publication en 1998 aux éditions Armand Colin de *Sociologie des professions,* un manuel coécrit par Claude Dubar et Pierre Tripier, qui vient combler un vide regrettable dans la littérature sociologique française.

14. Marc Maurice, « Propos sur la sociologie des professions », *Sociologie du travail*, n° 2, 1972.

– une compétence scientifiquement fondée ;
– un code éthique réglant l'exercice professionnel.

À ces deux attributs de la professionnalisation qui font presque l'unanimité parmi les sociologues des professions, Chapoulie ajoute des propriétés dérivées qui complètent le type idéal :

– une formation professionnelle longue ;
– un contrôle des activités professionnelles par les professionnels eux-mêmes ;
– une reconnaissance de ce contrôle par les autorités légales ;
– la constitution de « communautés » professionnelles partageant la même éthique et les mêmes valeurs ;
– l'appartenance aux fractions supérieures des classes moyennes[15].

Problématique pertinente ou débat stérile ?

On peut pourtant s'interroger sur la pertinence du modèle médical pour instituer une activité rétribuée comme profession. Outre le fait qu'on réduit systématiquement les métiers à des relations de prestations entre des « cliniciens » et leurs clients, on légitime la reproduction des hiérarchies de prestige et les distinctions entre activités dignes et indignes. Cherchant à se promouvoir sur le marché de l'emploi, toutes les activités qui peuvent revendiquer une certaine utilité sociale cherchent à se construire sur ce modèle dont la professionnalité est d'ailleurs aujourd'hui fortement contestée à travers l'autoprise en charge de la

15. Jean-Michel Chapoulie, « Sur l'analyse sociologique des groupes professionnels », *Revue française de sociologie*, XIV, 1973, p. 93.

santé par les patients eux-mêmes (on le voit bien avec les associations des malades atteints du sida qui anticipent et pressent la bureaucratie médicale), une forte médicalisation du corps social et la baisse de revenus d'une fraction non négligeable de médecins. Une enquête menée en 1991 par le CREDES, Centre de recherche, d'étude et de documentation en économie de la santé, montrait en effet que près de 5 400 médecins, soit 10 % de la profession, avaient des revenus faibles (80 000 francs de revenus annuels avant impôt pour les mieux lotis) et que parmi eux 65 % regrettaient d'avoir été mal préparés à l'exercice de la médecine libérale.

Dans un ouvrage dans lequel il a rassemblé quelques recherches consacrées à de jeunes professions, Denys Cuche prévient dans l'introduction qu'« il ne s'agira pas, dans les études ici présentées, de participer au débat sans doute inépuisable et quelque peu stérile d'une certaine sociologie des professions, débat qui consiste à distinguer à partir de critères prétendument objectifs "vraies" et "pseudo"-professions. Il n'est pas question, dans les études qui suivent, d'adopter la conception élitiste des professions, celle qui domine chez certains sociologues, américains surtout, pour lesquels "profession" renvoie à des activités "nobles" qui impliquent une finalité de service : servir des particuliers, bien sûr, mais au-delà d'eux servir l'intérêt général [16] ».

Les travaux empiriques qu'ont notamment menés Hughes et ses disciples comme Becker ou Strauss contestent l'« unité "communautariste" des professions » et donc la possibilité de construire une théorie générale des professions, mais ils démontrent aussi la mystification qu'elles imposent

16. Denys Cuche (dir.), *Jeunes Professions, professions de jeunes ?* L'Harmattan, 1991, p. 10.

pour faire valoir, derrière l'intérêt général, des privilèges qui ne concernent que ses membres. Pierre Tripier constate que, si l'on s'en tient à la plupart des traits du type idéal fonctionnaliste, on peut y inclure « d'autres métiers dont il ne serait venu à personne l'idée de les classer parmi les professions, comme les chauffeurs de camion ou de taxi [17] ».

De même Pierre Bourdieu invite le sociologue à rompre avec ce qu'il appelle un « mot d'ordre méthodologique [...], un mot du langage commun qui est passé en contrebande dans le langage scientifique ; mais c'est surtout, ajoute-t-il, une *construction sociale*, le produit de tout un travail social de construction d'un groupe et d'une *représentation* de ce groupe, qui s'est glissé en douce dans la science du monde social [...]. Il renvoie à des réalités en un sens trop réelles, puisqu'il saisit à la fois une catégorie sociale [...] et une catégorie mentale [18] ».

Les fonctionnalistes américains ont souvent oublié qu'une profession n'a de réalité que dans les rapports qu'elle entretient avec l'ensemble des autres professions et qu'elle ne trouve ses raisons d'exister, son sens, que dans la division du travail et non en elle-même. Par ailleurs, ils omettent trop souvent de montrer que, au sein même de ces ensembles extérieurement cohérents et soudés, il existe un espace de concurrence fondé sur les différentes ressources économiques, sociales ou culturelles que les individus sont susceptibles de mettre professionnellement en jeu.

Si ces approches américaines portées par de grands théoriciens comme Merton ou Parsons négligent les conditions socio-économiques d'émergence des professions, en revanche

---

17. Pierre Tripier, *Du travail à l'emploi*, *op. cit.*, p. 148.
18. Pierre Bourdieu, *Réponses*, *op. cit.*, p. 212-213.

on peut aussi reprocher aux marxistes de ne les analyser que dans un contexte trop généraliste où leurs spécificités se perdent dans le fantasme de l'universelle condition ouvrière [19].

Notre intention est ici de ne rejeter en bloc ni les apports de la sociologie anglo-saxonne des professions, ni bien sûr l'analyse marxiste du travail avec laquelle la chute du mur de Berlin a pu faire croire qu'on était définitivement quitte. Bien au contraire, ces deux approches nous offrent des éléments d'analyse et de réflexion qui nécessitent d'être combinés afin de mieux appréhender les difficultés des différentes activités rétribuées à se faire reconnaître et les ressources nécessaires à leur évolution et à leur promotion. La sociologie des professions nous permet d'appréhender les métiers comme des organisations cohérentes cherchant à imposer leur professionnalité, tandis que la sociologie du travail met en évidence les rapports de force qui règnent au sein et à l'extérieur de ces corps, et les luttes autour desquelles se déploie leur histoire.

La posture théorique que nous adopterons ici pour approcher le métier d'éducateur de jeunes enfants emprunte sa démarche à la conclusion de l'article de Jean-Michel Chapoulie qu'il consacre à l'analyse sociologique des groupes professionnels. Il y indique notamment que, « au lieu d'étudier les seules relations sociales entretenues par les membres des professions, comme le font les recherches interactionnistes, qui trouvent dans la structure de ces relations l'explication des pratiques et des représentations des professionnels, on peut s'interroger d'abord sur les propriétés que les corps professionnels doivent à leur position dans la structure de

19. « Prolétaires de tous les pays... »

classe[20] ». Dans une conjoncture de désyndicalisation sans précédent[21] qui, accompagnée de l'effondrement des systèmes politiques inspirés du marxisme-léninisme, a pu laisser croire à la « mort des classes » et en sociologie à la fin d'un système d'explication dont Pierre Bourdieu fut longtemps le plus illustre représentant, les mouvements de professionnalisation sont très actifs et la France connaît actuellement, avec notamment les enseignants et les travailleurs sociaux, un vaste courant de revendication qui touche justement ceux que la sociologie anglo-saxonne avait rejetés dans les « pseudo-professions » ou « semi-professions » et donc exclus d'une certaine aristocratie professionnelle.

Ce courant est apparu en France au début des années quatre-vingt et correspond grossièrement au tournant idéologique de la gauche socialiste après l'arrivée de Laurent Fabius au gouvernement. Depuis, on a assisté à un désengagement progressif de l'État, non seulement dans la politique industrielle mais aussi dans les politiques sociales, et à un renforcement des corporations qui, sur le modèle néo-libéral, ont supplanté les grands syndicats généralistes au profit des « coordinations » émergées notamment au moment des grèves d'infirmières, de travailleurs sociaux ou de sages-femmes. Pierre Bourdieu constate à ce propos dans un récent article du *Monde* que « tous ceux qu'on appelle les "travailleurs sociaux" : assistantes sociales, éducateurs, magistrats de base [...] constituent [...] la main gauche de l'État, l'ensemble des agents des ministères dits dépensiers gardant la trace, au

20. Jean-Michel Chapoulie, *op. cit.*, p. 114.

21. Avec 12 %, la France a le plus faible taux de syndicalisation des 24 membres de l'OCDE.

sein de l'État, des luttes sociales du passé. Ils s'opposent à l'État de la main droite, aux énarques du ministère des Finances, des banques publiques ou privées et des cabinets ministériels. Nombre de mouvements sociaux auxquels nous assistons (et assisterons) expriment la révolte de la petite noblesse d'État contre la grande noblesse d'État [22] ».

« Is social work a profession ? »

Cette révolte de la petite noblesse d'État ne s'exerce pas seulement contre l'énarchie ou le champ politique. Elle vise aussi les intellectuels et notamment les sociologues, qui ont toujours entretenu une relation ambiguë avec le travail social, tantôt objet de dérision, tantôt support et terrain de recherche. « Le travail social est-il une profession ? » est le titre emblématique d'un article qui a inauguré ce rapport ambivalent, fait à la fois de fascination et de mépris, que la sociologie et le travail social ont entretenu depuis le début du siècle. L'auteur, un Anglais nommé Flexner [23], démontre en un petit texte d'une dizaine de pages que les travailleurs sociaux ne peuvent revendiquer une authentique professionnalité. Il initie donc dès 1915 une série de travaux sociologiques sur le travail social qui, encore étroitement dépendant de la sphère d'activité caritative et bénévole, ne pouvait guère prétendre concurrencer ou même simplement égaler les professions établies comme la médecine ou le droit.

Si la sociologie anglo-saxonne confine le travail social dans l'espace dominé des « semi-professions » ou « quasi-

22. « Un entretien avec Pierre Bourdieu », *Le Monde*, janvier 1992.

23. A. Flexner, « Is social work a profession ? », *School and Society*, v. 26, 1915, p. 901-911.

professions[24] », la sociologie française opérera, à partir des années soixante, dans la mouvance de Michel Foucault et de ses travaux sur les procédures de surveillance et de contrôle mises en place par les grandes institutions sociales (asiles, prisons, assistance sociale...), sa critique radicale comme outil répressif de reproduction au service de l'appareil d'État. Les années soixante-dix verront donc fleurir une abondante littérature sur l'impensé du travail social qui, en dénonçant la collusion des intervenants sociaux avec les classes dominantes, s'en serviront de population cible. « Désignés comme agents de contrôle social et d'inculcation idéologique, écrit Christian Bachmann, les travailleurs sociaux, au filtre de ces études, ne pouvaient que développer une conscience malheureuse[25]. »

---

24. Amitai Etzioni, *The Semi-Professions and their Organization, Teachers, Nurses, Social Workers*, The Free Press, New York, 1969.

25. Christian Bachmann, *Les Fragiles Rencontres, travail social et sciences humaines*, article ronéotypé, université Paris-Nord.

2

LA CONSTITUTION SOCIOHISTORIQUE DU CHAMP DE LA PETITE ENFANCE

Comment sommes-nous passés du petit automate sans avenir de l'Ancien Régime à l'enfant-roi investi de toutes les préoccupations adultes, objet spécifique d'un corps de savoirs et d'experts (pédiatres, puéricultrices, éducateurs, psychologues, etc.), au point, écrit Ariès, que « notre monde est obsédé par les problèmes physiques, moraux, sexuels de l'enfance [1] », tel est l'objet de ce chapitre qui tentera de montrer les conditions socio-historiques de possibilité de l'apparition des éducateurs de jeunes enfants sur le marché des professions.

1. Philippe Ariès, *L'Enfant et la vie familiale sous l'Ancien Régime*, Seuil, coll. « Points », 1975, p. 312.

En effet, lorsqu'on analyse les principaux facteurs qui sont au principe de la constitution de la petite enfance comme espace d'enjeux spécifiques et plus particulièrement comme « objet pédagogique », on constate que la plupart de ces facteurs relèvent de préoccupations dont le « cynisme » a toujours éveillé chez mes étudiants-éducateurs, pour qui le « souci de l'enfance » devait être le produit d'une vigilance « naturelle », des frissons d'effroi.

Alain Norvez note que « c'est en 1874 que fut votée, à l'unanimité, une loi de protection des enfants de moins de deux ans, placés en nourrice, moyennant salaire. Ce texte, poursuit-il, constitue l'acte de naissance de la politique nationale à l'égard de la petite enfance [2] ». Cet événement était le produit d'une longue prise de conscience dont la source première fut l'effondrement militaire de la France face à la Prusse. Cette cuisante défaite fut en effet mise sur le compte du déclin démographique de la France, qui n'avait pu s'opposer au dynamisme allemand dont la population était passée de 35 millions en 1850 à 41 millions en 1870. La loi Roussel adoptée le 23 décembre 1874 proposait donc de mieux surveiller ce « capital humain si facilement destructible [...], et d'éviter qu'il puisse passer d'un endroit à un autre ou de vie à trépas sans que chacun de ces mouvements soit enregistré et connu de l'autorité publique [3] ».

Comme on peut ici le constater, les premières politiques de la petite enfance doivent être réintégrées dans le vaste projet de gestion rationnelle du travail social que, dans les années soixante-dix, à la suite des travaux de Michel Foucault, de nombreux sociologues ont pu mettre en évidence [4] en

2. Alain Norvez, *De la naissance à l'école...*, INED/PUF, 1990, p. 11.
3. *Ibid.*, p. 14.
4. *Cf.* notamment Jeannine Verdes-Leroux, *Le Travail social*, *op. cit.*

montrant notamment comment une fraction de la classe dominante avait participé ainsi à une « domestication des dominés ». « La puériculture, écrivait en 1901 le sénateur Paul Strauss, qui s'était fixé comme but de lutter contre le déclin de la France, constitue, dans l'état de paix armée et de concurrence économique des peuples, l'œuvre la plus forte et la plus sûre de défense nationale[5]. »

Dès la fin du XVIIIe siècle, la naissance de la démographie et l'émergence du capitalisme vont transformer le point de vue sur l'enfant : « Alors que dans l'ancienne version chrétienne de l'homme, c'était la qualité de l'Âme qui comptait avant tout, en cette fin du XVIIIe siècle c'est d'abord la quantité d'hommes qu'il convient d'apprécier car celle-ci est source de jouissance [...]. L'être humain est devenu une denrée précieuse pour un État, non seulement parce qu'il produit des richesses, mais aussi parce qu'il est garant de sa puissance militaire[6]. » L'intérêt pour l'enfant est donc en grande partie le produit de la découverte du prix de l'Homme dans le vaste dessein cartésien de maîtrise de la nature qui s'accomplira définitivement dans la conception marxiste de l'Homme comme force de travail.

Pourtant, si le contrôle social et la volonté d'exploiter le « capital humain » que représentaient les enfants furent au cœur des préoccupations des autorités politiques de la fin du XIXe siècle, le « souci de l'enfance » eut des conséquences qui ne furent pas toutes négatives. Car, avec la découverte de la prime enfance et de son importance pour l'avenir de la nation, vint aussi la lutte acharnée que médecins et spécialistes de la santé menèrent pour faire reculer la mortalité

5. Paul Strauss, *Dépopulation et puériculture*, 1901, cité par Norvez, p. 15.
6. Élisabeth Badinter, *L'Amour en plus*, Flammarion, coll. « Champs », 1980, p. 146.

infantile, condition essentielle de ce sentiment de l'enfance sans lequel le métier d'éducateur de jeunes enfants n'aurait pas de sens.

L'invention du métier d'éducateur de jeunes enfants : du souci démographique au souci pédagogique

La mortalité infantile

C'est à Philippe Ariès qu'il revient d'avoir brillamment montré comment, à l'aube des Temps modernes, est réapparu le souci éducatif. Selon celui-ci en effet, l'analyse de l'iconographie médiévale montre que les hommes de cette période ne connaissaient pas l'enfance ou plus précisément ne cherchaient pas à se la représenter : « Il n'y avait pas de place pour l'enfance dans ce monde [7]. »

Plusieurs hypothèses permettent d'expliquer cette absence d'attention à l'enfance et en premier lieu les conditions matérielles, dont la première conséquence est une surmortalité infantile effroyable. Les démographes, en analysant les registres paroissiaux de l'Ancien Régime, constatent globalement qu'un enfant sur quatre ne dépasse pas l'âge d'un an et qu'un enfant sur deux n'atteint pas l'âge de dix ans. Une autre cause de cette surmortalité infantile est, selon Jean-Louis Flandrin, la mise en nourrice. « Les bébés, écrit-il, étaient victimes de l'avidité des nourrices autant que de l'ignorance et de la négligence de leurs parents [8]. » Les chiffres que donne l'historien sont accablants : à Rouen, vers

7. Philippe Ariès, *op. cit.*, p. 53.

8. Jean-Louis Flandrin, *Familles, parenté, maison, sexualité dans l'ancienne société*, Hachette, coll. « Le temps et les hommes », 1976, p. 195.

1771, 90 % des enfants trouvés mouraient avant l'âge d'un an. Cette mortalité infantile est telle sous l'Ancien Régime qu'elle produit des comportements d'indifférence que nous jugerions aujourd'hui monstrueux. La mort des enfants est vécue comme un événement banal et n'entraîne pas le sentiment de profonde injustice qui nous saisit aujourd'hui devant la mort ou la maladie d'un petit enfant [9]. Élisabeth Badinter rappelle que l'on trouve d'abord et avant tout, au principe de l'« amour absent [10] », « un tel dénuement physique et moral qu'on se demande comment il y aurait eu place pour un autre sacrifice vital [11] ». Sans vouloir faire prédominer l'hypothèse économique sur le paradigme culturel, on ne peut cependant faire l'impasse sur les conditions de vie matérielle des personnes les plus défavorisées qui étaient aussi celles qui se livraient le plus fréquemment aux pratiques d'infanticide et d'abandon. Plus qu'un mal ou un péché, constate Badinter, l'enfant est vécu comme un fardeau insupportable qui est aggravé par le nourrissage mercenaire. En effet, jusqu'à la fin du XVIe siècle, les femmes de la noblesse, en recrutant des nourrices à domicile, privaient du même coup les enfants les plus défavorisés du lait maternel [12]. Comment attendre donc de la part de nos ancêtres cet investissement affectif que la quasi-disparition de la mortalité infantile a rendu possible aujourd'hui ?

---

9. « J'ai perdu deux ou trois enfants en nourrice, non sans regrets, mais sans fâcherie. » Montaigne, *Essais* II, 8.

10. C'est le titre du premier chapitre du livre qu'elle consacre à l'instinct maternel : *L'Amour en plus*, *op. cit.*

11. *Ibid.*, p. 65.

12. « En règle générale, les enfants gardés et nourris par leur mère meurent deux fois moins que ceux qu'elle met personnellement en nourrice. » *Ibid.*, p. 130.

Pourtant, outre les conditions matérielles, le rapport à l'enfance est aussi marqué du sceau de l'idéologie dominante. L'enfant est un fardeau économique, explique Badinter, mais il est aussi un objet de peur sociale. Pour les philosophes chrétiens comme saint Augustin, il est en effet le creuset de tous les vices, l'incarnation du mal et du péché originel au point que l'expérience de l'enfance est assimilée à l'épreuve de la mort[13]. On trouve probablement là une modalité chrétienne de l'approche païenne de l'enfance selon laquelle l'être humain, encore brut de nature, constitue pour le groupe qui l'accueille, du fait de sa proximité avec la mort et de son caractère radicalement nouveau, une menace qui ne se rompt qu'avec l'acquisition du langage et le baptême. « Jamais le terme "éducation" n'a été plus justement utilisé », écrit Badinter en rappelant qu'*educare* signifie : redresser ce qui est tordu et mal formé[14]. Il s'agissait alors de lutter contre l'enfance et la corruption qu'elle faisait encourir à toute l'humanité. Rappelons que le mot « enfant » provient du latin *infans* qui signifie « celui qui ne parle pas ». L'enfance se réduisait donc pour nos ancêtres à cette période pendant laquelle le petit homme – qui n'est d'ailleurs pas encore véritablement humain – ne dispose pas de toutes ses compétences mentales. « [...] Les enfants, confirme Ariès, étaient confondus avec les adultes, dès qu'on les estimait capables de se passer de l'aide des mères et des nourrices[15]. » Citant

---

13. « L'état enfantin est l'état le plus vil et le plus abject de la nature humaine après la mort. » Bérulle, *Sermon pour le jour de la Nativité de Notre-Dame*.

14. Élisabeth Badinter, *op. cit.*, p. 45. Cette modalité sémantique d'*educare* est une dérive car *educare* signifie en fait « produire, élever, nourrir » tandis qu'*educere* désigne plutôt le fait de « sortir hors de, conduire à l'extérieur ».

15. Philippe Ariès, *L'Enfant et la vie familiale sous l'Ancien Régime*, *op. cit.*, p. 311.

l'ouvrage du célèbre prédicateur espagnol Vives, *L'Institution de la femme chrétienne*, Élisabeth Badinter montre comment s'est organisée cette lutte contre le désir et les rapports affectifs : « Les mères perdent leurs enfants quand voluptueusement les nourrissent », écrivait le prédicateur, trois siècles avant que la psychanalyse nous enseigne que de ces premiers moments peut dépendre le développement psychique ultérieur de l'enfant. Pour les hommes de l'Ancien Régime, « il faut donc se délivrer de l'enfance comme on se délivre du mal [16] ».

Le souci de l'enfance réapparaît [17] donc beaucoup plus tardivement dans l'histoire et coïncide grossièrement avec la fin du XVIIIe siècle. À cette époque, note Flandrin, la diminution du taux de mortalité infantile n'est pas seulement le produit d'un progrès de l'hygiène et de la médecine, mais plus sûrement la conséquence de l'abandon de l'infanticide, qui fut largement toléré, bien qu'officiellement réprimé, jusqu'à la fin du XVIIe siècle. « On a seulement cessé, confirme Ariès, de laisser mourir ou d'aider à mourir les enfants qu'on ne souhaitait pas garder [18]. »

La naissance du jardin d'enfants : les pères fondateurs

C'est dans ce contexte de découverte et de protection de l'enfance que les premiers jardins d'enfants vont faire leur apparition. Dès le XVIIe siècle, Comenius dénonce les écoles

16. *Ibid.*, p. 50.

17. La plupart des historiens admettent en effet que le « souci pédagogique » était présent dans l'Antiquité et notamment chez les Grecs, qui sont les fondateurs de la notion de *paideia* d'où vient le mot « pédagogie ». Le pédagogue désignait celui qui avait pour mission de « conduire l'enfant » à l'école.

18. Philippe Ariès, *op. cit.*, p. 15.

qu'il nomme les « maisons de la peur » ou les « chambres de torture », et appelle à de nouvelles conceptions pédagogiques qui respectent les dispositions naturelles du tout jeune enfant. Mais c'est bien Rousseau, avec l'*Émile*, qui traduit le mieux la révolution du mode de pensée éducatif qui va marquer la fin de l'Ancien Régime. Inventeur de la notion d'intimité [19] que les romantiques français et allemands porteront au pinacle, celui que nous nommons familièrement par son prénom, comme pour marquer notre proximité affective, est d'une certaine manière le plus vieil ancêtre des EJE, même s'il eut, comme beaucoup de ses contemporains, le tort désastreux d'abandonner ses enfants [20]. Rousseau fut en effet le premier théoricien à célébrer les bienfaits d'une éducation adaptée à la spontanéité naturelle de l'enfant. Échappant durant les premières années de sa vie à la corruption sociale que ne manqueront pas de lui transmettre les adultes, l'enfance, et avec elle sa dimension « naturelle », doit être protégée le plus longtemps possible ; ce qui implique de considérer l'enfant comme un être à part entière et de respecter les spécificités de son développement physique et mental.

19. « Le premier explorateur-interprète, et dans une certaine mesure le premier théoricien de l'intimité fut Jean-Jacques Rousseau [...]. Il fit sa découverte en se révoltant non point contre l'oppression de l'État, mais contre la société, contre son intolérable perversion du cœur humain, contre son intrusion dans un for intérieur qui, jusque-là, n'avait pas eu besoin de protection spéciale [...]. C'est dans cette révolte du cœur que naquirent l'individu moderne et ses perpétuels conflits, son incapacité à vivre dans la société comme à vivre en dehors d'elle, ses humeurs changeantes et le subjectivisme radical de sa vie émotive. » (Hannah Arendt, *Condition de l'homme moderne*, Calmann-Lévy, 1961, p. 48-49.)

20. Comme on a pu le voir dans le chapitre précédent, il arrivait qu'on abandonnât ses enfants pour leur bien, persuadé que la mise en nourrice offrirait de meilleures conditions matérielles d'existence.

Si Rousseau fut le premier théoricien de ce que l'on appelle toujours avec une certaine ambiguïté l'*éducation nouvelle*, c'est à Henri Pestalozzi et Friedrich Fröbel qu'il sera donné de mettre en pratique ce qui n'était resté que littérature chez Jean-Jacques et dont les principes ne s'appliquaient en fait qu'aux enfants des classes les plus favorisées. C'est au contraire en « bon père serrant autour de lui quelques enfants en guenilles » que le pédagogue suisse Henri Pestalozzi tentera d'appliquer les grandes options éducatives initiées par Rousseau mais dans un projet d'action sociale visant à offrir aux enfants abandonnés un cadre de vie décent et à restaurer une « self-confiance[21] » menacée par l'abandon et la misère.

Friedrich Fröbel (1782-1852)

> « Le petit enfant ne tète pas seulement sa mère,
> mais le monde autour de lui, avec tous ses sens. »
> Fröbel.

Le père fondateur des jardins d'enfants est allemand. Auguste Friedrich Fröbel est né le 21 avril 1782 à Oberweissbach dans la région de la Thuringe. Arrêtons-nous un bref moment sur sa biographie qui, nous le verrons par la suite lorsque nous aborderons les trajectoires des professionnels actuels, nous semble particulièrement significative d'un certain rapport au monde social et à l'espace scolaire[22].

---

21. Pour mieux approcher ce concept de « self-confiance » – notion centrale de l'éducation nouvelle –, on pourra se référer à la monographie que j'ai consacrée à un centre de formation d'éducateurs de jeunes enfants : *Histoire d'une gestion collective : le pouvoir partagé*, Syros-Alternatives, 1990.

22. Pour une approche plus complète de la vie de Fröbel, nous renvoyons à l'ouvrage de Soetard, *Friedrich Fröbel*, Armand Colin, 1990.

Fröbel était fils de pasteur luthérien. Celui-ci, outre les préceptes rigides qu'il tenta d'administrer à son fils, ne sut pas lui offrir l'affection dont le petit Friedrich fut d'autant plus frustré que sa mère mourut quelques mois après sa naissance et que, selon les usages de l'époque, elle fut rapidement remplacée par une belle-mère avec laquelle Fröbel s'entendit très mal. Rejeté par son père qui trouvait son fils trop rêveur et trop lent au point de l'envoyer à l'école des filles, Fröbel, qui ne savait pas lire à 8 ans, passa son enfance, solitaire, à observer dans le jardin paroissial les plantes, les fleurs et les insectes, et ne dut probablement son salut qu'à l'intervention d'un oncle, pasteur lui aussi, qui réussit à l'apprivoiser et à le convaincre d'étudier. C'est en partie à l'issue de cette expérience douloureuse de l'enfance que seront conçus les grands principes philosophiques d'union de l'homme et de la nature sur la base desquels la pédagogie des jardins d'enfants allait s'appuyer. Dieu, la Nature et l'Homme forment chez Fröbel une sorte de triptyque symbiotique structuré par la religion, qui demeure, malgré ou en dépit de l'expérience paternelle, le moteur de ses convictions pédagogiques.

Après une série d'expériences professionnelles et d'études au programme diversifié (mathématiques, droit, architecture, minéralogie...), il obtient, grâce au soutien du pédagogue Grüner qui dirigeait une école nouvelle, un stage de deux ans à Yverdon dans l'institut de Pestalozzi. Ce séjour déterminera la vocation de Fröbel et lui inspirera les principes éducatifs qui le guideront lorsque, après la mort de son frère, il recueillera les trois jeunes enfants de celui-ci. C'est à cette occasion qu'il créera un institut où il appliquera les méthodes pédagogiques acquises chez Pestalozzi, dont les principes éducatifs visaient principalement à l'« accroissement des forces que l'enfant possède en lui-même[23] ». Jusqu'au début des années trente, Fröbel semble avoir été l'élève brillant et appliqué du maître d'Yverdon. C'est la rencontre avec le philosophe Karl Krause qui va attirer son attention sur Comenius et la petite enfance. En 1837, il ouvre une première institution pour les petits enfants qu'il nommera trois ans plus tard « jardin d'enfants ». Le terme, qui peut faire sourire aujourd'hui, doit être pris au sens propre car l'expérience de l'environnement constitue pour l'ancêtre des EJE le support indépassable de l'apprentissage et de l'éveil intellectuel, ce qui le rattache directement aux méthodes intuitives de l'éducation telles qu'avait commencé à les développer Rousseau dans l'*Émile*. Les enfants sont comme des plantes qu'il s'agit de cultiver dans un jardin approprié. « L'enfant, écrit Fröbel, acquerra l'idée intuitive de la pression de l'eau avec son petit moulin du ruisseau ; il s'instruira à regarder flotter des morceaux de bois [...]. Il explorera la vallée et les vallées affluentes, se rendra compte de ce qu'est une source, une embouchure [...]. Il découvrira les plantes et les animaux dans leur milieu, à leur place habituelle [...] et les produits de l'activité humaine là où on les obtient[24]. » Fröbel défend le principe d'une instruction par le jeu, d'une écoute attentive des curiosités enfantines que l'éducateur ne fait qu'accompagner en laissant se déployer en toute liberté le dynamisme « naturel » du jeune enfant. Il est donc bien en ce sens le père fondateur de l'éducation nouvelle appliquée à la prime enfance, l'initiateur du fameux postulat selon lequel « tout se joue avant 6 ans » : « Les six premières années qui précèdent l'entrée de l'enfant à l'école ne devraient cependant

23. Pestalozzi, *Comment Gertrude instruisit ses enfants*, p. 68.
24. Friedrich Fröbel, *Menchenerziehung*, p. 49 et 99.

pas être livrées au hasard, et on commence à comprendre aujourd'hui que, dès cette première période de la vie, l'être humain reçoit une empreinte qui est le point initial de son développement tout entier. Il serait donc à désirer que les mères, les bonnes et toutes les personnes qui ont à soigner la jeune plante naissante fussent capables de bien remplir une tâche si délicate et si importante[25]. »

Mais là où Fröbel se montrera un véritable précurseur, anticipant les découvertes de la psychanalyse, c'est dans la place qu'il accorde à la mère dans le développement du jeune enfant, au point de parler de « science des mères ». Du même coup, dispensant ses enseignements uniquement à des femmes, il fermait le métier aux hommes alors qu'il en était lui-même le père fondateur, déplorant peut-être de voir parmi les hommes de son époque, et notamment ceux qui disposaient du pouvoir institutionnel, un certain scepticisme à l'égard de son jardin d'enfants. Malgré l'incontestable souci pédagogique du siècle des Lumières, la conception kantienne de l'éducation fondée sur la discipline et le dressage qui transforment la nature sauvage de l'enfant en un être humain reste dominante à cette époque. « C'est ainsi par exemple, nous dit le philosophe de la *Critique de la raison pure*, que l'on envoie tout d'abord les enfants à l'école non dans l'intention qu'ils y apprennent quelque chose, mais afin qu'ils s'habituent à demeurer tranquillement assis et à observer ponctuellement ce qu'on leur ordonne, en sorte que par la suite ils puissent ne pas mettre réellement et sur-le-champ leurs idées

25. Mme de Marenholtz, *Les Jardins d'enfants. Méthode d'éducation et d'instruction de F. Fröbel*, 1860, p. 11 (cité *in* Annick Gervais-Karpowicz, *Histoire et mémoire des jardinières d'enfants aux éducateurs de jeunes enfants*, mémoire de DSTS, université de Tours, 1991, p. 31).

à exécution[26]. » Conception totalement opposée à celle du jardin d'enfants qui considère l'éducation non comme un dressage, mais plutôt comme un accompagnement ; l'enfant, non pas comme un petit sauvage dangereux qu'il faut discipliner par la force, mais comme un être déjà humain dont il convient seulement de guider les premiers pas.

Pour cela, Fröbel a décidé de se doter d'un matériel auquel il va conférer une haute portée pédagogique. Partant de formes de matière, de poids, de couleur et de grandeur différents, il cherche à hiérarchiser les étapes de structuration intellectuelle du jeune enfant afin de l'amener par l'expérience à élaborer sa pensée. Ainsi, puisque la sphère est « à l'origine de toutes les formes », on commencera par donner à l'enfant une variété de balles. De là on passera au cube, puis au cylindre, etc., de manière à l'amener doucement, par les sens, à la plus grande abstraction possible. Ces jouets qu'il désigne sous le terme de *Gauben* – autrement dit des dons – seront manipulés lors des « occupations » ou encore des « exercices » qui structurent les activités enfantines. Travaux manuels et de jardinage – chaque enfant cultive une parcelle du jardin commun –, tressages, pliages, découpages, rondes et chants contribuent à créer une atmosphère à la fois de liberté et d'apprentissage qui va attirer à Blankenburg de nombreuses personnalités de l'aristocratie prussienne et permettre une diffusion des jardins d'enfants dans toute l'Europe.

---

26. Emmanuel Kant, *Réflexions sur l'éducation*, Introduction, Vrin, p. 71. Dans *La Philosophie de l'histoire*, on trouve aussi la proposition suivante : « L'homme est un *animal* qui, du moment où il vit parmi d'autres individus de son espèce, a besoin d'un *maître*. Car il abuse à coup sûr de sa liberté à l'égard de ses semblables. » (6e proposition, p. 67.)

Pourtant les prétentions métaphysiques de Fröbel et ses références permanentes à une entité religieuse reliant les parties d'un grand Tout et la vocation mystico-nationaliste du jardin d'enfants vont être les principaux obstacles à la reconnaissance internationale que le premier grand éducateur européen méritait incontestablement. Luthérien pratiquant, attaché au développement du sentiment religieux dès le plus jeune âge, engagé volontaire dans la lutte contre Napoléon, Fröbel, pour toutes ces raisons qui ne relèvent pas forcément d'une préoccupation éducative, fut très mal reçu en France notamment, où l'aspect symbolique de la doctrine finit par la rendre inacceptable comme l'explique Mlle Réty, ancienne directrice de centre de formation de jardinières d'enfants et principal acteur de la mise en place du diplôme d'État en 1973 :

> À l'époque – dans les années trente –, on étudiait Fröbel de très près. Il y avait des choses intéressantes dans Fröbel ; il fallait le lire avec humour, mais il y avait beaucoup d'intuitions très justes... C'était un Allemand très idéaliste, très symbolique... Alors mes filles commençaient déjà à sourire si vous voulez. Et puis quand il nous parlait des dons, des formes, c'était intéressant. Tout ça avait besoin d'être un peu dépoussiéré, repensé à la française, mais il y avait quantité d'applications pédagogiques. (M. R.)

En effet, si les origines du jardin d'enfants et donc du métier d'EJE remontent bien à cette période de constitution d'une pédagogie adaptée au tout jeune enfant, il semble pourtant que les professionnels d'aujourd'hui n'aient conservé qu'une faible mémoire de ces figures fondatrices que furent Pestalozzi et surtout Fröbel. Dans son mémoire de DSTS consacré à l'histoire des jardinières d'enfants, Annick

Gervais-Karpowicz, qui enseigne à l'Institut du travail social de Tours, constate « l'intérêt moindre des élèves vis-à-vis de l'histoire de leur profession. Comme si le métier de jardinière d'enfants avait totalement disparu alors qu'un grand nombre d'entre elles exercent encore et accueillent ces mêmes élèves en stage. Le poids de la tradition de la jardinière d'enfants est-il si fort que les EJE veuillent s'en détacher, ou bien ce peu d'intérêt est-il lié aux phénomènes de changement dans la profession[27] ? » Si le mémoire de Gervais-Karpowicz est un premier effort louable « de retrouver le contexte, les mutations, les lois, les luttes ou rapports de force, les personnes clés et surtout, au regard de cette histoire, de mieux cerner l'amorce, l'ancrage et l'évolution de la profession de jardinière d'enfants et d'EJE », il a aussi le grand mérite de nous fournir les références d'une importante documentation et un repérage chronologique dont nous présentons le tableau synthétique en annexe de cet ouvrage.

Nous pensons pour notre part que ce « désintérêt » pour l'histoire des jardinières d'enfants n'est pas le produit d'une ignorance mais bien d'une volonté de rupture qui, avec le changement de désignation en 1973, vient entériner une situation sur le terrain qui avait déjà intégré les nouvelles dimensions de la petite enfance et l'importance des découvertes de la psychologie pour la compréhension et la défense de ce nouveau champ d'exercice professionnel qui pouvait enfin prétendre à un corps de savoirs légitimes. Le témoignage de Marie-Thérèse Moitié, directrice du centre de formation Saint-Honoré, confirme cette rupture :

27. Annick Gervais-Karpowicz, *Histoire et mémoire des jardinières d'enfants aux éducateurs de jeunes enfants*, *op. cit.*, p. 4.

> Vous savez, quand je dis aux étudiants qui entrent que je suis jardinière d'enfants, oh ! là, là ! je parais la mémé ! Jardinière d'enfants c'est tellement loin pour les étudiants qui rentrent aujourd'hui en formation que j'apparais comme un phénomène ; donc, oui, le métier a beaucoup changé. En tant que jardinières, nous n'étions pas reconnues comme travailleurs sociaux, nous exercions plutôt dans les jardins d'enfants. C'est là où nous étions, et quand même plus proches des institutrices des écoles maternelles. Il y avait des jardinières qui travaillaient dans des crèches d'entreprises mais celles-ci étaient plutôt des pionnières. (M.-T. M.)

La construction sociologique de la prime enfance

Dans un article paru en 1973, Jean-Claude Chamboredon et Jean Prévot montrent comment s'est historiquement et sociologiquement constituée la notion de « prime enfance », et comparent cette évolution avec le phénomène décrit par Philippe Ariès pour l'enfance et l'adolescence, dont nous avons rendu compte dans un chapitre précédent. Faisant l'hypothèse d'une « transformation des fonctions conférées à l'éducation durant les années précédant l'entrée à l'école primaire » qui tend à faire du préscolaire une « étape dans un processus de socialisation, de préparation scolaire et de développement intellectuel », ils montrent comment l'école maternelle s'est progressivement imposée dans l'espace social comme un terrain favorable au développement moteur et intellectuel du tout jeune enfant.

Cette évolution est d'autant plus significative que l'école maternelle est historiquement l'héritière des salles d'asile, lieu d'enfermement socialement stigmatisé à vocation de dressage physique et moral qui entrait en fait dans le vaste projet de contrôle social que la bourgeoisie avait initié au début du siècle dernier. Chamboredon et Prévot montrent donc à quelles conditions la maternelle et plus largement tous les lieux d'accueil des jeunes enfants ont pu s'affirmer dans les différents groupes sociaux au prix d'une adaptation structurelle et idéologique aux classes dominantes et aux fractions supérieures des classes moyennes. Les deux chercheurs observent notamment comme facteurs constitutifs de la prime enfance en tant qu'« objet pédagogique » une accélération de la scolarisation mesurée au nombre d'enfants de 2 à 5 ans accueillis à l'école [28] et une extension de la demande de gardiennage dans les classes populaires liée notamment au développement considérable du travail féminin.

Les démographes ont mis ainsi en évidence trois étapes dans ce développement. Du début du siècle au début des années soixante, l'activité féminine (environ 30 %) décroît et surtout se reconvertit avec l'effondrement du secteur agricole. À partir de 1960, on assiste à une forte progression des taux d'activité féminine qui vont littéralement exploser dès 1968, en dépit des prévisions et des incitations inverses, atteignant 42 % en 1985. Les projections de l'INSEE prévoient que « la proportion des femmes âgées de 25 à 55 ans, exerçant une activité professionnelle, devrait être au minimum de 80 % [29] ». On peut aisément imaginer ce que seront alors les besoins en structures d'accueil des jeunes enfants si les taux de natalité augmentent ou même simplement stagnent et leurs conséquences sur la structure familiale. « Car, dans la situation de pénurie qui est celle des modes de garde, il est difficile, estime Alain Norvez, de demander aux familles de prendre en

---

28. En 1986-1987, ce sont 94,5 % des enfants âgés de 3 ans et près d'un tiers des enfants âgés de 2 ans qui sont scolarisés (ministère de l'Éducation nationale, note d'information n° 87-04, SPRESE).

29. Alain Norvez, *De la naissance à l'école*, *op. cit.*, p. 313.

De la bébologie à la fœtologie

Outre le bébé autour duquel a pu se constituer un nouveau discours pseudo-scientifique, la « bébologie », le fœtus est devenu depuis quelques années l'objet d'une attention croissante, la « fœtologie », liée notamment au développement prodigieux des techniques d'observation comme l'échographie introduite en France à partir de 1968, mais aussi à l'apparition des nouvelles technologies de pointe comme la fécondation *in vitro* et les procréations assistées. « Le créneau bébé tendant à être épuisé, note la psychologue Corinne Dubon, voici le déferlement des études sur le fœtus. » (*Enfant d'abord,* mars 1989).

On pourrait dès maintenant faire de la constitution d'un nouveau groupe de professionnels uniquement focalisés sur les soins psycho-affectifs du fœtus (*cf.* à ce propos les travaux de Franz Weldman, Bernard This ou Catherine Dolto sur l'haptonomie qui se présente comme une nouvelle méthode d'approche relationnelle du tout-petit dès sa conception) l'objet d'une thèse de sociologie qui promettrait d'être passionnante. « Quelle place fait-on à la relation affective prénatale, s'exclamait récemment Bernard This, alors même que c'est elle qui va conditionner la sécurité affective de l'enfant durant toute sa vie ? » Même la littérature s'est emparée de ce thème, comme le montre le roman de Pascal Brückner, *Le Divin Enfant*, paru au Seuil, où l'on voit des bébés qui, refusant de naître, fondent une « Amicale des fœtus rétifs ». Et la vie affective du spermatozoïde, alors !

compte la nature exacte de l'école maternelle : pour un bon nombre de parents d'enfants âgés de 2 ans, et même au-delà, cette institution constitue d'abord une excellente garderie [...].

Chaque famille peut y trouver ce qu'elle y cherche : la garde de l'enfant, son développement psychomoteur et intellectuel, la préparation à l'école primaire, l'apprentissage de la discipline et même celle de la rigueur indispensable à tout travail, à toute entreprise [30]. » C'est donc bien une analyse différentielle des structures d'accueil des jeunes enfants et les usages sociaux qui en découlent qu'il conviendrait de construire afin d'en saisir les enjeux puisque, parallèlement aux besoins de garde qui prédominent, on peut observer une exigence de plus en plus forte d'un accueil éducatif du jeune enfant dans les classes sociales favorisées et la diffusion massive d'une littérature psychologique qui « a conduit à la découverte de la prime enfance en persuadant de l'importance de cette période pour la constitution de la personnalité et surtout [...] pour la formation de l'intelligence [31] ».

On a pu voir ainsi apparaître un véritable marché de la petite enfance avec non seulement les produits matériels afférents (couches, alimentation, habits, etc.) mais des productions symboliques venues d'autres champs et pour d'autres marchés [32], et qui ont trouvé dans ce secteur un espace de développement parfois très lucratif ; au point d'ailleurs que le ministère de la Culture a cru bon d'engager un vaste programme d'initiations artistiques avec la Direction de la petite enfance au ministère de l'Emploi et de la Solidarité [33]. Cette

30. *Ibid.*, p. 394.

31. Jean-Claude Chamboredon et Jean Prévot, « Le métier d'enfant, définition sociale de la prime enfance et fonctions différentielles de l'école maternelle », *Revue française de sociologie*, 14, 1973, p. 312.

32. C'est le cas de l'association Enfance et Musique, par exemple, qui, animée par un musicien, est parvenue à monopoliser une part importante du marché de la formation musicale pour l'ensemble du secteur avec la bénédiction du ministère de l'Emploi et de la Solidarité.

33. *Cf.* la brochure *Abécé d'ART* éditée par le ministère de la Culture et le secrétariat d'État à la Famille, décembre 1991.

forte demande culturelle est ainsi mise en corrélation par Chamboredon et Prévot avec une élévation du niveau scolaire des agents, qui investissent la profession en y important des « aspirations plus hautes[34] ».

On peut donc constater que les analyses fort pertinentes de cet article, qui a longtemps été l'unique effort sociologique, visant à analyser l'apparition de cette nouvelle classe d'âge et des nouveaux acteurs ajustés à cette population, s'appliquent aujourd'hui encore mieux aux EJE et aux structures d'accueil des jeunes enfants, dont les deux sociologues ne parlent presque pas[35], qu'aux institutrices et aux écoles maternelles qui, malgré leur fort désir de voir promouvoir la petite enfance, ont été soumises à de telles contraintes matérielles (trente enfants par classe, manque de postes, locaux exigus) et parentales (forte exigence scolaire de certains parents et, pour d'autres, besoin en mode de garde) qu'elles n'ont pu vraiment rompre avec l'« instruction » et le dressage disciplinaire qu'elle suppose. D'ailleurs, en devenant « professeurs d'école » et en ne se démarquant pas nettement de leurs collègues du primaire – ce qu'après tout on ne peut leur reprocher compte tenu des avantages matériels et symboliques que cette collusion leur assure –, les instituteurs de maternelle accentuent l'aspect scolaire de leur profession au détriment de la dimension éducative dont Pauline Kergomard, qui fut l'inspiratrice et l'instigatrice de l'éducation nouvelle à l'école maternelle, s'était faite le héraut : « Je ne cesserai de le dire, écrit-elle, les enfants, même les plus grands, ne vont pas à l'école maternelle pour s'instruire [...]. En ce qui concerne l'éducation intellectuelle des enfants de

---

34. Jean-Claude Chamboredon et Jean Prévot, « Le métier d'enfant », art. cité, p. 317.

35. Et pour cause, ils n'existaient pas dans leur forme actuelle !

2 à 6 ans, l'ambition des maîtresses devrait consister à leur enseigner à observer, à écouter, à parler[36] [...]. » En ce sens, celle qui organisa l'école maternelle prémoderne fut fidèle aux principes de l'éducation nouvelle et plus proche de Fröbel ou de Maria Montessori que de tous ceux qui veulent aujourd'hui considérer les structures d'accueil des jeunes enfants comme une antichambre de l'école, voire un espace d'hyperstimulation visant à profiter des extraordinaires compétences du bébé par exemple pour précipiter sa formation[37]. « L'école maternelle suit sa pente, elle devient une école préparatoire à l'école primaire ; et pour préparer les enfants à apprendre à lire, à écrire, à calculer [...] elle leur enseigne à lire, à écrire, à calculer [...] C'est presque à désespérer de l'éducation intellectuelle de nos enfants. »

Comme le note justement Alain Norvez pour montrer le basculement de l'école maternelle vers l'instruction et non l'éducation, « le vocabulaire employé dans la circulaire de 1986[38] a déjà subi une modification importante : on ne parle plus d'"éducateur", mais bien de "maître" [...]. C'est le personnage clé de cette nouvelle approche de l'école maternelle[39] ». Toutes proportions gardées bien sûr, on ne peut que s'étonner de voir l'école maternelle moderne renouer avec une

---

36. Pauline Kergomard, *L'Éducation maternelle dans l'école*, Hachette, 1974, p. 317.

37. Voir à ce propos Rachel Cohen, *Plaidoyer pour les apprentissages précoces, stratégies éducatives pour la réalisation des potentialités humaines*, PUF, 1982 ; ou encore Glenn Doman, *Enfants, le droit au génie*, Éd. Hommes et Organisation, 1986. Citons aussi le projet de crèche « Eurobaby » initié par... Michel Leclerc où, dès l'âge d'1 an, on dispenserait aux bébés au moins deux langues étrangères. *L'Événement du jeudi* commentait l'affaire en constatant qu'on célébrait ainsi les noces de Françoise Dolto et de Bernard Tapie !

38. Il s'agit de la circulaire de l'Éducation nationale du 30 janvier 1986 sur les « orientations pour l'école maternelle » qui abroge celle du 2 août 1977.

39. Alain Norvez, *De la naissance à l'école*, *op. cit.*, p. 402.

certaine idéologie de l'ordre, de la régularité, de l'effort au travail, de la discipline qui présidait aux destinées des salles d'asile, au point qu'Alain Norvez intitule l'un de ses chapitres : « L'école maternelle, lieu d'initiation à l'effort et à la discipline [40] » et pointe les nouvelles priorités de l'école maternelle actuelle : « Scolariser, faire apprendre et exercer [41]. »

Ce programme de l'école maternelle est exactement l'antiprogramme de l'éducation nouvelle prônée par les EJE. Le terme « éducation nouvelle », qui appartient en fait au vocabulaire du XIXe siècle – ce qui ne signifie d'ailleurs pas que ses grands principes soient dépassés ni même qu'ils aient été un jour totalement expérimentés –, exprime, comme on le verra dans les chapitres suivants, une sorte de contre-courant scolaire qui souhaiterait voir défini un espace spécifique de la petite enfance qui ne relèverait pas du monde académique mais aurait à lui-même ses propres valeurs et ses propres méthodes.

En France pourtant on peut constater que ce mouvement n'a jamais fait la percée qu'il fit par exemple dans les pays anglo-saxons et même aux États-Unis. Comme le note Hannah Arendt, « ce qui en Europe était resté une expérience tentée çà et là dans de rares écoles et dans les institutions isolées [...] a, en Amérique, complètement bouleversé et pour ainsi dire du jour au lendemain [...] toutes les méthodes traditionnelles de l'enseignement [42] ». D'inspiration fröbelienne, c'est-à-dire prussienne et, comme on l'a vu, à fortes connotations nationalistes, la pédagogie des

40. *Ibid.*, p. 402.
41. *Ibid.*, p. 401.
42. Hannah Arendt, « La crise de l'éducation », *in Crise de la culture*, Gallimard, coll. « Idées », 1972, p. 229.

jardins d'enfants, malgré Pauline Kergomard, ne parvint pas à s'imposer en France pour des raisons historiques évidentes. C'est donc l'école maternelle à la française, héritée des salles d'asile et des valeurs républicaines, qui s'imposa et tint à l'écart ceux qui n'eurent plus comme solution que d'investir le champ de l'initiative privée à forte connotation religieuse et de rejoindre les professions du travail social, desquelles ils n'avaient d'ailleurs jamais été très éloignés dans la mesure où les jardinières d'enfants sont souvent considérées comme les premières travailleuses sociales, presque un siècle avant l'apparition des visiteuses familiales. On a vu d'ailleurs que, avant de se préoccuper des familles, ce furent les enfants qui constituèrent la première cible privilégiée des institutions de contrôle pour imposer l'ordre social. Comme l'indique Philippe Meyer, « l'enfant est alors symptôme, prétexte, otage, monnaie d'échange dans les opérations de redressement, de rééducation que mènent les institutions[43] ».

De la jardinière d'enfants à l'éducateur de jeunes enfants

« Les mots racontent les choses auxquelles ils appartiennent », écrivait le vieux Tolkien, philologue reconverti en conteur par la grâce de ses petits-enfants, auxquels il avait décidé de consacrer la saga du *Seigneur des anneaux*[44]. On ne dira jamais assez le poids des mots dans la construction sociale des métiers. Nommer c'est faire être, et les désignations par lesquelles les professions cherchent à se présenter

43. Philippe Meyer, *L'Enfant et la raison d'État*, Seuil, coll. « Points », 1977, p. 71.
44. Tolkien, *Le Seigneur des anneaux*, Christian Bourgois, 1972.

et se re-présenter sont aussi importantes sur la scène sociale du travail, où les luttes sont souvent des combats de mots, que les conditions objectives de leur exercice (salaire, conditions de travail, etc.)[45].

Ainsi l'évolution historique que nous venons de décrire est très sensible dans les changements de désignation professionnelle qui ponctuent l'histoire des EJE. Nous ne prétendons pas que ce sont ces modifications sémantiques qui changent la réalité structurelle du métier, mais bien qu'elles en sont l'émanation.

Dès 1907 on voit poindre la dimension éducative dans un brevet d'éducatrice de jardins d'enfants. C'est la grande vague de construction républicaine et laïque marquée par la volonté politique d'intégrer dans l'espace national les classes sociales considérées comme « dangereuses ». Les jardins d'enfants serviront ainsi non seulement d'asiles et de modes de garde pour les jeunes enfants dont les mères travaillent, mais aussi de centres d'instruction pour les parents des milieux populaires. De 1911 à 1955, c'est l'aspect préscolaire de la profession qui sera dominant. Gervais-Karpowicz constate que, « de la fin de la Première Guerre mondiale jusqu'au début des années trente, le travail de la jardinière se confond avec celui des institutrices. Il y a alors juxtaposition des écoles maternelles et des jardins d'enfants, des institutrices et des jardinières d'enfants[46] ». C'est l'époque « classique » de la jardinière d'enfants issue de milieux sociaux

45. Sur ce thème, on pourra se référer aux articles que nous avions consacrés, Philip Mondolfo et moi-même, à la crise du travail social : « Débaptiser les assistantes sociales, idées rebonds », *Libération*, octobre 1991, et « Assistance sociale : une crise symbolique » *ASH*, 1992.

46. Annick Gervais-Karpowicz, *Histoire et mémoire des jardinières d'enfants aux éducateurs de jeunes enfants*, *op. cit.*, p. 93.

plutôt favorisés et qui, en attendant de trouver un mari « bien né », s'exerce aux soins des jeunes enfants avant d'assurer l'éducation de ses propres enfants, comme le souligne l'ancienne directrice des Heures claires, Mlle Réty :

> Évidemment en 1932 plus de la moitié de mes élèves étaient des bourgeoises qui sortaient de l'enseignement libre, mais des filles de qualité. Alors elles se sont mariées très vite et n'ont donc pas « fait souche » en tant que jardinières. Ce n'était pas une profession. « Ou elles se mariaient, ou elles entraient au couvent », disait-on volontiers à l'époque. Après avoir eu un millier d'élèves, je compte sur les doigts des deux mains celles qui étaient encore en fonction il y a dix ans... (M. R.)

Les années trente constitueront un tournant dans la profession, marqué notamment par la fermeture de l'École normale de Sèvres, qui avait été un prestigieux creuset de jardinières. « C'est dans l'enseignement privé ou dans le secteur social, non plus dans l'enseignement public, que vont continuer à être créés les jardins d'enfants[47]... »

D'après Mlle Réty, qui, rappelons-le, jouera un rôle central dans la mise en place du diplôme d'État et pour la reconnaissance de la profession, c'est vers 1942 que s'engagèrent les premiers contacts avec notamment le secrétariat de la Famille qui, dès cette époque, évoque la possibilité d'un diplôme. « Autant, avant la Seconde Guerre mondiale, les écoles de formation semblent se situer dans un mouvement passif [...], autant, après la Seconde Guerre mondiale, le mouvement des jardinières d'enfants apparaît décidé à faire pression sur les pouvoirs publics pour la reconnaissance

47. *Ibid.*, p. 93.

de leur profession[48]. » Cette mobilisation débouche en 1945 sur une ordonnance parue au *Journal officiel* du 5 novembre 1945 qui introduit pour la première fois les jardins d'enfants dans la liste des établissements soumis à la surveillance sanitaire du directeur départemental de la Santé. Du coup, une Association des centres de formation de jardinières-éducatrices (ACFJE) est créée, qui élabore un programme largement inspiré de celui de l'École normale de Sèvres afin de délivrer un diplôme de jardinière-éducatrice. Le changement d'appellation, qui introduit la fonction éducative, a déjà pour but de « lutter contre l'image de la gentille petite jardinière qui fait si bien jouer les enfants[49] », et de repositionner la profession par rapport aux autres acteurs de la petite enfance.

Une série d'arrêtés et de décrets parus entre 1946 et 1954 traduira la reconnaissance institutionnelle de la profession et débouchera sur l'agrément de vingt-trois centres de formation, habilités à délivrer un diplôme de jardinière-éducatrice ou de jardinière d'enfants. Reconnu, le titre est désormais protégé et toute personne exerçant en jardin d'enfants doit être titulaire d'un diplôme délivré par l'un de ces centres agréés par le ministère de la Santé publique.

Pourtant les lois Debré, à la fin des années cinquante, qui réforment l'enseignement privé et font obligation à tout enseignant d'être titulaire du baccalauréat et de se former dans les écoles normales, vont mettre un coup d'arrêt brutal au développement de la profession en obligeant de nombreuses jardinières d'enfants non bachelières à quitter le secteur préscolaire :

48. *Ibid.*, p. 97.
49. *Ibid.*, p. 99.

> Il y a eu un tournant très net avec les lois Debré. Toutes les bachelières s'en allaient passer un CAP d'institutrice. On recevait donc les filles qui ne pouvaient pas faire autre chose, comme on disait quelquefois. Ça nous a incité à fermer. C'est à ce moment-là qu'on s'est évidemment rabattu sur le social. (M. R.)

Ce phénomène se manifeste symboliquement par une nouvelle transformation de la désignation du métier. Les jardinières d'enfants deviennent les éducatrices-jardinières avant d'être définitivement instituées sur le modèle des éducateurs spécialisés, qui venaient de se voir reconnus par un diplôme d'État, éducateurs de jeunes enfants par la circulaire n° 34 AS du 18 juin 1974 qui fixe la définition et le cadre d'exercice de l'éducateur de jeunes enfants :

« La jardinière d'enfants et l'éducateur de jeunes enfants sont des éducateurs dont le rôle spécifique est de favoriser le développement et l'épanouissement des enfants de 18 mois à 6 ans lorsqu'ils se trouvent hors de leur famille pour un temps plus ou moins long. Ils le font à partir de connaissances approfondies sur la psychologie des petits enfants et leurs besoins de développement. Ils ont appris également à y répondre à la fois par la qualité de la relation qu'ils savent établir et par des techniques éducatives adaptées.

« En les entourant d'un milieu riche en stimulants de toutes sortes, ils créent dans les petites communautés où ils travaillent une ambiance matérielle et affective favorable au développement harmonieux de toutes les facultés des enfants. En les aidant à bien vivre leurs premières années, si déterminantes pour leur évolution, ils contribuent à leur épanouissement et préviennent certaines inadaptations physiques et psychiques. »

Ce texte avait été précédé un an plus tôt par le décret n° 73-73 du 11 janvier 1973 instituant le diplôme d'État d'éducateur de jeunes enfants, condition indispensable de légitimation d'une fonction qui n'aurait pu se développer sans ce préalable.

En une vingtaine d'années, l'ensemble de la profession se trouve ainsi reconfigurée puisque, si en 1965 la moitié des jardinières d'enfants est encore employée en milieu scolaire, c'est aujourd'hui la presque totalité des EJE qui exerce dans le secteur social.

3

QUI SONT LES ÉDUCATEURS DE JEUNES ENFANTS ?

Les motivations professionnelles

Reproduction et réparation

« On ne peut nier que l'intérêt pour les enfants, pour l'enfance, s'enracine dans sa propre histoire, écrit Suzon Bosse-Platière à propos de l'accompagnement éducatif des petits enfants, dans sa propre enfance dont les souvenirs conscients ont laissé le goût d'un bonheur passé et le désir de le prolonger en le faisant partager avec les jeunes enfants d'aujourd'hui [...], dans cette enfance en nous, dont les souvenirs conscients sont porteurs de sentiments de souffrance, de manque, de besoin de compenser à travers l'enfance des autres [1]... »

---

1. Suzon Bosse-Platière, *Les Maternités professionnelles*, Érès, 1989, p. 33-34.

Les EJE expriment en effet leurs motivations professionnelles, ces dispositions historiquement et socialement acquises qui ont été au principe du choix du métier d'éducateur de jeunes enfants, à travers deux types d'expériences qui, dans certains cas, se combinent.

– Une histoire familiale douloureuse et notamment des rapports difficiles au mode d'éducation subie, jugée inadaptée et trop contraignante. Cette remise en cause de l'éducation familiale passe d'ailleurs souvent par une opposition au père et à son autorité, soit que celle-ci ait été totalement absente – on constate, parmi nos interlocuteurs, une fraction non négligeable d'EJE qui ont été privés de père –, soit parce que celui-ci a usé arbitrairement de sa force et de son pouvoir pour exercer une insupportable domination. Le choix du métier d'EJE correspond alors au désir de faire vivre aux enfants ce que les professionnels n'ont pu vivre eux-mêmes dans leur enfance.

– La seconde disposition à entrer dans la profession qui apparaît très majoritairement chez les EJE est la trajectoire scolaire. 68 % d'entre eux reconnaissent avoir eu un cursus moyen et 67 % ont redoublé au moins une classe, dont 20 % leur terminale. Les entretiens renforcent encore ces données quantitatives. L'école est désignée comme la principale responsable de l'échec scolaire et des difficultés personnelles.

> Le questionnaire demandait aux EJE, parmi un ensemble de qualités personnelles, celles auxquelles ils attachaient le moins d'importance. Plus de 80 % ont admis que le fait d'être « discipliné » était la qualité qu'ils appréciaient le moins. L'ouverture (83 %) et la créativité sont à l'inverse les attributs les plus estimables.

Il s'agit donc pour de nombreux professionnels de « réparer » ce que l'école a contribué à détruire et au mieux de « limiter les dégâts » en intervenant avant l'école. Le choix du métier d'EJE doit donc être mis en corrélation étroite avec l'expérience scolaire qui a déterminé un certain rapport à l'enfance et à l'éducation, comme le montrent les quelques témoignages qui suivent.

> J'ai beaucoup changé d'écoles d'où j'ai été renvoyée pour indiscipline. C'était un peu hachuré... J'étais mal à l'école. Je crois que c'est ça aussi peut-être un peu quelque part... Ça me reste ça... C'était une façon de me révolter... C'était la volonté d'affirmer un désaccord par rapport à mon père et par rapport à l'école. Aussi j'avais un père qui était assez sévère et très... comment dire, très droit, très matheux et puis c'était un scientifique, il ne comprenait pas qu'on puisse ne pas réussir dans les maths et les matières scientifiques... Quand je parle de scolarité avec des parents, j'essaie toujours de leur dire qu'effectivement l'école ce n'est pas forcément quelque chose de marrant pour les enfants, que ça ne convient pas forcément aux enfants telle qu'elle est conçue actuellement et qu'il faut être vigilant parce que l'enfant peut ne pas y trouver son compte. (EJE 1)

> Mes motivations très profondes ont à voir avec ma propre éducation, à savoir que j'avais envie de donner à des enfants des possibilités d'éveil que j'avais l'impression de ne pas avoir eues pour moi, étant enfant. C'était un peu une remise en cause de mon éducation familiale. C'était une éducation qui manquait d'ouverture et je trouvais important que les enfants puissent avoir le maximum de chances et découvrir le maximum de choses, ça a vraiment été la motivation première... (EJE 2)

> Je n'ai pas très bien vécu la période scolaire à partir du collège, qui s'est prolongée jusqu'au lycée. C'est une période où j'ai vraiment ressenti les choses de façon vraiment désagréable

par rapport au scolaire ; des contraintes liées à ma situation familiale, sociale, mon père étant prof, toutes les attentes qu'il pouvait y avoir de la part de mes parents, les contraintes d'un certain milieu social, le désir pour certains de pouvoir accéder au milieu des profs. C'est un peu par réaction vis-à-vis du mauvais côté scolaire que j'avais vécu que je commençais à prendre conscience que, si j'étais instit, je pourrais réparer certaines choses. (EJE 8)

Mon enfance, je n'ai pas vraiment de souvenir précis. Si, le seul truc qui a marqué mon enfance c'est la mort de mon père, qui a fixé un âge dans l'enfance : 3 ans. Je n'ai pas eu vraiment le soutien que je souhaitais, par rapport à l'école, par rapport à la famille où il n'y avait pas forcément de suivi non plus dans la mesure où ma mère est étrangère par rapport à la langue et qu'elle pouvait difficilement m'aider. Les études, pas vraiment investies par ma mère, c'est moi qui ai aiguillé ce que j'avais envie de faire, un peu soutenue, quand même, par ma sœur aînée. C'est elle, d'ailleurs, qui m'avait dit : « Tu devrais demander une seconde », qui m'avait proposé de faire une filière plutôt longue que courte. Mais je n'ai pas senti un soutien de la part de ma mère. (EJE 9)

Je devais avoir 10 ans ; c'était après la naissance de mon petit frère, qui a dix ans de moins que moi et mes parents sont partis à l'étranger en Hongrie en poste et moi j'ai été répercutée sur mes grands-parents dans le sud de la France, parce que je redoublais ma 7e et que donc il fallait que cela se passe bien, que je travaille bien. J'aurais été soi-disant perturbée de suivre mes parents. Donc je me suis retrouvée chez mes grands-parents, tous les deux « instits » extrêmement sévères, à la limite je peux dire de la maltraitance, donc une année très très douloureuse... (EJE 10)

Je n'ai pas eu une enfance entourée, j'ai eu des parents qui créaient une entreprise qui se sont donnés à plein dans cette entreprise, laissant leurs trois enfants choir au profit de cette entreprise. Financièrement je suis certaine qu'on avait tout ce qu'il nous fallait, sûrement le plus beau pantalon de toute l'école, mais bon, il manquait cette attention, il manquait le temps de rester ensemble avec les parents. J'ai été gardée à la fois par ma mère quand il n'y avait pas de clients au magasin, sinon par une femme de ménage qui était là plus de huit heures par jour. C'était plutôt une femme rivale car cette femme avait trois enfants brillants à l'école. Or ma mère ne rêvait que d'une chose, c'est d'avoir des enfants brillants à l'école et elle avait des enfants très moyens à l'école. C'était donc un petit peu la rivalité entre cette femme et ma mère mais une rivalité consciente et inconsciente. Ce n'était pas la guerre toute la journée sinon elle ne serait pas restée. (EJE 11)

Je ne voulais pas rentrer dans la machine Éducation nationale parce que, sortant d'une famille où il y avait beaucoup d'enseignants, j'ai pensé qu'ils se « plantaient » complètement et je trouvais que cette profession avait un caractère innovant : la possibilité de travailler avec un petit groupe d'enfants, d'avoir ses propres idées, tout ça m'intéressait beaucoup, contrairement à l'Éducation nationale. À la maison, j'étais en opposition avec l'Éducation nationale et cette branche... Je crois que c'était la notion d'apporter quelque chose à l'enfant, très tôt, pour que... l'autonomie, voilà ! C'était ce que j'avais lu dans le topo, c'était de donner de l'autonomie, gagner en autonomie, c'était ça... qui m'avait attirée. L'autonomie, très tôt, l'indépendance, ce sont des notions qui m'avaient bien plu dans une documentation sur l'*éducateur de jeunes enfants*, ces deux notions-là étaient marquées en gros et c'est ce qui m'a plu. (EJE 17)

Mon cursus scolaire ? Ah nul, complètement nul ! À la maternelle j'étais déjà cataloguée comme fainéante parce que je dormais beaucoup. Et puis un CP je ne sais pas comment il

> s'est passé parce que je suis passée en CE1 et j'ai redoublé parce que je ne savais pas lire et un CM2... enfin une primaire pas terrible, une secondaire en classe de garage. Ça a réellement marché à partir de 15 ans, à partir du moment où j'ai fait une formation professionnelle. (EJE 22)

> J'ai toujours été un cancre et je me considère toujours comme un cancre. (EJE 24)

Nous aurions pu poursuivre cette liste de témoignages encore longuement car la presque totalité des vingt-cinq entretiens montre qu'il y a une forte concordance d'expériences malheureuses de la famille et/ou de l'école qui est au principe du choix d'exercer le métier d'éducateur de jeunes enfants. Cela explique, comme on le verra plus tard, que l'éducateur de jeunes enfants organise sa professionnalité sur la capacité de créer les conditions optimales du bien-être affectif et relationnel du jeune enfant. Cela explique aussi pourquoi à l'entrée en formation « les candidats viennent beaucoup moins avec l'idée d'apprendre des techniques et de se conformer à un modèle qu'avec l'intention de vivre l'expérience d'une formation et d'une réalité professionnelle [2] ». En conséquence, on pourra constater conformément à l'analyse historique que nous présentions plus haut que l'entité « Éducation nationale » constituera pour les EJE une valeur-repoussoir autour de laquelle une partie de leur identité professionnelle s'affirme négativement. Même ceux qui considèrent avoir suivi une scolarité plutôt heureuse et réussie dénoncent les insuffisances du monde scolaire.

---

2. Jean Davallon, *Les Éducateurs de jeunes enfants*, Mésopé, Privat, p. 54.

> Même si moi-même je ne me suis pas sentie en difficulté scolairement, je suis sensible aux gens qui ont des difficultés scolaires. (EJE 2)

Didier Hammel, ancien EJE et codirecteur d'un centre de formation, aujourd'hui consultant en formation, confirme cette vision négative de l'école chez la plupart des EJE :

> L'école [...] dans la formation d'éducateur de jeunes enfants joue bien, effectivement, un rôle de repoussoir, c'est-à-dire un rôle d'intégrateur négatif. On fait l'unité sacrée contre l'école. Les gens se donnent une identité professionnelle par rapport à, et en opposition à. Est-ce que ça y était vraiment avant, ou est-ce que c'est quelque chose qui se construit pendant ? Tout système social, de toute façon, à partir du moment où il se crée, sécrète lui-même ses propres valeurs, ses propres normes, ses propres rituels. Et une des façons les plus communes et les plus efficaces de le faire est de le faire en opposition à une autre entité repérée. Donc, c'est vrai qu'on entend beaucoup dans les écoles d'EJE un discours contre l'école, contre l'Éducation nationale, contre les instituteurs, etc.

Quand on renvoie aux professionnels cette disposition qu'ils ont à rejeter l'espace scolaire, ceux-ci expliquent qu'il ne s'agit pas de l'expression d'une haine viscérale pour l'Éducation nationale, mais bien du sentiment frustrant qu'au sein de cet espace on pourrait faire beaucoup mieux avec les petits enfants et du même coup éviter qu'une fraction non négligeable de ces enfants ne se trouve par la suite en échec scolaire.

L'amour des enfants : vocation ou profession ?

Ce qu'on observe cependant dans les déclarations de motivation, c'est la quasi-absence de discours naïfs à caractère vocationnel visant à assurer l'interlocuteur de son « amour pour les enfants », auxquels on pouvait légitimement s'attendre. Il s'agit bien là d'acteurs sociaux, à l'inverse des assistantes maternelles ou des auxiliaires de puériculture, qui ont appris à transformer, au cours de leurs études, une démarche affective en logique professionnelle.

> Je me sens chargée d'une mission dans le sens où j'estime que les petits enfants sont quelque chose de précieux dont on ne s'occupe pas assez et dont on ne valorise pas assez les bienfaits. Mais rien d'une vocation, surtout rien d'une vocation... (EJE 25)

Cela infirme l'analyse trop générique de Suzon Bosse-Platière, qui, en prenant en bloc tous les métiers de la petite enfance, plaque sans distinction des caractéristiques propres à certaines professions sur toutes les autres [3]. Or il existe de profondes différences entre ces professionnels, qui relèvent de l'appartenance sociale, de la trajectoire scolaire et du nombre d'années d'études qui sanctionnent les formations [4].

---

3. « L'amour pour les enfants, écrit-elle, représente une constante parmi les motivations, voire un laissez-passer professionnel dans ce qui est exprimé. Sans lui, il semble difficile d'exercer correctement et de s'intéreser à ces métiers. Cette attirance affective et le plaisir qu'elle procure se présentent comme le moteur de la dynamique professionnelle » (Suzon Bosse-Platière, *Les Maternités professionnelles*, *op. cit.*, p. 30).

4. Il nous semble, pour cela, difficile de traiter génériquement des métiers de la petite enfance, même si on peut identifier des dispositions récurrentes et une certaine manière de « concevoir le monde ».

Les responsables de centre insistent souvent dans les modalités de sélection des candidats sur le nécessaire dépassement de l'amour des enfants pour exercer le métier d'éducateur de jeunes enfants, et si beaucoup, parmi ces aspirants, ne peuvent exprimer leur souhait professionnel que sous cette forme pulsionnelle, ils apprennent aussi à la contrôler de telle manière qu'elle ne vienne pas perturber leurs relations aux enfants. « Nous ne demandons pas à notre personnel d'aimer les enfants [5] », explique Judith Falk [6].

Ramener les motivations de l'éducateur de jeunes enfants à son « amour des enfants », c'est instituer l'« instinct maternel » comme fondement de la profession et du même coup lui refuser toute professionnalité. Puisqu'il suffit d'aimer les enfants pour exercer ce type de métier [7] et qu'il s'agit ici presque exclusivement de femmes, on a vite fait de passer de l'apprentissage d'un métier comme les autres à un emploi inné pour lequel les femmes seraient naturellement disposées. Puisqu'elles ont, dans les siècles passés, largement assuré les soins aux jeunes enfants, elles sont créditées, par les hommes mais aussi par elles-mêmes – ce qui les rend très souvent complices de la domination matérielle et symbolique qu'elles subissent –, de cette compétence naturelle qui les pousse à accomplir professionnellement ce pour quoi elles sont « destinées ». Cette charge vocationnelle très forte qui

5. Bernard Martinot, *Le Bébé est une personne*, Balland, 1985 (cité par Suzon Bosse-Platière, p. 47).

6. Jardinière d'enfants puis pédiatre hongroise, directrice du fameux institut Loczy à Budapest où elle succéda à Emmi Pikler, sa fondatrice, en 1984.

7. Durant les grèves parisiennes de 1989 qui avaient mobilisé les professionnels des crèches, la rumeur courait selon laquelle M. Jacques Toubon, adjoint au maire de Paris, aurait dit qu'« on n'a pas besoin d'avoir fait Saint-Cyr pour torcher des enfants ».

existe dans les métiers de la petite enfance fait peser sur les EJE le soupçon permanent de n'avoir pas vraiment choisi cette activité mais de se l'être vu imposer par les lois de la nature et donc de ne pas mériter la reconnaissance dont sont créditées les vraies professions et dont le choix n'est pas automatiquement mis en corrélation avec des dispositions innées, comme les gros bras du camionneur ou la générosité de la bonne sœur. « On est déformé par la formation, écrivait l'ancien ministre chargé de la Santé et de la Famille, Michèle Barzach. Je ne pense pas qu'il soit nécessaire d'avoir un brevet d'éducation pour élever un enfant. Il a besoin d'amour et de sécurité... Quant à l'amour, les femmes qui choisissent de s'occuper d'enfants le font parce qu'elles les aiment. Sinon, elles feraient autre chose [8] ! »

On peut à ce propos s'étonner de constater que ceux qui auraient légitimement pour fonction de promouvoir la professionnalité des EJE se rendent aussi complices de cette idéologie naturaliste en acceptant de voir publier dans le seul ouvrage qui leur ait été jusque-là consacré que « la première des qualités de l'EJE est sa joie de vivre » ou encore qu'« ils sont heureux de vivre avec les enfants [9] ». Que le Comité d'entente des centres de formation d'EJE, qui coordonnait à l'époque cette publication, ait pu accepter de voir ainsi qualifier la profession au mépris de tous les travaux scientifiques déjà publiés dans les années soixante-dix montre que celles qui présidaient alors aux destinées des EJE appartenaient encore à la tradition assistantielle et religieuse [10]. De là à

8. *Bonheur*, CAF, 1987 (cité *in* Alain Norvez, *De la naissance à l'école*, *op. cit.*, p. 359).

9. Jean Davallon, *Les Éducateurs de jeunes enfants*, *op. cit.*, p. 68.

10. À l'époque on pouvait d'ailleurs encore voir siéger à ce Comité d'entente des religieuses en tenue qui furent longtemps dominantes au sein des écoles de formation.

poursuivre sur la lancée en ajoutant que « l'argent et le prestige social n'étaient pas ce qu'ils [les EJE] recherchaient en premier mais plutôt un métier où on se réalise... », il n'y avait qu'un pas que Davallon franchit allègrement. « Se réaliser, conclut-il, serait en l'occurrence vivre d'une certaine façon une relation avec les enfants, les aimer et en être aimé [11]. »

Si l'auteur s'était donné la peine d'interroger quelques professionnels au lieu de reproduire la rhétorique moralisatrice du Comité d'entente de cette époque, il aurait pu observer que ceux-ci ne font nullement référence à cette « joie de vivre » censée les animer et qui va à l'encontre d'un processus de formation et de professionnalisation. Prêter à un métier dans sa totalité des dispositions naturelles ou innées, c'est se prêter inconsciemment à une démolition en règle de ce métier. On est d'ailleurs surpris que, au moment de la publication de ce travail en 1977, il n'y ait pas eu plus de réactions de la part des professionnels et surtout des centres de formation qui, d'une certaine façon, se sont rendus complices d'une description inepte de la profession [12].

Changer le monde par la prévention

Outre ces motivations explicites que les entretiens ont pu mettre en évidence, on ne peut s'empêcher de formuler d'autres hypothèses dont les professionnels ne peuvent se faire les porteurs dans la mesure où elles relèvent d'un

---

11. *Ibid.*, p. 69.

12. On pourrait en rire si cela n'engageait pas tant de mépris vis-à-vis d'autrui lorsque Davallon, pour tenter d'expliquer pourquoi les EJE ont tant de mal à se faire reconnaître, écrit qu'on peut y voir « un trait particulier à tous ces professionnels, qui les porterait plus vers la vie quotidienne *et la communication non verbale* [c'est moi qui souligne] que vers les spéculations ou l'esprit de système » (p. 71).

habitus [13] enfoui dans les plis du corps et qui ne peut émerger qu'après un long travail de socio-analyse.

Didier Hammel repère parmi les EJE nombre d'agents sociaux qui « n'avaient pas beaucoup de goût pour affronter le monde, le monde du pouvoir, le monde des adultes en tant que monde du pouvoir ». Le fait de travailler auprès de jeunes enfants pourrait en effet être le produit d'une difficulté initiale à côtoyer les adultes, sur lesquels les probabilités d'influence sont beaucoup plus réduites. Les enfants et notamment les plus petits constituent en effet une population dominée, malléable à merci et qui peut susciter les espoirs mégalomaniaques les plus fous [14]. Ceux-ci s'expriment généralement sous la forme d'une volonté parfois explicite de « changer le monde » en prenant le mal à la racine. Prendre soin des petits enfants serait une manière radicale d'améliorer l'humanité. « Tout ce qu'on peut faire

13. L'habitus, « ce principe non choisi de tant de choix », comme l'explique Pierre Bourdieu, désigne ces dispositions socialement acquises qui rendent probables un certain nombre de pratiques individuelles et collectives. C'est, pour simplifier, une sorte de boussole interne qui permet de se situer dans l'espace social.

14. « Le rôle que, de l'Antiquité à nos jours, toutes les utopies politiques prêtent à l'éducation montre bien combien il paraît naturel de vouloir fonder un nouveau monde avec ceux qui sont nouveaux par naissance et par nature. Pour ce qui est de la politique, il y a là, bien sûr, une profonde erreur de conception : au lieu de se joindre à ses semblables en s'efforçant d'agir par persuasion et en courant le risque d'échouer, on intervient d'une façon dictatoriale, qui se fonde sur la supériorité absolue de l'adulte, et on essaie de mettre en place le nouveau comme un *fait accompli*, c'est-à-dire comme s'il existait déjà. C'est pour cela qu'en Europe ce sont surtout les mouvements révolutionnaires à tendance tyrannique qui croient que pour mettre en place de nouvelles conditions il faut commencer par les enfants, et ce sont ces mêmes mouvements qui, lorsqu'ils accédaient au pouvoir, arrachaient les enfants à leur famille et se bornaient à les endoctriner. » Hannah Arendt, *Crise de la culture*, *op. cit.*, p. 227.

pour la santé physique et mentale du bébé, écrit le psychanalyste Serge Lebovici, est essentiel pour l'humanité [15]. »

Cet espoir, qui prend ses racines, comme on l'a vu, dans la vieille idée rousseauiste de l'innocence enfantine pervertie par le monde social et s'accomplit dans le jardin d'enfants fröbelien, trouve aussi ses appuis théoriques dans la psychanalyse, qui montre par exemple comment ce que nous subissons dans notre petite enfance peut être déterminant pour notre avenir d'adulte. Les travaux ne manquent pas qui font état des conséquences psycho-affectives graves qu'ont pu produire les traumatismes de la petite enfance. Parmi ces travaux, ceux d'Alice Miller connaissent parmi les EJE un succès non négligeable et notamment celui qu'elle consacre aux premières années des bourreaux nazis, où elle émet l'hypothèse d'une relation directe entre une enfance douloureuse marquée par la violence et l'insertion dans le processus de destruction massif de l'Allemagne nazie. « L'opinion publique, écrit-elle, est loin d'avoir pris conscience que ce qui arrivait à l'enfant dans les premières années de sa vie se répercutait inévitablement sur l'ensemble de la société, et que la psychose, la drogue et la criminalité étaient des expressions codées des expériences de la petite enfance [16]. » Les EJE recueillent là une justification sociopolitique de leur travail qu'ils manifestent la plupart du temps sous la forme euphémisée de la mission éducative.

En travaillant avec des jeunes enfants j'ai envie que ces jeunes enfants deviennent des gens épanouis, des gens qui

15. *Enfant d'abord*, n° 159, juillet-août 1992.

16. Alice Miller, *C'est pour ton bien. Racines de la violence dans l'éducation de l'enfant*, Aubier, 1984, p. 7-8.

puissent avoir des relations entre eux qui soient des relations correctes, constructives... Si les jeunes enfants ont eu suffisamment de bonnes choses, l'attention aux autres, l'ouverture sur le monde, j'imagine que ce seront peut-être des gens plus tolérants. Donc ça a forcément des conséquences. (EJE 2)

Je me sens porteuse de la place de l'enfant dans la société, de sa place dans la cité, dans la société, oui... (EJE 6)

Il faut resituer le travail de l'EJE dans une conception beaucoup plus vaste, beaucoup plus globale d'une action sociale, je dirais humaine et sociale en même temps, parce que c'est une action par rapport à une volonté de transformer la société, de la faire évoluer... (EJE 8)

En faisant le choix de la petite enfance, j'apportais ma pierre à l'édifice parce que je me disais que les premières années c'est la base du reste et que c'est extrêmement important que les enfants, à ce moment, puissent avoir affaire à des gens compétents... J'avais l'impression de me diriger vers quelque chose d'essentiel. (EJE 10)

Je fais de la prévention, c'est peut-être pour ça que j'apprécie la petite enfance. Je n'ai pas envie d'intervenir quand c'est trop tard. Je crois que ça fait partie de mes motivations : essayer d'éviter les problèmes. C'est énorme, c'est ambitieux [...]. C'est tellement plus facile à dénouer quand on prend les problèmes suffisamment tôt. (EJE 23)

Cette profession a donc attiré, le temps d'une génération, un certain nombre d'agents en rupture avec l'ordre établi (famille, école, parti, etc.), qui ont pu voir dans la petite enfance un champ inexploré d'investissement politique. Déçus très souvent par l'action militante traditionnelle, ceux-ci sont venus à la petite enfance dans la mouvance de la génération qui avait vingt ans en 1968 et dont une fraction, issue très souvent des classes moyennes, avait cherché à rompre avec tous les espaces institutionnalisés du pouvoir comme la famille, l'école, le mariage, etc.

> Il y avait des motivations « négatives », des choses dont je souhaitais m'éloigner, et puis des motivations positives : des choses dont je souhaitais me rapprocher. C'était effectivement à l'issue d'une expérience ouvrière dont j'avais à peu près fait le tour ; j'étais donc à la recherche, éventuellement, d'autres trucs motivants [...]. Si je voulais résumer en une phrase ce qui m'avait amené à la profession d'EJE, c'était l'idée que l'enfance c'est l'avenir de l'humanité. Donc, c'est à travers l'enfant que se construisaient les hommes et les femmes et la société de demain. Il y avait donc un projet, je ne dirais pas politique parce que c'est un mot un peu grand, mais un projet, en tout cas, humaniste à travers ça : contribuer à la formation de générations nouvelles. (D. H.)

En conclusion, on peut distinguer plusieurs facteurs de production des motivations à devenir EJE. Il y a les motivations liées aux trajectoires familiales et scolaires qui, comme on l'a vu, ont sensibilisé la plupart des EJE à la petite enfance et à un certain type d'approche de cette période. Là-dessus on peut ensuite repérer ce que j'appellerai des générations de motivations [17] liées plutôt à des trajectoires sociales.

---

17. Ion et Tricart notent l'importance de la variable « âge » dans les conflits de génération entre travailleurs sociaux, mais évoquent aussi « trois ou quatre générations successives, important toutes des pratiques et des idéologies différenciées » qu'il convient, selon eux, de mettre en corrélation avec la croissance spectaculaire des effectifs (*Les Travailleurs sociaux*, La Découverte, 1984, p. 45).

Celle qui a dominé le travail social de la fin du XIXe siècle au début des années soixante est d'origine religieuse et vocationnelle, même si, comme l'explique très bien Jeannine Verdes-Leroux, la tradition du service social s'est constituée en opposition aux pratiques charitables du catholicisme. La plupart des grandes figures féminines du début du siècle qui ont animé le travail social étaient des femmes marquées profondément par l'expérience religieuse bien qu'elles en contestaient certains aspects dépassés, comme la charité. C'est ce qui structura durablement l'identité professionnelle [18] des jardinières d'enfants.

La deuxième génération de motivations est, comme on l'a vu, plus politique et correspond aussi à une perte d'influence des grandes religions révélées. La petite enfance reste un champ de mission sociale, mais elle emprunte plutôt ses valeurs à une religion de la laïcité où « tout est politique ». Les EJE des années soixante-dix ont soif de changements structurels et trouvent dans la petite enfance un nouveau terrain à défricher.

Enfin il y a une troisième génération qui émerge au début des années quatre-vingt et qui aux grands modèles idéologiques tente d'opposer une technicité, une méthodologie afin d'affirmer une professionnalité jugée trop floue. Ceux-là se reconnaissent plus souvent comme des monteurs de projet, des développeurs, des coordonnateurs de la petite enfance, et renoncent très rapidement aux structures d'accueil trop traditionnelles, comme les crèches collectives, pour se

18. Jacques Ion définit l'identité professionnelle comme « ce qui permet aux membres d'une même profession de se reconnaître eux-mêmes comme tels et de faire reconnaître leur spécificité à l'extérieur » (*Le Travail social à l'épreuve du territoire*, Privat, 1990, p. 91).

lancer dans des projets « innovants » où ils peuvent s'extirper du carcan médico-social et ainsi imposer leur approche psychopédagogique du jeune enfant. On peut faire l'hypothèse que ceux-ci sont l'avant-garde de la profession et probablement aussi son avenir.

Les dispositions sociales et culturelles des EJE

Des origines sociales dispersées

Nous avions souhaité, au cours de l'enquête menée auprès des professionnels qui assistaient au congrès de la FNEJE [19] en octobre 1991, cerner d'un peu plus près les origines sociales et les références culturelles des EJE, et examiner si, comme Pierre Bourdieu nous le propose, les EJE s'intégraient bien dans cette fraction supérieure des classes moyennes qu'il désigne sous le terme de « petite bourgeoisie nouvelle ». Selon lui, ce groupe d'acteurs sociaux se distingue par le fait qu'ils occupent les professions nouvelles ou rénovées (animateur, éducateur, puéricultrice, relations publiques, artisan d'art, etc.), « lieu d'élection de tous ceux qui n'ont pas obtenu du système scolaire les titres leur permettant de revendiquer avec succès les positions établies auxquelles les promettait leur position sociale d'origine et aussi de ceux qui n'ont pas obtenu de leurs titres tout ce qu'ils se sentaient en droit d'en attendre par référence à un état antérieur de la relation entre les titres et les positions [20] ». Pierre Bourdieu ajoute que ces professions représentent pour

19. Fédération nationale des éducateurs de jeunes enfants, seul organisme représentatif de la profession.

20. Pierre Bourdieu, *La Distinction*, Minuit, 1979, p. 413-414.

des personnes menacées de déclassement un « refuge honorable » qui permet des « stratégies de rétablissement symbolique [...] où les agents s'efforcent de produire des postes ajustés à leurs ambitions plutôt que d'ajuster leurs ambitions à des postes déjà existants, de produire le besoin de leur propre produit par des actions qui, à l'origine bénévoles, comme nombre de professions "sociales", visent à s'imposer comme des "services publics", officiellement reconnus et plus ou moins complètement financés par l'État, selon un processus classique de professionnalisation (création d'une formation spécifique sanctionnée par des diplômes, d'une déontologie ou d'une idéologie professionnelle, etc.) [21] ».

Cette analyse est confirmée par les études de Jacques Ion et Jean-Pierre Tricart sur les travailleurs sociaux : « Il apparaît, notent les deux chercheurs, que les "professions sociales" constituent un lieu de convergence de trajectoires variées, ascension pour les uns, déclassement pour les autres, si bien que la dispersion du recrutement social est peut-être – paradoxalement – ce qui fait l'unité et la spécificité du groupe professionnel [22]. » L'indétermination provisoire de ces professions nouvelles ou rénovées – nous pensons que le métier d'éducateur de jeunes enfants peut être considéré comme l'une de ces professions –, leur forte féminisation (98 %) font apparaître du même coup une certaine dispersion des trajectoires sociales qui a pour conséquence, au sein du groupe social, de générer des luttes entre ceux qui sont issus des classes supérieures et ceux qui viennent des classes populaires. Une enquête sur le devenir professionnel des jeunes issus des formations aux professions

21. *Ibid.*, p. 415.

22. Jacques Ion et Jean-Pierre Tricart, *Les Travailleurs sociaux*, *op. cit.*, p. 47.

sociales en 1987 montre parmi les promotions diplômées en 1985 que plus d'un tiers des EJE (36,5 %) relevait des classes supérieures (patrons, cadres supérieurs, professions libérales) tandis qu'un autre bon tiers (36,4 %) appartenait aux classes populaires. Bien que l'hétérogénéité sociale reste forte, on observe dans notre échantillon un resserrement des origines sociales vers les classes moyennes et notamment vers les professions intermédiaires (voir tableau 1) : 21,7 % appartiennent au groupe des artisans et commerçants, tandis que le même pourcentage relève de ces professions intermédiaires (techniciens, contremaîtres). 19,4 % appartiennent aux cadres et professions intellectuelles supérieures, 15,3 % aux employés (agents de service de la fonction publique, policiers, militaires) et 13,5 % à la classe ouvrière. Si l'on remonte aux grands-parents, on constate un effondrement de la représentation des agriculteurs, qui passe de 22,9 % à 8,4 % tandis que les professions intermédiaires triplent, passant de 7,5 % à plus de 21 %. On note toujours une relativement forte présence dans la lignée familiale des policiers et militaires (19 % chez les grands-pères, 16 % chez les pères).

La baisse très sensible de la présence des agriculteurs est un phénomène qu'il faut bien évidemment mettre en corrélation avec l'évolution générale de la société. Il ne s'agit donc pas d'en déduire que les EJE ont bénéficié d'une mobilité sociale particulièrement forte. « Observer sur une généalogie familiale qu'un petit-fils employé avait un grand-père cultivateur reflète davantage les changements structurels de la société (dont la population agricole, très développée jusqu'en 1945, est depuis lors en forte régression) qu'une promotion sociale[23]. » Les EJE qui ont répondu au questionnaire révèlent

23. Martine Segalen, « La famille », *in Les Champs de la sociologie française*, p. 122.

donc bien ce basculement socioprofessionnel qui s'est opéré au lendemain de la Seconde Guerre mondiale et qui a conduit une fraction importante des enfants et des petits-enfants de paysans à investir les professions d'employés et les activités de la fonction territoriale.

Comme nous ne disposons pas, au niveau national, de chiffres et d'indicateurs suffisamment récents, il est difficile de dire si nos observations sont confirmées à l'échelon national. Cependant, on peut faire l'hypothèse que le développement d'une certaine professionnalisation et une régression sensible de l'attrait pour les professions sociales[24], liée à la montée du libéralisme au début des années quatre-vingt, auront peut-être eu tendance à en écarter les enfants issus des classes les plus favorisées, qui ne trouvent plus dans le travail social les compensations symboliques nécessaires à l'acceptation de salaires médiocres et de pénibles conditions de travail. Il convient donc, dans tous les cas, de se débarrasser de l'image encore tenace de la jardinière d'enfants issue de la grande bourgeoisie qui aurait décidé de se dévouer à la cause des petits enfants du peuple. Cette figure de la profession est définitivement obsolète.

L'effet de resserrement est encore plus sensible chez les conjoints des EJE, parmi lesquels on peut repérer 30 techniciens, 23 professionnels de la santé et du travail social et

24. Cette régression n'a été sensible que quelques années. Dès le milieu des années quatre-vingt-dix, l'engouement pour les professions sociales s'est à nouveau exprimé notamment à travers le nombre très important de candidatures à l'entrée des centres de formation et des IUT « carrières sociales ». Certains IRTS examinent plusieurs milliers de candidatures pour deux cents ou trois cents places. Une relative revalorisation des conditions de travail, la stabilité de la plupart des emplois de ce secteur et la promotion médiatique des grandes figures de la solidarité (abbé Pierre, Coluche...) expliquent peut-être cette revitalisation.

TABLEAU 1. – RÉPARTITION DES ENQUÊTÉS
SELON LA CATÉGORIE SOCIOPROFESSIONNELLE DE LEUR PÈRE (EN %)

Agriculteurs	8,4
Artisans, commerçants, chefs d'entreprise	21,7
Cadres et professions intellectuelles supérieures	19,4
Professions intermédiaires	21,7
Employés	15,3
Ouvriers	13,5
Total	**100**

18 instituteurs, soit 41,4 % du groupe. 30,9 % de ces conjoints appartiennent aux cadres et professions intellectuelles supérieures. Si l'homogamie professionnelle n'est pas directement sensible, c'est que les EJE questionnés sont composés essentiellement de femmes qui occupent des métiers très peu investis par les hommes. On trouve cependant presque 18 % des conjoints qui relèvent des métiers socio-éducatifs, ce qui, compte tenu de la faible présence des hommes dans ce secteur, est un chiffre relativement élevé.

Des pratiques culturelles homogènes

Pierre Bourdieu constate dans *La Distinction* que « les goûts (c'est-à-dire les préférences manifestées) sont l'affirmation pratique d'une différence inévitable. Ce n'est pas par hasard que, lorsqu'ils ont à se justifier, ils s'affirment de manière toute négative, par le refus opposé à d'autres goûts : en matière de goûts, plus que partout, toute détermination est négation ; et les goûts sont sans doute avant tout des *dégoûts*, faits d'horreur ou d'intolérance viscérale ("c'est à vomir") pour les autres goûts, le goût des autres[25] ». Nous avions donc demandé aux EJE quels étaient leurs livres préférés ainsi que les films et musiciens qu'ils appréciaient le plus (voir les encadrés ci-après).

Ces quelques résultats, s'ils ne nous permettent pas, faute d'enquête antérieure, d'affirmer une modification des dispositions culturelles des EJE, nous autorisent cependant à confirmer l'hypothèse selon laquelle ces professionnels appartiennent bien à ces fractions supérieures des classes moyennes que Pierre Bourdieu nomme dans *La Distinction* la « petite bourgeoisie nouvelle » et qui, selon lui, ont su imposer à la fin des années soixante une manière de penser et un certain art de vivre. Ce sont ces fractions supérieures de la petite bourgeoisie qui ont assuré par exemple le succès de la bande dessinée et des valeurs écologiques (produits naturels, meubles en bois, pratiques sportives et médicales « douces », etc.). On peut résumer les caractéristiques socioculturelles de la petite bourgeoisie nouvelle décrites par Pierre Bourdieu en ces termes :

– propension à l'adoption de toutes les stratégies de *subversion hérétique*... qui se manifeste par une remise en cause systématique des pouvoirs institutionnels (directeur, médecin, technocrate...) ;

– promotion des valeurs de « communication », d'« ouverture » et de « libération », notamment dans les rapports au corps et à la sexualité ;

– recours fréquent aux techniques de la cure des âmes (psychanalyse, psychothérapie...), mais aussi de la cure des corps (expression corporelle, yoga, ostéopathie...) ;

25. Pierre Bourdieu, *La Distinction*, *op. cit.*, p. 59-60.

La lecture

Les goûts littéraires déclarés de ces professionnels oscillent entre les récents best-sellers (*Jamais sans ma fille* – 29 fois cité –, *Le Parfum*, *La Nuit des temps* ou *La Bicyclette bleue*), les romans classiques de la littérature scolaire (*Le Rouge et le Noir*, *Le Grand Meaulnes*, *Germinal* ou encore *L'Écume des jours*) et les ouvrages à vocation professionnelle (*Tout est langage*, *Quand j'avais cinq ans je m'ai tué*, *La Cause des enfants*, *Libres Enfants de Summerhill*). Parmi les titres cités, on note la forte présence des livres qui évoquent le thème de l'enfance ou des rapports familiaux (*Jamais sans ma fille*, *Le Petit Prince* – 21 fois cité –, *Jonathan Livingston le goéland*, *Papa Maman écoutez-moi*, *Le Monde selon Garp*, *L'Enfant de sable*, etc.), mais aussi des essais militants à connotation féministe tels *Les Mots pour le dire* ou les ouvrages de vulgarisation psychosociologique (Michelle Fitoussi).

On constate qu'il n'existe pas à proprement parler de revues professionnelles qui seraient un lieu de débat théorique pour la profession. En revanche, plus de 80 % des EJE disent lire régulièrement le magazine *Enfants d'abord*, qui semble faire l'unanimité dans la profession et offrir une plate-forme stimulante aux EJE. Mensuel volontiers provocateur, au service de l'enfance, *Enfant d'abord*, qui oscille entre le ton ricanant de *Libé* et l'esprit dénonciateur du *Canard enchaîné*, prend le contre-pied des publications plus traditionnelles comme *Enfant magazine* ou *Parents*, en traitant des sujets les plus brûlants comme la drogue, la sexualité, la maltraitance, et en épinglant les idées reçues. C'est un journal militant qui, à l'image de sa directrice Nadia Monteggia, ne mâche pas ses mots et donne un coup de pied salutaire dans une presse bien pensante qui reproduit les éternels poncifs sur l'enfance.

Le cinéma

C'est *Le Cercle des poètes disparus* qui, parmi les films choisis, est cité le plus souvent en premier choix (20), précédant de très peu *Le Grand Bleu* (19). Les trois films les plus souvent nommés sont de récents grands succès cinématographiques. Il n'est donc pas surprenant de les voir figurer à ces places dans les choix des EJE.

On peut constater cependant la forte présence des personnages féminins (*Out of Africa*, *Camille Claudel*, *Bagdad Café*, *37° 2*, *Nikita*), des histoires familiales où les enfants sont très présents (*Le Grand Chemin*, *La vie est un long fleuve tranquille*) ou bien des thèmes qui tournent autour de la folie ou de l'inadaptation sociale (*Vol au-dessus d'un nid de coucou*, *Le Grand Bleu*, *Birdy*, *Nikita*), avec souvent des figures en révolte contre l'ordre établi (le professeur du *Cercle des poètes disparus*, *Camille Claudel*, *Nikita*, le médecin de *L'Insoutenable Légèreté de l'être*, le simulateur de *Vol au-dessus d'un nid de coucou*, le jeune plonjeur du *Grand Bleu*, l'homme-oiseau de *Birdy*, les femmes de *Out of Africa* et *Bagdad Café*, le soldat de *Danse avec les loups*, qui fait alliance avec les Indiens, *Cyrano de Bergerac*, etc.).

Parmi ceux qui ont répondu à la question des films par des noms de réalisateurs (20 fois), les préférences vont à Woody Allen (5), Rohmer (3), François Truffaut (2), Doillon (2). On note par ailleurs que les films de Woody Allen sont cités 18 fois. Les allusions fréquentes à la psychanalyse et la critique amusée d'une certaine bourgeoisie new-yorkaise « branchée » ont manifestement la sympathie de la fraction parisienne la mieux dotée scolairement chez les EJE.

La musique

Parmi les musiciens, c'est Mozart qui est manifestement le plus apprécié des EJE : il est cité 42 fois en premier choix contre 17 à Brel et 16 à Dire Straits. Dans l'ensemble, les EJE manifestent des goûts musicaux qui vont de la musique classique la plus légitime (Bach) à la musique classique la plus « consommée » (Mozart, Vivaldi, Beethoven, Chopin). Pour la musique de variétés, il y a un attachement aux chanteurs français reconnus de la génération des années soixante (Brel, Brassens, Ferrat, Barbara), aux valeurs sûres de la musique rock anglo-saxonne peu enclines aux excentricités musicales (Beatles, Dire Straits, Genesis, Supertramp...) et aux chanteurs français installés depuis longtemps dans le succès et la reconnaissance (Higelin, Cabrel, Gainsbourg, Lavilliers...). Seul Gainsbourg tranche un peu au milieu de ces choix, mais on doit intégrer aussi le fait qu'il s'agissait d'un provocateur légitime.

42,1 % citent un chanteur ou un musicien francophone comme premier choix avec une très forte prédominance de la musique vocale sur la musique instrumentale (18 fois cité). La présence de musiciens classiques (cités 78 fois, dont 42 fois pour Mozart) aurait pu être affinée par les morceaux de référence qui auraient probablement révélé des goûts pour les œuvres classiques « dévaluées soit par leur appartenance à un genre inférieur (la "musique légère"), soit du fait de leur divulgation » comme la *Petite Musique de nuit*, le *Boléro* de Ravel ou les *Quatre Saisons* de Vivaldi reprises par exemple par des musiciens comme Clayderman, Saint-Preux ou le Rondo Veneziano cités ensemble 10 fois.

À noter que Patrick Bruel n'est évoqué que 5 fois. Ce peu d'enthousiasme pour un jeune chanteur adulé des jeunes filles s'explique en partie par l'âge des professionnels, dont plus de la moitié (52 %) appartient à la tranche des 30-40 ans. Seuls 10 professionnels sur les 367 qui ont accepté de répondre à ce questionnaire avaient moins de 25 ans.

– rejet de tout classement, qui s'est affirmé par exemple dans le refus de certains professionnels de répondre au questionnaire ou à certaines parties du questionnaire qui leur semblaient trop intrusives ;

– propension à « psychologiser » les rapports sociaux, à tout ramener à la relation individuelle, ce qui a pour effet de « dépolitiser » les problèmes. Cela est très sensible lorsque l'on demande aux professionnels d'analyser leurs difficultés au sein des institutions. C'est souvent le « mauvais caractère » d'Unetelle ou la « bêtise de la directrice » qui servent de refuge explicatif à des phénomènes qui trouvent le plus souvent leur principe de fonctionnement dans le système d'acteurs ou la sociologie des organisations ;

– enfin, dans l'ordre de la consommation, cette fraction des classes moyennes a réussi à imposer des produits originaux qui, de la bande dessinée aux meubles Ikea, en passant par les produits régionaux ou la restauration exotique, réalisent un équilibre acceptable entre leur faible capital économique et leurs aspirations culturelles[26].

À la question « Dans quel type de magasin êtes-vous le plus susceptible d'acheter vos meubles ? » près de 63 % des EJE répondent Ikea contre 18,3 % Conforama.

Pour définir leur style vestimentaire, c'est près de la moitié (48 %) de notre échantillon qui le désigne comme « cool » contre 34 % qui l'estime « classique » et 28 % « sport ». Seulement 2 % le qualifie de « BCBG » ou « branché ».

26. Pour une bonne introduction à *La Distinction* de Pierre Bourdieu, on pourra se référer au livre d'Alain Accardo, *Initiation à la sociologie de l'illusionnisme social*, Le Mascaret, Bordeaux, 1983.

Parmi les sports dans lesquels les EJE se retrouvent le mieux même s'ils ne le pratiquent pas, c'est la natation pour plus de la moitié et la gymnastique (28 %) qui retiennent majoritairement leur attention. Avec 2 %, le football, sport populaire à forte connotation masculine, est l'activité la moins citée.

Politiquement on pouvait s'attendre, compte tenu des travaux déjà réalisés sur les travailleurs sociaux, à ce que notre échantillon d'EJE émette quelques réticences à se situer. La propension signalée plus haut à refuser tout classement pouvait laisser supposer un nombre significatif de non-réponses. Or seules 9 personnes ne se sont pas prononcées. Les taux de non-réponses ont été beaucoup plus significatifs sur les questions visant à situer leurs goûts et leurs pratiques sociales que sur leurs positions politiques ou idéologiques, preuve que les EJE étaient bien conscients des enjeux de la culture dans un contexte où ils ne peuvent se prévaloir que de ce capital.

Lorsqu'ils ont à se situer sur l'échiquier politique, 57,8 % des EJE se positionnent franchement à gauche et près de 30 % dans l'écologie [27]. Plusieurs réponses étant possibles, on pouvait indiquer qu'on était par exemple à la fois du centre et écologiste.

27. Pour mémoire, rappelons qu'à la même période (octobre 1991) la gauche toutes tendances confondues représentait environ 35 % de l'électorat et les mouvements écologistes de 10 à 15 %.

Parmi les participants aux journées d'étude, 61 % étaient adhérents d'une association locale de la FNEJE [28].

Le fort pourcentage de non-réponses (82 %) à la question « Êtes-vous adhérent à un ou plusieurs syndicats ? » confirme le vaste mouvement de désyndicalisation qu'ont connu les professions durant les dix dernières années. Cette faible mobilisation des EJE dans les syndicats s'explique à la fois par une méfiance de plus en plus affirmée pour les gros appareils politiques et par un isolement professionnel qui les pousse à s'inscrire dans une logique corporatiste, leurs revendications se perdant dans les mots d'ordre généralistes de la CGT (4 %) ou de la CFDT (12,2 %).

Le champ professionnel

Bien que souvent isolé dans l'institution en tant qu'EJE, celui-ci travaille rarement seul. Il est la plupart du temps confronté à d'autres professionnels qui sont principalement les puéricultrices, les auxiliaires de puériculture, les assistantes maternelles, les psychologues et dans une moindre mesure les médecins, les éducateurs spécialisés et les instituteurs de maternelle. Parmi ces métiers de la petite enfance, on peut distinguer ceux qui relèvent du champ médico-social (pédiatres, puéricultrices, auxiliaires de puériculture), ceux qui relèvent de la psychopédagogie (psychologues, éducateurs) et enfin ceux qui, appartenant à l'Éducation nationale, entrent du même coup dans la sphère de l'ins-

28. La FNEJE, qui est l'organisme le plus représentatif de la profession, revendique 32 associations locales et 1 500 adhérents.

truction (instituteurs de maternelle), même si cette dernière distinction n'est que le produit d'une distance historique et institutionnelle plus que d'une différence de fonction professionnelle, comme on le verra par la suite.

Cette structuration du champ de la petite enfance éclatée en diverses professions est vécue parfois par les EJE comme une situation aberrante qui morcelle l'enfant au lieu de l'approcher de manière globale.

> Je trouve qu'il y a trop de personnel autour de la petite enfance. Entre les instits de maternelle et les EJE, je pense qu'on pourrait essayer de refondre une formation et de faire quelque chose où on pourrait s'occuper de l'enfant de 3 ans à 6 ans ou de 3 mois à 6 ans sans une si grande différence... Les puéricultrices, c'était bien au début du siècle où effectivement elles avaient une fonction de lutte contre les mauvais traitements, contre les maladies, enfin l'enseignement de l'hygiène, tout ça. Bon ça a évolué. Soit il faudrait qu'elles aient une formation plus adaptée à la crèche ou à l'accueil des enfants sains, soit qu'on sépare davantage et qu'effectivement les personnes comme instituteurs ou éducateurs puissent davantage s'occuper d'établissements tels que les crèches. Finalement il y a vraiment très peu de différence entre une première section de maternelle et une grande section de crèche. Je ne vois pas pourquoi, parce qu'on change de ministère, on accepte des choses aussi différentes. (EJE 1)

> Pour moi il y a la globalité, c'est une question de globalité, c'est-à-dire qu'on aborde l'enfant sous tous ses aspects. (EJE 2)

Dans le questionnaire et les entretiens, nous avions demandé aux EJE, afin de préciser la façon dont ils se situaient eux-mêmes dans le rapport aux autres intervenants de la petite enfance, de qualifier leur proximité et leurs relations avec ces différents partenaires.

TABLEAU 2. – PROXIMITÉ AVEC LES AUTRES PROFESSIONS DE LA PETITE ENFANCE

	Très proche	*Assez proche*	*Assez éloigné*	*Très éloigné*	*Non-réponse*
Instituteur	24	169	**143**	24	7
Auxiliaire de puériculture	58	**202**	85	15	7
Puéricultrice	26	140	133	**59**	9
Éducateur spécialisé	36	158	131	30	12
Psychologue	**61**	178	99	20	9
Animateur	40	147	134	37	9

TABLEAU 3. – PARMI CES PROFESSIONNELS, QUELS SONT CEUX AVEC QUI VOUS ENTRETENEZ DE « BONNES RELATIONS », DES « RELATIONS PASSABLES », DE « MAUVAISES RELATIONS » ?

	Bonnes	*Passables*	*Mauvaises*	*Non-réponse*
Instituteur	205	119	6	37
Éducateur de jeunes enfants	**341**	15	1	10
Auxiliaire de puériculture	235	107	9	16
Puéricultrice	184	130	**27**	26
Éducateur spécialisé	174	85	8	100
Psychologue	**276**	53	1	37
Animateur	171	98	6	92
Médecin	181	**139**	13	34

17 % des EJE ont cité les psychologues comme des professionnels très proches contre 7 % pour les puéricultrices et 6,6 % pour les instituteurs. Malgré la différence de formation et de statut, la psychologie, qui est la discipline

dominante dans la formation d'EJE, favorise un rapprochement avec les psychologues qui ne paraissait *a priori* pas évident. Mais, comme on a pu le voir, c'est en partie la diffusion massive de la psychologie qui a légitimé l'importance que les EJE accordent à la prime enfance dans le développement physique et intellectuel du futur adulte.

> Avec les psychologues, ça se passe toujours bien. (EJE 13)
>
> Les psychologues ont une formation plus importante ; souvent on les respecte, ils nous impressionnent par leur savoir. C'est toujours un peu le psy comme étant celui qui connaît l'intérieur de la personne, de la mère, bon... Ce sont des gens avec qui j'aime beaucoup travailler, ça c'est sûr... Ils nous manquent beaucoup quand on n'en a pas. (EJE 17)

L'empire du maternalisme

La question des relations aux autres professionnels de la petite enfance (*cf.* tableaux 2 et 3) venait redoubler sous une autre forme la question de leur proximité. Si logiquement on trouve la quasi-totalité des EJE qui apprécie les autres EJE, la proximité avec les psychologues est largement réaffirmée tandis que les puéricultrices, les médecins et dans une moindre mesure les instituteurs semblent focaliser les plus mauvaises représentations. Encore faut-il moduler ce constat dans la mesure où les EJE ont modéré leurs états d'âme en se concentrant sur la colonne « passable » et en délaissant la colonne « mauvaise [29] ». On note cependant que les

29. On note d'ailleurs dans les entretiens qu'une fraction non négligeable d'EJE ont refusé de porter un jugement global et systématique sur les professions, préférant en fait renvoyer à la subjectivité et au caractère de chacun les raisons d'éventuels conflits institutionnels : « Pour moi, c'est plus une question

puéricultrices recueillent vingt-sept fois plus de « mauvaises relations » que les psychologues.

Paule Kassis, qui s'occupait de l'accueil du jeune enfant à la Direction de l'action sociale, constate qu'il existe un antagonisme institutionnel entre la Direction générale de la santé et la Direction de l'action sociale, chacune cherchant à promouvoir les professions qui dépendent de ses services :

> Il y a deux types de professions : il y a les professions à dominante sanitaire (puéricultrices, auxiliaires de puériculture), qui dépendent du ministère de la Santé, et les professions purement sociales, qui sont plus neuves, comme les EJE ou les assistantes maternelles. Or, comme la PMI avait fait main basse sur l'accueil du jeune enfant, on assiste depuis longtemps à une domination du sanitaire sur le social. On a énormément de mal à inscrire l'accueil du jeune enfant dans un contexte socioculturel [...]. La santé de l'enfant c'est encore le vaccin... (P. K.)

Les entretiens confirment largement ce point de vue et mettent en évidence les rapports de force qui s'établissent notamment en crèche collective entre les puéricultrices-directrices et les EJE. Ces rapports conflictuels sont à mettre au principe, d'une part, de la fracture structurelle qui existe entre le champ médical et le champ éducatif et, d'autre part, de la position dominante qu'occupent les puéricultrices dans les crèches. En effet, au-delà des luttes qui opposent le champ médical et le champ socio-éducatif pour la maîtrise de la petite enfance, il faut mettre ces difficultés de relation entre

---

de personnalité. Justement je suis un peu sensible à ce genre de question, à savoir que je ne supporte pas qu'on dénigre en bloc une profession. Les EJE, d'une manière générale, n'aiment pas beaucoup les puéricultrices. J'en ai rencontré d'intéressantes, d'autres moins... » (EJE 2).

puéricultrices et EJE en relation avec le fait que ceux-ci subissent très souvent l'autorité des directrices de crèche – puéricultrices pour la plupart – et que les EJE ne reconnaissent pas ce monopole comme légitime.

> Je me sens le plus proche... à la limite... d'une psychomotricienne ou d'une psychologue ou... d'une éduc. spé., mais surtout... sûrement pas... proche d'une puer. C'est vrai que toutes celles que j'ai pu rencontrer moi, c'était l'hygiène, l'hygiène, l'hygiène, le bureau, l'administratif, l'administratif et... rien... par rapport à l'enfant. Moi, toutes celles que j'ai... contactées, toutes celles que j'ai rencontrées, ça a été la catastrophe... complète ! (EJE 19)

> On a des vieilles rancœurs contre les puers ?!... (*rire*)... On les trouve... comme étant des gens sachant bien donner à manger, bien soigner qui ne savent pas... qui vous donnent un enfant tout habillé nickel, propre et tout... qui dort bien, avec des heures bien régulières. Je crois que c'est ça la différence. Je suis un peu méchante là, parce que celles avec qui je travaille, elles ont quand même une écoute par rapport à ce que nous on a de différent... Quelquefois, elles m'agacent, hein ! Parce qu'elles sont directrices, elles sont responsables et vous n'êtes... qu'éducateur de jeunes enfants, et son salaire est le double du mien !... Quasiment le double... Mais, dans l'ensemble non... on travaille bien ensemble ! (EJE 17)

> Les professionnelles avec lesquelles j'ai beaucoup de mal à travailler, ce sont les puéricultrices... J'ai vraiment eu beaucoup de difficultés avec ces professionnelles-là. Elles ne savent pas ce que c'est que d'avoir un groupe d'enfants et ce qu'on peut faire avec ce groupe d'enfants. Elles, elles ont une expérience médicale et ça s'arrête là. Au niveau pédagogique et psychologique, elles n'ont rien si elles ne font pas une recherche personnelle... Alors c'est souvent conflictuel. (EJE 5)

> Avec les puers, il y a une barrière sociale. (EJE 24)
>
> On ne dirige pas une équipe en sortant de l'école de puériculture, et bon, le programme, je n'ai pas à juger s'il est bon ou non parce que je n'ai pas la formation de puéricultrice, mais je pense qu'elle n'est pas faite pour prendre la responsabilité d'une crèche. (EJE 11)

Dans les rares situations professionnelles où les EJE ne signalent pas de problème particulier avec les puéricultrices, on peut repérer soit une délégation effective de pouvoir qui permet à l'EJE d'être légitimement dominant, soit une reconnaissance explicite de la fonction éducative par la puéricultrice.

> Avec la puéricultrice, ça se passe très bien dans la mesure où l'on a su discerner nos fonctions tout en travaillant en commun. Quand elle n'est pas là, je suis au courant de tout, quand je ne suis pas là, elle est au courant de tout. On n'a pas de problèmes de pouvoir car on s'est toutes les deux délégué le pouvoir, enfin, elle surtout puisque si elle ne voulait pas le déléguer, cela me poserait de gros problèmes en tant qu'adjointe. (EJE 25)

Pourtant, outre les problèmes évoqués par les EJE et qui relèvent de la sociologie des organisations, on ne peut se passer, pour mieux comprendre ces quelques témoignages, de rappeler que l'une des caractéristiques principales des métiers de la petite enfance est qu'ils sont, pour des raisons historiques dont nous avons largement rendu compte dans

30. « Du soin des femmes dépend la première éducation des hommes », écrit Rousseau dans l'*Émile* (livre V).

un chapitre précédent, presque exclusivement composés d'agents féminins [30]. Les EJE ne dérogent pas à cette règle puisque, malgré l'effort d'ouverture vers un public masculin qui a motivé en partie le changement de dénomination en 1973, la profession est encore très largement constituée de femmes (98 %). Le groupe de congressistes ayant accepté de répondre au questionnaire était conforme à cette réalité puisqu'on pouvait compter 357 femmes pour 10 hommes. Cette absence de mixité a des conséquences importantes sur les conditions de travail, sur les rapports qu'entretiennent les professionnelles entre elles et sur la place qu'elles accordent à la très faible minorité masculine qui se risque sur ce terrain presque exclusivement réservé aux femmes.

En effet, les femmes, dominantes sur le marché de l'emploi, se savent dominées dans l'espace social. On constate effectivement, et on peut le déplorer, que les chances scolaires, professionnelles, politiques, sont inégales [31]. Ce qui signifie que, dans les structures d'accueil pour jeunes enfants, la plupart des femmes présentes, dominées comme dominantes, ont intériorisé l'idée de leur « infériorité » inhérente à leur état de femme. Elles savent en effet qu'au-dessus d'elles le médecin-chef, l'administrateur ou le maire occupent une position hiérarchique qui interdit tout espoir d'accès à des positions plus prestigieuses [32]. Cette situation qui renforce les

---

31. Et ce malgré une meilleure réussite scolaire, comme le montrent Baudelot et Establet dans *Allez les filles !* Seuil, 1992.

32. *Cf.* à ce propos la thèse de Gisèle Morand-Durocher, *Professionnalisation du service social et usages de la formation permanente*, thèse de doctorat sous la direction de Catherine Paradeise, université Lyon-II, 1989. Il y est notamment montré le rapport problématique que les femmes engagées dans le travail social entretiennent avec le politique. Voir aussi le mémoire de Nadine Montanari, *Être assistante sociale et partenaire de projet dans un quartier en développement social*, université Paris-Nord, 1992, sous la direction de Philippe Chevalier.

rapports de domination et d'exploitation crée les conditions sociales de possibilité du *maternalisme*. Selon Judith Rollins, « le maternalisme est similaire mais non identique au paternalisme [33] ». Similaire car l'un et l'autre incluent la perception de la dominée comme « puérile ». Si le paternalisme est l'élément de l'autorité patriarcale sur lequel est fondée la société occidentale, on trouve dans la vie professionnelle des sortes d'enclaves où le pouvoir matriarcal, bâti sur le rôle affectif et nourricier que les femmes jouent au sein de la famille, constitue une sorte d'État féminin dans l'État masculin. C'est dans ce contexte de maternalisme qu'évoluent la plupart des EJE et des auxiliaires de puériculture, notamment dans les crèches collectives, mais aussi les instituteurs de maternelle [34] et les agents territoriaux spécialisés (ATSEM).

> C'est dur les équipes de femmes, hein ! Souvent je leur dis : « Vous êtes des chiennes ! » Mais c'est vrai ! Entre elles, elles se bouffent la queue. (EJE 17)

« La dynamique du maternalisme, ajoute Judith Rollins, présuppose une relation de supérieure à subordonnée. Mais tout en offrant protection et maternage, le maternalisme rabaisse et offense. La "sollicitude" qui s'y exprime est du même type que celle qui se manifeste dans la relation de l'adulte à l'enfant ou de l'homme à l'animal domestique, mais par définition il ne s'agit pas d'une sollicitude d'égal à égal [35]. » Si Judith Rollins s'est principalement intéressée aux interactions entre patronne blanche et personnel domestique

33. Judith Rollins, « Entre femmes, les domestiques et leurs patronnes », *Actes de la recherche en sciences sociales*, 1991, p. 63-77.
34. 97 % sont des femmes (*cf.* Norvez, *op. cit.*, p. 402).
35. Judith Rollins, art. cité, p. 74.

féminin et noir – situation de domination extrême – pour décrire les effets du maternalisme, on peut transférer une partie de ses observations et de ses analyses sur la situation de travail dans les crèches. Ainsi comme les patronnes vis-à-vis de leurs domestiques, les puéricultrices appellent les employés de la crèche par leur prénom alors que très souvent la réciproque est impossible ; par ailleurs, on entend souvent les directrices désigner leur personnel sous le terme générique de « mes filles[36] » indépendamment de l'âge réel de celles-ci. Cet usage présuppose en fait que les employés de la crèche ne sont pas vraiment des adultes et qu'ils ne méritent donc pas d'être considérés comme des personnes à part entière. On trouve chez Erving Goffman le concept de « non-personne » qui vise à désigner ceux dont on parle en leur présence comme s'ils étaient absents (jeunes enfants, vieillards, malades mentaux, handicapés, malades hospitalisés, etc.) et qui convient relativement bien à la situation de travail que nous décrivons. Sous couvert d'appellations qui peuvent sembler au prime abord « affectueuses » et attentionnées, s'exerce une insupportable violence symbolique dont se rendent parfois complices les auxiliaires et les EJE elles-mêmes en acceptant une infantilisation des rapports socioprofessionnels (mentir, faire des coups en douce, comploter contre la puéricultrice, « fayoter », etc.). Cette violence symbolique n'est pas uniquement le fait des puéricultrices ; on peut même dire qu'elles partagent cette disposition avec tous ceux qui, placés en situation de pouvoir, l'exercent de façon indigne et qui, en produisant des « non-

36. Une de mes anciennes étudiantes me signalait que, dans une crèche collective où elle travaillait au début de sa carrière, la puéricultrice désignait son personnel comme « ses bécasses ».

personnes », participent à l'émergence de toutes ces « maladies sociales » qui coûtent très cher à la collectivité (stress, déprimes, fatigue, absentéisme, maladies psychosomatiques). S'est-on vraiment interrogé un jour sur les corrélations qu'il pourrait y avoir entre la quantité de neuroleptiques consommés par les Françaises et la violence symbolique et réelle comme le harcèlement sexuel qu'elles supportent sur leurs lieux de travail ? Le psychanalyste Daniel Sibony décrivait récemment dans *Le Monde* nombre de ses patients comme des êtres cassés dans leur désir de faire reconnaître leur travail : « En effet, écrivait-il, que se passe-t-il quand un être passionné par son travail, dont les effets sont positifs, voit ses efforts non reconnus ou entravés, voire méprisés ? S'il est vraiment "mordu", il continue, quitte à paraître un peu bizarre ou un peu fou, y compris à ses propres yeux... Il peut aussi déprimer : la France consomme beaucoup d'antidépresseurs ; au premier rang, dit-on. Le plus souvent, il "débranche", il désinvestit ce qu'il fait, et ses élans de "trans-faire" qui visent à faire un peu mieux que l'ordinaire. Peu à peu, il fait acte de présence, mais le cœur n'y est pas. Bref, il se met en veilleuse, presque en "chômage" tout en étant à son travail [37]. » Combien d'EJE, pour qui la petite enfance est souvent une préoccupation passionnelle, confrontés à la bureaucratie, à l'ignorance, à des organigrammes peu propices au travail en équipe, se retrouvent ainsi à l'état de chômage endémique, lentement mais sûrement érodés par leurs conditions de travail, privés d'existence sociale [38].

---

37. Daniel Sibony, « La non-reconnaissance », *Le Monde*, 8 mai 1992, p. 2.

38. Quand on pense que tous les petits fonctionnaires territoriaux subissent encore l'humiliation des notes administratives, des rapports disciplinaires ou autres procédures médiévales, on se prend à rêver à ces « opérations chirurgicales » dont le système administratif français aurait besoin pour laisser s'épanouir tous les petits talents qui y végètent et dont nous avons grandement besoin.

Avec ma famille, c'était un peu compliqué. Elle avait de grandes espérances, de grands projets pour moi et je l'ai déçue. Si vous voulez, j'ai, avec un peu de hargne probablement, cherché à afficher cette passion à prodiguer à la petite enfance et ma hargne n'a fait que consolider leur gentille condescendance. On entend encore tous les jours dans ma famille ou dans d'autres lieux : « À quoi ça sert d'avoir le bac pour "torcher" les enfants... ? » (EJE 6)

Quand je discute avec les clients de mon mari qui a toujours autour de lui des gens friqués, ils sont tous là à me dire : « Pourquoi vous faites ça depuis douze ans ? » Je me dis que je dois être bonne sœur quelque part. Ça doit être ça. Parce que sinon j'aurais une boutique où je vendrais des soutifs, mais je ne continuerais pas... (EJE 17)

On a fait grève il y a deux ans pour réclamer de meilleures conditions de travail et un meilleur salaire ; on s'est entendu répondre par des élus que, de toute façon, pour nettoyer des derrières d'enfants, il ne fallait pas sortir de Polytechnique. Moi j'aimerais bien qu'ils viennent voir un peu comment ça se passe d'avoir des petits enfants en charge. (EJE 1)

Le rapport aux auxiliaires de puériculture est beaucoup plus ambigu. Les auxiliaires partagent en effet avec les EJE le quotidien des enfants. Il y a donc une complicité de fait qui s'établit notamment dans la relation de dépendance hiérarchique à la puéricultrice au point que certains EJE ne distinguent pas, à la grande fureur des responsables de centres de formation et de la conseillère technique Jacqueline Gorgue, leurs fonctions de celles de l'auxiliaire :

On a beaucoup de mal à faire parler les EJE de leur spécificité par rapport aux auxiliaires. Quelquefois il y a confusion lorsqu'ils disent : « Eh bien finalement on fait la même chose. » Moi je suis persuadée que ces gens ne font pas la même chose. C'est le même problème pour les moniteurs-éducateurs et les éducateurs spécialisés. Alors peut-être qu'au niveau de la conceptualisation il y aurait quelque chose à creuser du côté des EJE. (J. G.)

Cette analyse est d'ailleurs partagée par la secrétaire générale de la FNEJE, Christine Acolas, qui essaie de comprendre pourquoi les EJE ont tant de mal à se mobiliser en tant que groupe professionnel :

> Les EJE, je les sens, moi, avec cette difficulté énorme de dépasser leur isolement premier. Ils sont souvent seuls sur leurs lieux de travail et je me demande s'ils ont, pour la plupart, une identité professionnelle très claire. Il y a un discours qui personnellement me hérisse le poil, c'est celui qui consiste à dire que nous faisons le même travail sur le terrain que les auxiliaires de puériculture. Même si on change un enfant, si on lui donne à manger, si on exécute effectivement toutes les tâches de la vie quotidienne, les EJE ont à le faire différemment et à faire passer autre chose en plus. Les EJE ne veulent pas se démarquer parce qu'il faut du même coup se justifier. Ils ont donc du mal à se sentir et se revendiquer EJE sur le terrain. (C. A.)

Malgré cela, certains EJE rappellent qu'ils ont bien une formation différente, moins médicalisée et plus longue que l'auxiliaire qui, en tant qu'exécutante, travaille « sous le contrôle de diplômés d'État, puéricultrices, infirmières ou sages-femmes [39] », et peuvent même se montrer, dans leurs propos, assez critiques vis-à-vis de celles-ci.

39. Textes du ministère de la Santé, décret n° 47-1544, instituant le DE de puériculture (cité *in* Geneviève Latreille, *La Naissance des métiers en France, 1950-1975. Étude psychosociale*, Presses universitaires de Lyon, 1980, p. 117).

Là où réside la difficulté principale, c'est d'obtenir, je pense, une certaine qualité de travail parce qu'elles [les auxiliaires] ont très vite tendance à en avoir ras le bol de travailler et très vite tendance à feuilleter le catalogue de La Redoute en ayant un œil sur les enfants. Donc là, il y a effectivement tout un travail d'équipe à faire et puis un travail de réflexion pour amener à considérer l'enfant comme autre chose qu'un petit être qu'on surveille comme ça d'un coin de l'œil et puis l'autre sur le catalogue. Et puis ce n'est pas toujours facile parce qu'elles en ont marre, elles en ont ras le bol. C'est ce que l'on constate dans beaucoup de structures pour les enfants et je crois que c'est dû à la façon dont sont faites les structures où il y a un peu de surpopulation. (EJE 1)

Je n'ai pas le même travail qu'une auxiliaire non plus puisqu'elle se charge essentiellement du côté nursing. Je fais également du nursing, les changes, le repas, mais les auxiliaires de puériculture ont cette compétence-là. Elles font le reste aussi mais elles n'ont pas de réelles compétences pour ça. Elles n'ont pas été formées pour. (EJE 11)

Les plus proches de nous au quotidien-quotidien, ce sont les auxiliaires de puériculture, c'est un rapport pas toujours facile. (EJE 6)

Une petite enquête menée en 1992, dans le cadre de leur diplôme d'État, par un groupe d'étudiants-EJE montrait que, loin de vouer aux éducateurs une hostilité latente, l'échantillon d'auxiliaires de puériculture – un très petit nombre il est vrai – manifestait à leur égard une certaine admiration et dans tous les cas un respect non simulé dû notamment aux effets ésotériques de la connaissance psychologique [40] ; au point d'ailleurs que de nombreuses auxiliaires de puériculture

40. Le psychologue est supposé savoir « qui l'on est vraiment ».

choisissent dans le cadre de la promotion sociale d'effectuer la formation d'EJE, qui ne leur apporte aucun surcroît de salaire, mais leur procure un sentiment de gratification symbolique liée aux connotations psychopédagogiques de leur nouvel emploi, qui, en les éloignant du champ médical où elle constitue un véritable « prolétariat », les rapproche de la dimension éducative plus valorisante.

La place des hommes dans la profession

Comme on a pu le voir, le souci de la petite enfance a longtemps été et reste encore aujourd'hui le monopole des femmes. C'est dire combien l'entrée des hommes dans cet espace traditionnellement réservé aux femmes est délicate à négocier. Si dans l'ensemble les entretiens sont unanimes à dire combien la présence d'hommes dans des structures d'accueil pour jeunes enfants est souhaitable, les trajectoires des EJE hommes montrent cependant qu'ils sont très souvent victimes d'un préjugé tenace selon lequel un homme qui choisit de s'occuper de bébés n'est pas tout à fait un homme. Pire, on peut le soupçonner non seulement de ne pas vraiment assumer sa virilité, mais encore de dissimuler sous son activité professionnelle des tendances coupables pour la pédophilie. C'est ce qu'exprime confusément cet EJE homme :

> Il y a une flopée d'hommes qui rentrent en formation et qui prennent cela comme une formation-passerelle pour devenir ensuite éduc. spé. ou instit ; ça c'est flagrant. On était 48 élèves dans ma promotion et il y avait 4 hommes. Il n'y en a plus qu'un qui est éducateur : moi. L'un a fait un BTS commercial, un autre un LFP (?) et le quatrième je ne sais pas, mais il n'est plus éducateur. Je crois qu'ainsi on perd des professionnels de qualité, qui partent parce que les difficultés sont encore bien là dans ce monde de travail féminin [...]. Il y

> a une espèce de monopole, un monopole affectif de femme qui y avait trouvé son créneau dans ses capacités de femme, de mère et en même temps une profession, une pseudo-profession en fait. (EJE 12)

L'expérience d'un autre EJE, ancien responsable technique dans une crèche parentale, devenu aujourd'hui instituteur, est significative des difficultés qui peuvent surgir pour un homme qui prend le risque de venir « chasser » sur les quelques secteurs du marché de l'emploi réservés aux femmes. Dans un petit article qu'il consacre à son expérience, il montre que, parmi les six hommes de sa promotion, quatre d'entre eux ont quitté la profession pour devenir instituteurs, tandis qu'un autre travaille comme éducateur spécialisé. Seul le plus jeune occupe les fonctions d'un EJE dans une crèche collective. C'est dire qu'au bout d'à peine un an c'est la quasi-totalité des représentants mâles qui ont quitté la profession.

« Il ne s'agit pas, écrit Pascal Huvet, de tirer des conclusions définitives à partir de ces cinq cas, mais plutôt de les associer à de nombreux passages météoriques d'hommes dans cette profession pour poser un certain nombre de questions :

« – quelle part de responsabilité se donnent les hommes dans le fait qu'ils quittent, lorsqu'ils ne la fuient pas prématurément, une profession pour laquelle ils se sont quand même formés pendant deux ans ?

« – quelle est la place des hommes dans les crèches, les jardins d'enfants et surtout ont-ils une place autre que dans le discours des professionnelles et des parents ?

« – sur un plan général, quel rôle l'homme joue-t-il auprès des enfants dans notre société ? Dépossédé, le plus souvent avec son assentiment, de plus en plus fréquemment de son rôle de père, a-t-il quelque chance de jouer utilement celui d'éducateur[41] ? »

Poursuivant par un compte rendu de son expérience en crèche parentale, Pascal Huvet constate qu'« un homme qui s'occupe d'enfants, qui plus est de nourrissons, c'est suspect. Mieux ! C'est encore tabou dans notre société. Et parmi les parents, hommes et femmes sont autant réfractaires à cette idée, et pour les mêmes raisons qui sont le plus souvent : jalousie inconsciente, refus d'accepter qu'un homme puisse en connaître davantage qu'une mère sur la petite enfance et même soupçons sur les "motivations" d'un homme avec, en filigrane, la présomption, à peine voilée, de sa pédophilie ».

Amer, Pascal Huvet, qui souhaitait pourtant exercer la profession d'EJE, fatigué de devoir justifier en permanence ses motivations à s'occuper de petits enfants, a dû renoncer à ses fonctions. Il met ainsi en évidence « la résistance des femmes, des mères mais aussi de certaines professionnelles qui sont loin d'avoir accepté de partager ce terrain avec nous[42] ».

Malgré une certaine modification de l'image paternelle qui transparaît notamment à travers le traitement qu'en font les médias et surtout la publicité, les enquêtes qui ont pu être menées sur les « nouveaux pères » confirment en fait qu'il ne s'agit que d'un phénomène très marginal, un pur artefact, qui touche surtout les fractions supérieures des classes moyennes qui sont en partie à l'origine de la promotion de la petite enfance, et que la répartition des tâches au sein de la famille continue à perpétuer les clivages traditionnels, dans lesquels les femmes sont très largement vouées aux soins du jeune enfant.

---

41. *Gazette de l'ADEJEDA*, n° 4, CERPE, 1989, p. 7-10.
42. *Ibid.*

À cela s'ajoute la question du salaire. Métier de femme, la profession d'EJE est mal rétribuée et l'on sait que le travail féminin est encore considéré socialement comme un appoint dans les ménages où le salaire de l'homme constitue en fait l'essentiel des revenus. Pascal Huvet note qu'au cours de son expérience professionnelle il a senti peser sur lui tout le mépris des pères qui, à durée d'études égale, gagnaient deux à trois fois plus que lui et comprenaient mal qu'il puisse, dans ces conditions, affirmer son autorité dans la crèche. Le salaire mesurant ce que nous valons sur le marché de l'emploi, les hommes qui cherchent à s'inscrire dans le champ de la petite enfance sont doublement stigmatisés : par les femmes qui, se sentant menacées dans leurs prérogatives traditionnelles, mettent en doute leur virilité, et par les hommes, qui ne peuvent comprendre qu'un des leurs puisse investir une activité sexuellement marquée sans profit matériel.

Les EJE et l'école : un rapport conflictuel

On prend conscience du rapport que les EJE entretiennent avec l'école à travers les jugements qu'ils portent sur les instituteurs. On constate en effet une certaine méfiance pour les instituteurs de maternelle, dont les conditions de travail et la formation sont jugées par les EJE inadaptées à la petite enfance. Cette attitude critique est non seulement le produit d'une histoire déchirée entre le scolaire et le social, mais elle s'alimente aussi de l'expérience scolaire des EJE et d'un certain « mépris » que leur opposent les instituteurs, qui ignorent très souvent leur existence[43]. Comme on a pu le voir dans

43. Pour mieux comprendre ce qui oppose en pratique et en valeur le métier d'EJE au métier d'instituteur, on pourra consulter l'ouvrage de Luce Dupraz, *Le Temps d'apprivoiser l'école, lieux et actions-passerelles entre les familles et l'école maternelle*, Les Cahiers n° 9, Fondation de France, 1995, p. 190-197.

l'analyse des motivations, les trajectoires scolaires moyennes ou décevantes constituent une ligne de force de l'habitus des EJE. Et même si la scolarité ne s'est pas soldée par des échecs catastrophiques, l'épreuve de l'école, où, selon Maria Montessori, « toute expression spontanée de la personnalité des enfants est étouffée, où les enfants sont rivés à leur place comme des papillons piqués avec des épingles », est très souvent décrite comme douloureuse ou ennuyeuse. Ces traits de l'expérience passée se retrouvent donc dans le rapport à l'école en général et aux instituteurs en particulier.

> Instit de maternelle... ceux que je connais se plaignent d'avoir trop d'enfants et je leur dis que c'est de leur faute. Je crois qu'il y a beaucoup de différence. Là aussi on fait tout un travail pour que les enfants soient prêts à affronter l'école maternelle mais on ne les prépare pas à l'école maternelle ; c'est-à-dire la crèche ou la maison des tout-petits ce n'est pas la prématernelle, c'est important parce qu'il y a des parents qui arrivent un peu avec cette idée-là : « Il faut le préparer pour l'école maternelle. » (EJE 4)

> Les instits, c'est vrai qu'elles sont très distantes ; elles ne s'intéressent pas beaucoup à ce que l'on fait. Nous, on fait visiter l'école aux enfants mais ça s'arrête là. On a l'impression qu'il n'y a que leur profession qui les intéresse. Elles sont assez fermées. Encore en maternelle ça va, mais en primaire elles sont sectaires, très sectaires, c'est dur... C'est la formation, la formation est totalement différente... C'est peut-être un peu dur mais les éducateurs de jeunes enfants sont beaucoup mieux formés que les autres professions pour la petite enfance, parce que même l'instit, surtout l'instit de maternelle, il lui manque tout le côté du développement du jeune enfant. (EJE 5)

> Une institutrice, elle est là pour instruire, elle apprend des choses qui font partie de l'instruction, elle est là pour

apprendre la lecture, le calcul ; même à la maternelle, son objectif c'est l'instruction alors que l'éducatrice de jeunes enfants fait en sorte que l'enfant puisse faire des découvertes, que l'enfant soit bien dans son corps, que l'enfant puisse aborder l'école maternelle en ayant les éléments nécessaires pour l'aborder pleinement. (EJE 11)

J'ai une amie qui est institutrice et qui m'a fait rigoler. Elle m'a téléphoné en septembre alors qu'elle venait de prendre un poste en maternelle avec des 2-3 ans pour me demander mot pour mot : « Martine, qu'est-ce qu'on peut faire avec les petits à l'école ? On ne sait pas, on est perdu ! » (EJE 18)

Les instits ont un programme scolaire à faire suivre, l'EJE s'adapte d'abord à l'enfant pour voir jusqu'où l'enfant hospitalisé peut avancer dans son travail scolaire. (EJE 14)

C'est évident que dans une classe de trente enfants, tout le monde va être obligé de faire la même chose au même moment. Dans une crèche, on peut prendre un enfant quand il a un problème, à part. On peut prendre des groupes d'enfants de deux ou trois en atelier. On peut lui faire choisir plusieurs ateliers en même temps. C'est-à-dire qu'il a le choix par rapport à lui et par rapport à son épanouissement personnel, là où il en est lui, au niveau de ses étapes à lui, alors que l'instit, elle, ne peut pas répondre à ça... Ça se fait, mais très peu. Est-ce qu'elles ont aussi la formation pour pouvoir le faire ?... Au niveau DDASS, au niveau 94, on nous a demandé de former des institutrices. C'est-à-dire qu'elles venaient une fois par mois pour voir comment on fonctionnait dans un jardin d'enfants, avec le jeune enfant. Donc là on était reconnu pour s'occuper du jeune enfant jusqu'à 6 ans et, en revanche, on a eu beaucoup de mal à obtenir l'inverse ! Elles ont eu du mal à comprendre qu'on pouvait travailler par coin dans une classe. Quand j'ai commencé à travailler dans le 94 à l'époque, ça ne se faisait pas. C'étaient des pupitres qui étaient alignés, les coins n'existaient pas, en maternelle. En venant nous voir faire des adaptations dans les jardins d'enfants, petit à petit elles se sont rendu compte qu'elles pouvaient faire des coins dans les classes, mais si on n'avait pas accepté d'avoir la visite des instits et de les aider à s'ouvrir vers autre chose par rapport au jeune enfant... Elles, en revanche, n'ont jamais accepté de nous ouvrir leur savoir qui est : comment on peut les aider aussi au niveau culturel pour pouvoir les ouvrir à la lecture et à l'écriture. On l'a appris nous à l'école aussi, un petit peu, avec la psychomotricité, etc., mais on n'a pas été assez loin. Il a fallu continuer à lire des livres comme Laurence Lentin, etc. Je me bats pour que, avant tout, l'enfant soit bien dans sa peau pour qu'il puisse appréhender l'école après. Parce qu'il va avoir plein de choses et plein d'obligations qu'il n'avait pas en crèche : par rapport au groupe et par rapport au lieu. Je pense que ça c'est important. (EJE 19)

Travailleurs sociaux, je m'en sens proche parce qu'il me semble qu'on commence à avoir un langage commun. Et on traite les choses un peu globalement alors que les instituteurs traitent les choses un petit peu plus à l'étroit. J'ai l'impression qu'ils subissent la pression d'une caste encore plus forte que la nôtre. Je trouve que c'est quand même un sacré carcan l'Éducation nationale, avec leurs problèmes de promotion interne, de points, de concurrence, de mutation. Je trouve cela très très complexe et ça les empêche parfois de dépasser le petit bout de leurs lorgnettes. Je sens que l'instit a une déformation encore plus forte que les travailleurs sociaux. (EJE 23)

Si l'Éducation nationale est bien vécue par les EJE comme une machine à fabriquer de l'échec scolaire [44] et

44. Francine Muel-Dreyfus note la même hostilité chez les éducateurs spécialisés, qui définissent leur métier « comme un antimétier, face à des professions "figées" dont celle d'instituteur constituait la forme achevée [...] » (*Le Métier d'éducateur*, Minuit, 1983, p. 184).

dans le meilleur des cas tout à fait inadaptée à l'accueil des jeunes enfants, certains d'entre eux reconnaissent cependant une certaine proximité avec les instituteurs de maternelle.

> Moi, je ne fais pas beaucoup de différences entre l'institutrice, dans les petites sections de maternelle, et nous quand on fait de l'animation, si ce n'est qu'au niveau du groupe on a affaire à beaucoup moins d'enfants. (EJE 17)

> Les professions les plus proches de la mienne ? Instit bien sûr, c'est évident, mais pas de la façon dont ça se pratique actuellement. (EJE 21)

Cette relation difficile à l'école et aux instituteurs, outre les arguments rhétoriques que les professionnels mettent en évidence, peut être aussi mise sur le compte de l'organisation hiérarchisée du travail au sein de l'école maternelle. En effet, si les fonctions gratifiantes d'éveil, d'apprentissage ou de socialisation sont confiées aux instituteurs durant la classe, ce sont les agents spécialisés (ASEM), non formés, qui assurent les « basses tâches » de maternage (nourriture, sommeil, hygiène). Or, non seulement les instituteurs confondent souvent les éducateurs de jeunes enfants et les animateurs de maternelle, mais leurs fonctions, dans la crèche, coïncident souvent avec ces fonctions de maternage peu gratifiées socialement et donc peu gratifiantes.

> Lors de mon stage en école maternelle, l'institutrice me prenait pour une animatrice ; elle voyait l'EJE comme une animatrice et non comme une éducatrice. (EJE 18)

L'une des spécificités de l'EJE est en effet de recommander pour le jeune enfant un traitement global de ses besoins, qu'ils soient intellectuels, affectifs ou physiologiques. Ce que, à l'opposé de l'école maternelle qui, en distinguant les fonctions, tronçonne le jeune enfant, l'EJE tente de promouvoir, ce sont justement ces moments de maternage en relation avec les besoins corporels de l'enfant comme le repas, le change ou la sieste, qui sont autant d'occasions d'éveil intellectuel et de socialisation. Cette attitude est fondée sur l'hypothèse de l'imbrication totale chez le jeune enfant du corps et de l'intellect. Donner le biberon, changer un enfant, l'endormir pour la sieste sont donc aussi essentiels et doivent réclamer un traitement aussi vigilant que l'apprentissage de la lecture. Ce qui fait dire à Suzon Bosse-Platière que, « à l'exception des éducatrices de jeunes enfants, qui reçoivent une formation directement orientée sur leur travail à venir : animation d'un groupe de jeunes enfants, aucune des professions précitées [45] bénéficiant d'une formation initiale n'est adaptée ni formée particulièrement pour la petite enfance [46] ».

Malgré des petites expériences ponctuelles de collaboration entre instituteurs de maternelle et EJE (*cf.* article du *Monde*), ce qui est vécu par les professionnels de terrain comme un rapport conflictuel reflète assez bien les relations tendues qu'entretiennent le ministère de l'Éducation nationale et le ministère des Affaires sociales. Jacqueline Gorgue, conseillère technique de la Direction de l'action sociale chargée des fonctions éducatives – dont celle d'EJE –, souligne les obstacles qui rendent difficile une collaboration pourtant souhaitable :

---

45. Puéricultrices, auxiliaires de puériculture, institutrices, infirmières de pédiatrie, etc.

46. Suzon Bosse-Platière, *Les Maternités professionnelles*, *op. cit.*, p. 14.

Il y a eu des expériences, ici ou là, de collaboration entre les instituteurs et les EJE, réussies au niveau des enfants et des personnels, mais qui achoppent au niveau des statuts. L'Éducation nationale a élaboré un système dans lequel il n'a jamais été prévu d'ouverture à d'autres corps que ceux qui ont été formés soit dans le cadre des universités, soit dans les écoles normales, pour exercer les fonctions d'enseignant.

Au Havre, il y a eu une expérience intéressante ; les EJE pouvaient intervenir dans les écoles maternelles en créant au sein de ces structures un lieu particulièrement destiné à accueillir les enfants fatigués ou trop excités pour suivre la classe, et ainsi à respecter leurs rythmes. Cette expérience scolaire, bien qu'appréciée par les parents et par les personnels, n'a jamais pu être entérinée du point de vue statutaire, les EJE continuant d'être payés par la Direction départementale de l'action sociale.

Au moment où l'on reconnaît la possibilité, pour des mères de famille de trois enfants, de se présenter au concours d'entrée des IUFM, on fait semblant d'ignorer des personnels formés aux fonctions éducatives et titulaires d'un diplôme d'État. Cette formation devrait leur permettre un accès automatique à une formation complémentaire en IUFM ; au lieu de cela, ils bénéficient seulement des mesures transitoires offertes à tout le monde pour intégrer cette formation d'enseignant.

Des directeurs de centre de formation ont demandé des négociations pour une reconnaissance de la fonction d'EJE au sein de l'Éducation nationale. À ce jour aucune réponse n'a été apportée à cette demande.

Il serait sans doute souhaitable que les organismes représentant ces professions se mobilisent au moment où l'on sait que des possibilités d'ouverture sont offertes. (J. G.)

Avoir 2 ans en maternelle

Au Petit-Quevilly (Seine-Maritime), une institutrice et une éducatrice pour jeunes enfants se partagent une classe expérimentale pour les tout-petits.

Ils sont une demi-douzaine, ce jour, à avoir franchi le pas. Hauts comme trois pommes, tout juste scolarisables, accueillis six par six au cours d'une rentrée au compte-gouttes étalée spécialement pour eux sur quatre jours, ils ont quitté père, mère ou nourrice pour affronter « la » classe. Si certains ne parviennent pas à décoller leur nez de la porte vitrée et reniflent encore, d'autres, déjà, investissent les lieux et découvrent une classe inhabituelle, baptisée la Rose des sables.

Aménagée dans deux appartements contigus situés au rez-de-chaussée d'un immeuble, en face de l'école maternelle Elsa-Triolet (dont elle dépend), la Rose des sables n'a rien de commun avec les petites sections de maternelle habituelles. Tenant à la fois de la classe et de l'appartement, l'espace a été conçu pour faciliter la transition entre le milieu familial de ces enfants plutôt défavorisés (un tiers des familles sont monoparentales) et la dure loi de la jungle scolaire. Pas de préau, juste un petit vestibule d'accueil où les parents peuvent laisser librement leurs enfants entre 8 h 30 et 9 heures. Une salle d'« évolution », un dortoir de huit lits superposés, une cuisine, un petit réfectoire et des toilettes au format des bambins. Auxquels s'ajoutera bientôt une aire de jeux, aménagée juste devant les baies vitrées.

Inaugurée en novembre 1990 après trois bonnes années de péripéties administratives, la « classe maternelle expérimentale en milieu urbain » du Petit-Quevilly, dans la banlieue rouennaise, accueille aujourd'hui vingt-quatre élèves « recrutés » sur le secteur des trois écoles maternelles voisines. Située en zone d'éducation prioritaire (ZEP), dans un quartier à fort taux de chômage, elle concrétise, grâce à la persévérance de Mme Martine Augeard, directrice de l'école Elsa-Triolet, l'action conjointe de deux institutions peu habituées à travailler ensemble : l'Éducation nationale et la Direction départementale de la solidarité (DDS). « *Deux services qui traitent de la petite enfance et qui se méconnaissent totalement* », insiste Mme Augeard.

Un protocole d'accord a été signé avec la municipalité du Petit-Quevilly. Tandis que la mairie se chargeait de rénover et d'adapter les locaux mis à disposition, de débloquer un poste d'agent spécialisé en école maternelle (ASEM), l'Éducation nationale a décidé de créer un poste d'instituteur, et la DDS de détacher à mi-temps une éducatrice de jeunes enfants exerçant au titre de la protection maternelle et infantile (PMI) dans le cadre d'un projet global de prévention. Destinée également « *à accueillir des enfants dont certains sont en difficulté et n'ont pas un niveau de développement compatible avec une scolarisation traditionnelle* », la Rose des sables – qui n'est pas une structure spécialisée – s'est vu également confier des enfants recommandés par les pédiatres de la PMI.

Les bienfaits de la scolarisation précoce

En classe, l'accent a été mis sur ce partage des rôles. Tous les matins, l'éducatrice et l'institutrice, responsables de la classe, scindent les élèves en petits groupes, l'une axant, par exemple, son travail sur la motricité, l'autre plutôt sur la pédagogie. Le savoir-faire des uns bénéficiant aux autres, l'an passé, la DDS a mis à profit sa documentation pour associer parents et enfants à une réflexion sur les accidents domestiques. Enfin, la répartition des tâches a été étendue aux relations avec les familles, l'éducatrice assurant une permanence un après-midi par semaine et maintenant le contact une fois par mois au minimum avec les parents.

« *L'impact d'une telle expérience*, expliquent la directrice, l'éducatrice et l'institutrice, *ne se limite pas à la seule scolarisation de l'enfant. Dans un quartier à fort taux de chômage, il est tout aussi important de permettre aux parents de retrouver un emploi ou au moins un stage d'insertion professionnelle.* » La réflexion, somme toute, va dans le sens de la loi d'orientation sur l'éducation de juillet 1989 et du décret de septembre 1990 portant sur l'organisation et le fonctionnement des écoles maternelles. « *L'accueil des enfants de moins de 3 ans*, y rappelle-t-on, *[doit être] assuré en priorité dans les écoles et classes maternelles situées dans un environnement social défavorisé, que ce soit dans les zones urbaines, rurales ou de montagne, et particulièrement en zone d'éducation prioritaire.* »

Au-delà du sempiternel débat sur le bien-fondé de la scolarisation des enfants de 2 ans (elle touche actuellement 35,8 % d'une classe d'âge, les 3 ans étant, cette année, presque tous scolarisés), des études menées par la Direction de l'évaluation et de la prospective au ministère de l'Éducation nationale confirment, en effet, qu'une scolarisation précoce s'avère bénéfique pour des enfants vivant en milieu social défavorisé et améliore les conditions de leur insertion scolaire ultérieure.

Sous réserve, cependant, d'adapter la pédagogie et les rythmes de vie à l'âge des enfants de 2 ans. Sous réserve encore de cultiver, sur le terrain, au sein même de l'Éducation nationale, un esprit d'ouverture aux autres intervenants liés à la petite enfance. Ce n'est peut-être pas un hasard si, au Petit-Quevilly, l'institutrice de la Rose des sables est elle-même... une ancienne éducatrice de jeunes enfants. (J. M. D.)
Le Monde, 19.09.1991.

La rhétorique professionnelle

Définir sa profession

Lorsqu'on aborde avec les professionnels les spécificités pratiques et théoriques qu'ils prêtent à leur activité par rapport aux autres métiers de la petite enfance, les réponses paraissent plus floues, plus empruntées, comme si leurs dispositions rhétoriques ne dépassaient pas le cadre des représentations traditionnelles et n'étaient pas en mesure d'affirmer une professionnalité clairement et précisément définie. D'ailleurs, plus de 67 % admettent que leur profession est mal connue. Seul 1 % la considère comme bien connue.

> Ce qui est gênant lorsque nous parlons de notre profession et que l'on dit que l'on est éducateur, si on a le malheur de ne pas dire qu'on est éducateur de jeunes enfants et même si on le dit quelquefois, on est assimilés à des éduc. spé. : « Ah oui ! les petits enfants handicapés ; ah oui ! vous accueillez des aveugles et des manchots. » On a une identité à part et il y a un amalgame fait par le public. C'est à nous de clarifier la situation. (EJE 12)

> Au niveau de la municipalité, ils ne font pas la différence entre une EJE et une auxiliaire. Il y a beaucoup à faire au niveau de l'information sur notre métier [...]. Si les ministères acceptent que l'enfant de 2 ans se retrouve avec trente enfants à la maternelle, c'est pour moi qu'il n'y a pas encore une reconnaissance de notre travail et de l'enfant. (EJE 16)

> Le statut d'EJE, il n'est pas reconnu, il n'est pas entendu, il n'est pas connu non plus, donc il est difficile à faire passer. (EJE 19)

Cette méconnaissance peut bien sûr être mise en relation avec la faiblesse des effectifs (environ 10 000 professionnels, ex-jardinières d'enfants comprises), l'isolement institutionnel – ils sont souvent seuls dans la structure – et géographique – à l'exception de l'Île-de-France –, mais aussi avec le peu de mobilisation politique qui résulte de cette situation et dans laquelle Jacqueline Gorgue voit une caractéristique structurelle de la profession :

> Au niveau de l'exercice de la profession, je crois qu'il y a des difficultés rencontrées par ces gens qui sont effectivement de travailler souvent seuls dans une structure, ce qui ne motive pas tellement à se regrouper sur des problèmes de fond d'ordre professionnel, donc à élaborer peut-être une espèce de langage professionnel. Je crois que c'est difficile pour ces gens qui se retrouvent un peu isolés, qui ont à combattre avec d'autres professionnels de la petite enfance et qui, du même coup, au niveau de leur cheminement ont, d'autant qu'ils en parlent beaucoup, finalement beaucoup de mal à défendre une identité tout à fait propre. Alors que je suis sûre qu'ils l'ont ; mais cela doit être dur de mener plusieurs combats à la fois, à la fois de réussir avec les enfants, d'avoir une bonne relation avec les parents, de prendre en compte l'environnement, enfin tout ce qu'on leur demande, et puis de lutter contre des professions qui sont autrement organisées, comme les auxiliaires et les puéricultrices ; il y a là des formations très solidement constituées et qui, par l'aspect connu d'une profession telle que les puers, sur des postes d'encadrement, reposent énormément de questions aux EJE, qui se demandent si vraiment ils ont le droit de se mettre au même rang. (J. G.)

TABLEAU 4. – PARMI CETTE LISTE DE MOTS, POINTEZ CEUX QUI VOUS SEMBLENT LES MOTS CLÉS DE VOTRE PROFESSION D'EJE

a) Relation	340	(93 %)	j) Hygiène	43	(11,7 %)
b) Affectivité	134	(36,5 %)	k) Santé	51	(13,8 %)
c) Instruction	21	(5,7 %)	l) Psychologie	288	(78,4 %)
d) Prévention	243	(66,2 %)	m) Conditionnement	2	(0,005 %)
e) Écoute	327	(89 %)	n) Socialisation	264	(71,9 %)
f) Handicap	33	(8,9 %)	o) Substitut maternel	19	(5,1 %)
g) Discipline	11	(2,9 %)	p) Épanouissement	297	(80,9 %)
h) Émotion	58	(15,8 %)	q) Morale	16	(4,3 %)
i) Sensibilité	188	(51,2 %)	r) Ouverture	282	(76,8 %)

Dans le questionnaire, nous avions demandé aux EJE à quelles grandes notions ils liaient leur profession en leur proposant une série de mots à cocher. Il s'avère que les mots clés de la profession sont la relation, l'écoute, l'épanouissement, la psychologie et l'ouverture tandis que le conditionnement, la discipline, la morale, l'instruction et la santé servent de valeurs-repoussoirs (*cf.* tableau 4). Parmi ces mots clés qui confirment ce que nous disions plus haut des dispositions sociales des professionnels, on peut constater que seule la psychologie fait référence à un corps de savoir. Tous les autres mots relèvent d'une morale de la libération individuelle, seul recours possible à la pesanteur des structures dont les EJE souffrent à la fois dans leur trajectoire sociale et dans leur vie professionnelle. Ce qui a pour conséquence de rendre difficile, pour ces professionnels interrogés sur la définition de leur métier et les outils qu'ils mettent en œuvre pour travailler, de dégager une professionnalité fondée sur des qualifications objectivables ; au point que certains d'entre eux, lorsqu'ils ne cherchent pas à se définir négativement en opposition aux autres métiers de la petite enfance, ramènent les qualités d'observation, d'écoute et de relation, dont il est fait largement état, à des dispositions innées qui ne relèvent pas d'une formation.

Ce n'est pas une compétence pour moi le sens de l'écoute ; c'est une façon en soi ; on l'a ou on ne l'a pas... (EJE 11)

Définir ma profession ? Là le blanc ! C'est peut-être ni instit, ni auxiliaire ; ce n'est pas psychologue non plus... Mais c'est aussi un peu de psy quand même, mais ce n'est sûrement pas de l'enseignement, ni du scolaire. Être éducateur, ce serait faire passer des choses auprès des enfants, peut-être pas de l'ordre de l'enseignement en disant moi je sais, toi tu ne sais pas ; c'est apporter aux petits enfants des armes pour pouvoir évoluer tout en confiance et en sécurité. (EJE 9)

Ça n'a rien à voir avec la profession d'instituteur... C'est, dans le domaine de la relation, mettre en place des choses pour favoriser l'éveil et le développement de l'enfant. Ce n'est pas du domaine de l'enseignement, donc ça n'a rien à voir avec l'instituteur... Puéricultrice peut-être, moins le côté médical... (EJE 10)

Je ne sais pas s'il y a vraiment des compétences nécessaires ou particulières ; je veux dire on fait un peu tout ; on peut très bien être un petit mécanicien un jour pour réparer un vélo ou un jouet qui ne marche pas. Ça ne demande pas forcément de compétences particulières... Les outils principaux, c'est une grande disponibilité, une grande écoute, beaucoup d'attention, une certaine patience et en même temps une certaine fermeté. Avoir des règles et des limites que l'on doit aussi respecter soi-même. (EJE 1)

Ce qui me vient tout de suite, c'est la capacité de prise de distance. Il y a d'autres choses, mais dans les compétences c'est celle qui me vient spontanément. Capacité d'analyse, d'évaluation d'une situation, évidemment connaissance de l'enfant, mais il y a des choses qui me semblent tellement évidentes que, à la limite, elles ne me viennent pas à l'esprit. Il y a toutes les connaissances techniques, mais pour moi ce n'est pas le plus important, c'est bien ce que j'ai dit en premier. Être capable d'analyser. Être capable de distance par rapport à ses propres affects, notamment dans le travail en équipe. (EJE 2)

On est quand même formé spécifiquement sur le développement psychologique et global du jeune enfant de 0 à 7 ans. On a quand même une spécialité là-dessus sur les autres formations. On est une des seules formations voire la seule à être autant spécialisée dans ce domaine-là. (EJE 12)

Moi, je revendique le droit de dire que je suis spécialisé dans la petite enfance. Je suis un éducateur spécialisé aussi, pas simplement éducateur de jeunes enfants. Ma spécialisation, c'est le petit enfant, c'est le tout-petit, le nourrisson jusqu'à 3 ans. Je ne suis pas instit parce que je n'ai pas de savoir à transmettre. Je donne plutôt des outils aux enfants pour qu'ils découvrent, pour qu'ils s'ouvrent... Je suis avant l'école. On est l'ouverture. C'est vrai que si ça se passe bien chez nous, il y a des chances que ça se passe bien à l'école. (EJE 3)

Je dirais qu'on a plus de... Je n'aime pas le mot « pédagogie »... Je dirais qu'on a plus de... qu'on met plus en place tout ce qui est socialisation, socialisation avec l'enfant, plus de choses en place sur ce qui est développement de l'enfant, tant au point de vue physique, affectif que moteur que n'importe quel professionnel de la petite enfance. (EJE 18)

La difficulté des EJE à définir leur profession et sa spécificité trahit le fait que les actes professionnels et les gestes techniques qui les accompagnent relèvent de compétences dont tout un chacun, et particulièrement les femmes, est censé être naturellement doté, et ne réclament pas de ce fait une formation particulière. « En France, écrit Bosse-Platière, plus les professionnelles sont en lien étroit avec l'enfant... moins elles sont formées[47]. » Or tout le pari de la profession repose initialement sur la capacité non seulement de faire reconnaître comme hautement qualifiés des gestes qui, auparavant, étaient tenus comme naturels ou innés, mais aussi d'imposer l'idée que les fonctions les plus « indignes » du petit enfant, comme la propreté, l'alimentation, le sommeil et plus généralement l'ensemble des besoins corporels, devraient être investies avec d'autant plus de précautions qu'elles conditionnent le futur développement intellectuel de celui-ci. C'est en ce sens que la psychologie du jeune enfant et plus particulièrement la psychanalyse fournissent aux EJE les raisons scientifiques de l'importance de ces besoins corporels.

Ce manque de légitimité dont se plaignent les professionnels, qui ne sentent pas reconnue dans l'espace social l'importance qu'ils accordent à la petite enfance[48], peut être mesuré symboliquement au retard administratif de la fonction publique territoriale pour entériner sur les feuilles de paye l'appellation « éducateur de jeunes enfants ». Pour près de la moitié des professionnels de notre échantillon (46,8 %), ceux-ci étaient encore désignés sous l'ancienne terminologie de « monitrice de jardin d'enfants » au point d'ailleurs que même les hommes-EJE, en dépit de la grammaire, « bénéficiaient » de la même appellation.

47. Suzon Bosse-Platière, *op. cit.*, p. 14.
48. *Cf.* le chapitre sur l'espace d'intervention de l'EJE.

> Moi j'étais monitrice de jardin d'enfants quand je travaillais à la crèche. Moniteur, ça n'existait pas ; d'ailleurs l'ordinateur du département n'allait pas corriger parce qu'il s'agissait d'un « mec ». Tout le monde était « monitrice », les femmes comme les hommes. (EJE 4)

L'accès à la dénomination exacte du titre professionnel a fait très souvent l'objet d'une lutte syndicale pour les plus sensibles politiquement aux implications symboliques qui sont indissociables des avancées professionnelles en matière de salaire ou de condition de travail.

> J'avais un statut de monitrice de jardin d'enfants. J'ai demandé il y a trois mois qu'il y ait éducatrice de jeunes enfants sur ma feuille de paye. Ça a posé quelques difficultés et le syndicat m'a aidée. J'ai, depuis un mois, « éducatrice de jeunes enfants » sur ma feuille de paye. Nous sommes six éducatrices, et je suis la seule à être désignée correctement ; les autres sont restées monitrices de jardin d'enfants. J'ai même eu une prime de 150 francs depuis qu'on m'appelle éducatrice de jeunes enfants, ce qui a encouragé mes collègues à se mobiliser. (EJE 11)

Les figures emblématiques de la profession

• Les psychanalystes

Dans le chapitre consacré à la constitution historique du champ de la petite enfance, nous faisions l'hypothèse d'une rupture entre la jardinière d'enfants et l'éducateur de jeunes enfants, marquée notamment par une certaine indifférence – méconnaissance ? – à l'égard des pères fondateurs tels que Rousseau ou Fröbel. Lorsqu'on interroge les EJE sur les références théoriques qu'ils utilisent dans leur travail, les psychanalystes devancent en effet largement les pédagogues. C'est Françoise Dolto (citée par 75,4 % des EJE), Donald Winnicott et Bruno Bettelheim qui recueillent le plus grand nombre de suffrages alors que Fröbel n'est cité qu'une seule fois. Et même lorsqu'ils cherchent à déterminer la personnalité la plus représentative de leur profession, c'est encore Françoise Dolto qui apparaît pour près de la moitité des EJE comme le meilleur modèle tandis qu'un autre médecin, Maria Montessori, arrive en deuxième position, mais très loin derrière. Le premier pédagogue cité (mais seulement 16 fois), est un instituteur en rupture avec l'Éducation nationale, Célestin Freinet. On peut ainsi mesurer tout le chemin parcouru par la profession entre les premiers jardins d'enfants d'inspiration fröbelienne et les structures d'accueil pour jeunes enfants animées par des professionnelles élevées au biberon de la psychanalyse et qui se reconnaissent plus dans l'approche libidinale du jeune enfant que dans des conceptions purement pédagogiques.

Françoise Dolto est d'ailleurs une figure emblématique qui exprime bien toute l'ambiguïté de la profession à l'égard du savoir. Indiscutable psychanalyste d'enfants et chercheuse reconnue, elle appartenait à l'école freudienne où elle impressionnait Lacan par sa capacité à dire « clairement » ce qu'il parvenait à évoquer à travers un jargon et des jeux de mots qui sont restés célèbres. Dolto, c'est donc à la fois la science légitime – elle est médecin –, mais c'est aussi l'animatrice de radio qui fait du conseil thérapeutique en direct et « vulgarise » un savoir analytique jusque-là réservé aux seuls initiés. Elle est la plus accessible parmi les « psys » et surtout elle est une militante de la petite enfance, celle qui s'est évertuée toute sa vie à répéter combien étaient importantes les premières années pour le développement futur de l'enfant. Les EJE ont donc trouvé chez elle le soutien légitime à partir duquel ils pouvaient fonder leur activité professionnelle aux yeux du public et exprimer avec force le fossé qualitatif qui sépare les structures d'accueil des jeunes enfants et l'école [49].

> Je trouve qu'elle a une parole tellement simple pour tout le monde, je peux la citer facilement. On comprend ce qu'elle dit. Pour arriver à ce que ce soit suffisamment clair pour des gens aussi différents que les parents et les professionnels, moi je trouve que c'est un outil merveilleux. Et ce n'est pas dépassé du tout pour l'instant, donc, j'en profite. (EJE 23)
>
> Dolto c'est ma bible. (EJE 5)

• Les pédagogues de l'éducation nouvelle

Si les psychologues et les psychanalystes ont pris une telle place parmi les figures auxquelles se réfèrent les EJE, c'est que ceux-ci ont donné un fondement scientifique à un courant de pensée que l'on continue de désigner sous le terme ambigu d'« éducation nouvelle » ou encore de « pédagogie active ». « C'est la défectuosité de l'enseignement didactique et l'insuffisance des méthodes purement intuitives, quand on les a confrontées avec les premières conclusions de la psychologie expérimentale, qui ont conduit à recourir aux méthodes dites actives [50]. » L'éducation nouvelle, qui est le produit du siècle des Lumières, est ainsi toujours « nouvelle » pour la simple raison qu'elle est d'abord

---

49. « Deux ans et demi, c'est vraiment jeune pour aller à l'école. » Françoise Dolto, *Lorsque l'enfant paraît*, t. 1, Seuil, 1977, p. 51.

50. René Hubert (1885-1954), cité *in* J. Leif et A. Biancheri, *Philosophie de l'éducation*, Delagrave, 1966, p. 319.

et avant tout depuis Comenius (1592-1671) et Rousseau une « contre-éducation », c'est-à-dire un courant de pensée éducatif qui vise à remettre en cause *un* mode d'éducation « traditionnel [51] ». Celui-ci est facilement identifiable. Il participe de toutes les horreurs généralement dénoncées aujourd'hui qui consistent à imposer aux petits enfants la terreur disciplinaire, à les dresser par les récompenses et les sanctions à l'obéissance et à la crainte, non pas seulement par les coups qui relèvent de pratiques visibles, mais bien par des formes euphémisées de violence symbolique qui prennent quelquefois le nom d'éducation. « Il semble qu'au fur et à mesure que l'on se rapproche de l'époque moderne, note Alice Miller, la mutilation, l'exploitation et la persécution physiques de l'enfant aient été supplantées par une cruauté psychique, que l'on peut en outre présenter sous la dénomination bienveillante et mystificatrice d'"éducation" [52]. » Cette cruauté psychique, la psychanalyste suisse la désigne sous le terme de *Schwarze Pädagogik*, la « pédagogie noire ». L'éducation nouvelle est ainsi une « antipédagogie noire », une sorte de contre-proposition au système éducatif traditionnel, une « révolution copernicienne » selon Claparède, qui, reprenant la thèse rousseauiste, consiste à faire coïncider les « besoins naturels de l'enfant » avec son éveil intellectuel : « L'école active est fondée sur le principe du besoin. Pour faire agir votre élève, mettez-le dans des circonstances telles qu'il éprouve le besoin d'accomplir l'action que vous

51. De même que chez Marx les classes sociales n'existent pas en dehors des luttes qu'elles se livrent, l'éducation nouvelle n'existe qu'en tant qu'alternative à des modes d'éducation traditionnelle et évolue en même temps que ceux-ci.

52. Alice Miller, *C'est pour ton bien...*, *op. cit.*, p. 16.

attendez de lui. Il n'y a pas d'autre fondement psychologique à l'école active que celui-là[53]. »

C'est ainsi que, après les psychanalystes, ce sont les grandes figures de l'éducation « nouvelle » ou « active » qui sont dominantes chez les EJE. Maria Montessori, Célestin Freinet, Korczak, Decroly, Wallon et Neil ont tous été en rupture avec l'ordre éducatif établi et se sont explicitement référés aux travaux de Fröbel, notamment lorsque leur intérêt était focalisé sur les tout-petits, comme Maria Montessori. Ils partagent les postulats éthiques – ou les valeurs[54] – selon lesquels « l'enfant est un être vivant dont les ressorts sont finalement les mêmes que ceux qui font agir l'adulte : le besoin et l'intérêt[55] » et « l'éducation n'est pas quelque chose que l'on doive inculquer du dehors de l'enfant mais consiste dans le développement de dons que tout être humain apporte avec lui en naissant[56] ». Tandis que l'éducation traditionnelle tente de faire passer d'en haut la transmission de la culture aux générations futures, l'éducation nouvelle adapte son action aux potentialités, aux besoins et aux intérêts de chaque enfant pris séparément. D'où la fameuse révolution copernicienne de Claparède qui consiste à inverser le point de vue éducatif : « Les méthodes et les programmes gravitant autour de l'enfant et non plus l'enfant tournant tant bien que mal autour d'un

---

53. Claparède (1873-1940), *L'Éducation fonctionnelle*, Delachaux et Niestlé, 1946, p. 156.

54. Nous entendons par valeurs ce qui « oriente d'une manière diffuse l'activité des individus en leur fournissant un ensemble de références idéales, et du même coup une variété de symboles d'identification, qui les aide à se situer eux-mêmes et les autres par rapport à cet idéal » (Boudon et Bourricaud, *Dictionnaire critique de sociologie*, PUF, 1982).

55. Claparède, *Psychologie de l'enfant et pédagogie expérimentale*, 4e éd., p. 134.

56. John Dewey, *Les Écoles de demain*, p. 15-16.

programme arrêté en dehors de lui, telle est la révolution "copernicienne" à laquelle la psychologie convie l'éducateur[57]. » Ce sont donc bien les pédagogues de l'éducation nouvelle qui, en articulant conceptions pédagogiques et psychologie, vont imposer la psychanalyse comme discipline dominante chez les EJE avec pour conséquence l'arrivée massive parmi les formateurs des « psys » au détriment des pédagogues et des instructeurs rompus aux travaux manuels ou aux sciences naturelles.

L'éducation nouvelle, si elle se présente comme une « éducation négative », a eu aussi ses détracteurs. La plupart des reproches qui lui sont faits déplorent le laxisme qu'elle entraîne par un trop grand respect de la personnalité de l'enfant. Deux critiques majeures viennent traditionnellement animer le débat : le risque d'anarchie qu'entraîne la propension supposée « à passer à l'enfant tous ses caprices » et le non-interventionnisme de l'éducateur qui flirte avec la passivité. Les défenseurs de l'éducation nouvelle n'ont, comme on s'en doute, pas eu de mal à balayer ce genre d'arguments, qui relèvent bien souvent plus d'une idéologie réactionnaire que d'une analyse sérieuse reposant sur les expériences menées dans les jardins d'enfants et les écoles nouvelles. L'impression d'anarchie extérieure que peut rendre par exemple l'atmosphère d'un jardin d'enfants décloisonné, où les plus petits côtoient les plus grands et où les enfants circulent à leur guise dans les limites de leur sécurité physique, est, à l'observation, tempérée par le climat de concentration et d'intérêt que les enfants manifestent dans leurs multiples activités. La présence discrète mais

57. Claparède, « Les nouvelles conceptions éducatives », *Scientia*, février 1919.

attentive de l'EJE, qui n'intervient que pour faciliter les conditions d'apprentissage et d'éveil des petits en leur assurant l'aide minimale nécessaire pour éviter l'échec douloureux et les rapports de force trop inégaux [58], démontre sans peine – nous avons pu l'expérimenter à de nombreuses reprises – qu'il n'est guère difficile d'intéresser un enfant et que l'épreuve de l'ennui scolaire dont nous avons tous été les victimes consentantes est beaucoup plus le produit d'une inadaptation radicale de l'école aux enfants qu'un manque de curiosité qui serait par exemple lié aux méfaits de la télévision ou aux incompétences des parents.

Pourtant, il existe incontestablement des situations dans lesquelles l'application d'un certain nombre de mesures relevant de l'éducation nouvelle appelle quelques réserves. Dans un petit article écrit en 1962 et publié dans sa version française en 1972, Hannah Arendt dénonce cet « étonnant salmigondis de choses sensées et d'absurdités » venu du centre de l'Europe [59] qui a, « du jour au lendemain », totalement bouleversé le modèle éducatif américain. La philosophe met ce qu'elle appelle « ces mesures catastrophiques » au compte de trois idées de base relevant selon elle de nouvelles conceptions éducatives dont elle ne précise d'ailleurs pas les origines.

La première idée est qu'« il existe un monde de l'enfant et une société formée entre les enfants qui sont autonomes et qu'on doit dans la mesure du possible laisser se gouverner

---

58. « S'il y a quelqu'un près de moi – enfin maintenant je suis trop vieille pour me baisser – qui a besoin d'un service, disons quelqu'un qui fait tomber quelque chose, mon réflexe n'est pas de me précipiter pour le faire à sa place, mais de regarder s'il peut le faire. S'il ne peut pas je l'aide... Eh bien pour moi, c'est ça la jardinière » (Mlle Réty).

59. Hannah Arendt, « La crise de l'éducation », *in Crise de la culture*, art. cité, 1972, p. 229.

eux-mêmes[60] ». Arendt conteste ce point de vue en soutenant qu'au nom du respect de l'enfant on lui fait subir l'autorité tyrannique du groupe de pairs : « Affranchi de l'autorité des adultes, l'enfant n'a donc pas été libéré, mais soumis à une autorité bien plus effrayante et vraiment tyrannique... » Au lieu d'intégrer ceux qu'elle appelle les nouveaux venus dans le monde déjà constitué des adultes, on les en a bannis, créant ainsi une sorte de monde à part, une prison dorée, exposée de plus à la vie publique dont les enfants doivent être à tout prix protégés pour s'épanouir en paix. « Il est clair, ajoute Arendt, qu'en essayant d'instaurer un monde propre aux enfants, l'éducation moderne détruit les conditions nécessaires de leur développement et de leur croissance[61]. »

La deuxième idée, qui ne s'applique pas directement aux jeunes enfants, concerne la pédagogie et le fait que l'on s'est plus intéressé aux méthodes d'apprentissage qu'aux contenus des enseignements, entraînant un affaiblissement général des savoirs.

La troisième idée, qui en découle directement, est d'avoir remplacé le travail par le jeu. Selon Arendt, cette conception de la pédagogie tend à maintenir l'enfant plus âgé dans une situation infantile. « Ce qui précisément devrait préparer l'enfant au monde des adultes, l'habitude acquise peu à peu de travailler au lieu de jouer, est supprimée au profit de l'autonomie du monde de l'enfance[62]. »

En résumé, Hannah Arendt conteste globalement l'idée d'une sorte de souveraineté du monde enfantin qui nécessiterait un traitement spécial. Elle n'en défend cependant pas

60. *Ibid.*, p. 232.
61. *Ibid.*, p. 240.
62. *Ibid.*, p. 236.

plus le principe médiéval d'une enfance s'achevant avec l'apprentissage de la langue. « Comment a-t-on pu exposer l'enfant à ce qui plus que toute autre chose caractérise le monde adulte, c'est-à-dire à la vie publique, alors que l'on venait de s'apercevoir que l'erreur de toutes les anciennes méthodes avait été de considérer l'enfant comme un "petit adulte"[63] ? » L'auteur réintègre ce qu'elle nomme la « crise de l'éducation » dans le vaste mouvement de promotion moderne de la vie sociale. Ce qui, rappelle-t-elle, avait été pour les femmes et les travailleurs une authentique émancipation, qui leur avait permis de devenir les acteurs à part entière du monde social, « fut un abandon et une trahison dans le cas des enfants qui sont encore au stade où le simple fait de vivre et de grandir a plus d'importance que le facteur de la personnalité[64] ».

Reconnaissant cependant que tous les efforts de l'éducation moderne ont tendu vers un meilleur bien-être de l'enfant, Arendt constate enfin que l'école n'est pas le monde et ne peut se donner comme tel, bien qu'elle doive avoir pour fonction d'y introduire le nouveau venu en lui disant : « Voici le monde. » « Qui refuse d'assumer cette responsabilité, conclut-elle abruptement, ne devrait ni avoir d'enfant, ni avoir le droit de prendre part à leur éducation [...]. Le rôle de l'école est d'apprendre aux enfants ce qu'est le monde et non pas de leur inculquer un art de vivre[65]. »

Se préoccuper de la petite enfance, ce n'est pas simplement produire un service d'une grande utilité sociale (la garde ou l'accueil des jeunes enfants), c'est aussi, pour

63. *Ibid.*, p. 240.
64. *Ibid.*, p. 241.
65. *Ibid.*, p. 250.

certains éducateurs, bousculer des pratiques éducatives qui font la preuve de leur inefficacité et chercher, à travers une certaine relation au petit enfant qui ne soit ni angélique ni tyrannique, une façon d'accompagner les « nouveaux venus » vers une autonomie de corps et une liberté de pensée qui ne soient ni offertes, ni contraintes, mais conquises.

4

LA FORMATION

« Je dirais que je suis rentré à l'école un peu "apôtre", c'est-à-dire porteur d'une grande pensée ; une pensée selon laquelle l'enfance c'est quelque chose de super-intéressant. Et puis le côté missionnaire, c'est-à-dire le catéchisme qui porte cette grande pensée, ça c'est à l'école que je l'ai acquis. »

Didier Hammel

Un rite d'institution

« L'enseignement d'un *métier* ou, pour parler comme Durkheim, d'un "art", entendu comme "pratique pure sans théorie", appelle une pédagogie qui n'est pas du tout celle qui convient à l'enseignement de savoirs. Comme on le voit bien dans les sociétés sans écriture et sans école – mais cela reste vrai de ce qui se transmet dans les sociétés à école et dans les écoles mêmes –, nombre de modes de pensée et d'action – et souvent les plus vitaux – se transmettent de la pratique à la pratique, par des modes de transmission totaux et pratiques fondés sur le contact direct et durable entre celui qui enseigne et celui qui apprend ("Fais comme moi")[1]. » Cette approche de la formation au métier de chercheur en sociologie pourrait bien constituer la méthode que revendiquent les centres de formation pour conduire leurs étudiants au métier d'EJE. En effet, si une partie du programme – environ la moitié – est composée d'apports théoriques dispensés sous forme de cours magistraux, les stages en constituent l'autre moitié durant laquelle, sous l'œil vigilant d'une éducatrice expérimentée appelée formatrice de stage, l'étudiant s'initie à son métier en imitant le savoir-faire de sa monitrice. L'expérience de ces stages, où l'étudiant est censé avoir abordé l'ensemble des institutions susceptibles de l'accueillir à l'issue de son diplôme (crèche, hôpital, foyer, jardin d'enfants...), est reprise et analysée en « retour de stage », où les formateurs de l'école tentent d'articuler les rigueurs du terrain avec les utopies pédagogiques que ne manquent pas de développer les centres de formation. « Cette longue socialisation à des pratiques et à des comportements, écrit Pierre Tripier, ne se fait pas sans le développement d'un certain "patriotisme" de profession[2] », qui contribue à construire le paradigme identitaire des EJE.

Pour entrer dans un centre de formation d'EJE, il faut être doté de son baccalauréat[3] et passer avec succès la sélec-

1. Pierre Bourdieu, *Réponses*, *op. cit.*, p. 193.

2. Pierre Tripier, *Du travail à l'emploi*, *op. cit.*, p. 145.

3. Il est encore actuellement possible d'entreprendre les études sans le baccalauréat, mais cela suppose ou bien d'être doté d'un diplôme équivalent, ou bien d'avoir passé avec succès un examen comparable au bac que les DRASS organisent chaque année. En outre, des préformations en travail social, financées par le ministère des Affaires sociales et assurées par les centres de formation les plus aptes pédagogiquement à les mener à bien, ouvrent les études à des personnes qui, peu dotées en capital scolaire, ont cependant fait

tion. C'est, à la lumière de ces rites de passage décrits au début du siècle par Arnold Van Gennep [4], la première phase de tri au terme de laquelle on sépare les individus qui présentent de bonnes dispositions au métier de ceux qui n'ont pas su ou pu en faire la preuve durant les épreuves de sélection [5]. Celles-ci sont généralement composées d'exercices scolaires visant à évaluer la culture générale de l'étudiant et surtout d'entretiens individuels ou collectifs à caractère psychologique qui, à l'aide de tests ou de grilles d'interprétation, mesurent les qualités et les défauts des candidats. Tous les centres ne procèdent pas de la même manière. Certains ont allégé leur sélection (deux épreuves), d'autres l'ont au contraire alourdie, mais la plupart des formateurs reconnaissent que le filtre n'a pas toujours l'efficacité escomptée et laissent passer des éléments qui s'avèrent peu conformes aux exigences de la profession. Reste que, compte tenu du nombre important de candidats à l'entrée de la formation [6], la sélection est drastique et élimine d'abord, sur des critères culturels et psychologiques, tous ceux qui sont supposés

---

la preuve de leurs qualités en ayant investi, soit sous forme bénévole, soit par des « petits boulots », le champ de l'action sociale.

4. Arnold Van Gennep, *Les Rites de passage. Étude systématique des rites*, Picard, 1909. « Les rites ou cérémonies de passage, écrit-il, sont ceux qui accompagnent tout changement de place, d'état, de situation sociale et d'âge. »

5. Au cours d'un colloque consacré aux rites de passage aujourd'hui, Pierre Bourdieu notait que, « pour aller plus loin, il faut poser à la théorie du rite de passage des questions qu'elle ne pose pas, et en particulier celles de la fonction sociale du rituel et la signification sociale de la ligne, de la limite, dont le rituel licite, le passage, la transgression [...]. L'un des effets essentiels du rite est en effet de *séparer* ceux qui l'ont subi non de ceux qui ne l'ont pas encore subi, mais de ceux qui ne le subiront en aucune façon et d'*instituer* ainsi une différence durable entre ceux que ce rite concerne et ceux qu'il ne concerne pas » (*Actes de la recherche en sciences sociales*, 43, juin 1982, p. 58).

6. Dans certains centres on compte 300 candidats pour 40 places.

présenter un danger pour les enfants ou bien chercher un refuge auprès de ceux-ci en raison de difficultés relationnelles avec les adultes. Comme dans toutes les sélections de travailleurs sociaux – mais peut-être d'autant plus qu'on touche ici au domaine de la petite enfance –, l'entretien psychologique joue un rôle considérable dans le choix des candidats et contribue à maintenir un certain flou, malgré l'usage de tests objectivants [7] qui déterminent les critères de sélection. Andrée Guiot fait l'hypothèse, dans le travail qu'elle consacre aux problématiques de sélection dans les centres de formation d'éducateur spécialisé, que « la sélection des candidats-éducateurs doit être considérée comme l'élément moteur sur lequel, dès ses origines, le secteur de l'inadaptation s'est appuyé pour imposer, sur le "marché social des métiers", la profession d'éducateur spécialisé et, par là, organiser sa propre existence : sa légitimité ». On peut appliquer aux EJE la même hypothèse. Cette formatrice de Lyon note par ailleurs avec pertinence que « le principe sur lequel la sélection repose ne peut être qu'*absolu,* c'est-à-dire accepté sans compromis ou rejeté sans appel. Par contre, les applications nées de ce principe seront toujours relatives, décevantes et dénoncées [8] ».

La deuxième phase du rituel initiatique est la formation proprement dite, pendant laquelle l'étudiant est introduit

---

7. L'analyse sociologique des tests que les psychologues utilisent montre combien les critères relèvent plus de l'ordre culturel ou scolaire dominant que d'une réelle introspection de la personnalité qu'ils sont supposées objectiver. On pourra à ce propos se référer au petit texte de Pierre Bourdieu, « Le racisme de l'intelligence », *in Questions de sociologie*, Minuit, 1980, p. 264-268.

8. Andrée Guiot, « Les problématiques de la sélection des éducateurs spécialisés : analyse du sens de leur variation », exposé introductif de la thèse pour le doctorat d'État, université de Dijon, 1984.

dans une zone neutre, sorte de *no man's land* où on le dote des fondements constitutifs de son identité professionnelle et où il absorbe les grands principes pédagogiques et psychologiques qui sont au principe du métier d'EJE. C'est le moment de l'initiation proprement dite au sens ethnologique qui constitue, selon l'analyse interactionniste de Hughes, une véritable conversion au sens religieux de l'individu, qui se trouvera, à l'issue de sa formation, ayant incorporé des éléments d'identité qui deviendront des aspects significatifs de sa personnalité [9].

Il faut noter que le pluralisme théorique est plus ou moins développé selon les écoles. En fait, il est inversement proportionnel à la force du projet pédagogique du centre. Certains souhaitent faire une présentation élargie de l'ensemble des courants, d'autres sélectionnent et choisissent d'affirmer un point de vue dominant, mais dans l'ensemble on repère, malgré les divergences rhétoriques que ne peuvent manquer de susciter les centres eux-mêmes en tant que concurrents, un consensus largement établi autour des pratiques d'éducation nouvelle et du recours aux théories psychologiques d'inspiration freudienne. Les écarts relatifs dépendent alors le plus souvent des enseignants eux-mêmes et de leurs préférences.

La troisième phase est, selon l'approche de Van Gennep, une étape d'agrégation qui constitue l'incorporation définitive du stagiaire au corps professionnel. La quasi-certitude d'obtenir son diplôme au bout des deux ans d'études – 98 % des candidats étaient reçus – provoquait chaque année de nombreuses polémiques. Certains EJE jugeaient en effet

9. E. C. Hughes, *Men and their Work*, *op. cit.*, notamment le chapitre 9.

dévalorisant pour leur titre de le voir si facilement attribué et pensaient qu'un durcissement des notations pourrait avoir pour effet de donner une plus grande légitimité au diplôme et donc à la profession. La pression des professionnels avait d'ailleurs eu pour conséquence chez d'autres travailleurs sociaux, comme les assistants de service social, la mise en place de notes éliminatoires qui font chuter les taux de réussite au diplôme d'État à 75-80 % selon les années. Après la réforme de leur formation, les EJE ont finalement rejoint les autres formations et hérité des fameuses notes éliminatoires qui ont fait légèrement baisser ces taux (90 %).

On peut s'interroger à ce propos sur les effets de cette crispation pour la revalorisation du métier. On ne peut créer artificiellement de la reconnaissance. Celle-ci est en effet le produit, pour une profession, d'un attrait social lié aux avantages symboliques et réels qu'elle apporte et rapporte à ses acteurs, au *numerus clausus* qui vient en limiter l'accès à l'entrée et à la capacité des professionnels de réguler leur propre fonctionnement. Les travailleurs sociaux ne sont pas actuellement dans une situation où ils peuvent réunir les conditions de possibilité de cette valorisation, et la sélection au diplôme d'État par la pratique des notes éliminatoires ne vient pas renforcer la qualité pédagogique de la formation, loin de là.

76 % des EJE qui ont répondu au questionnaire ont été plutôt satisfaits de leur formation contre 15 % qui ne le sont pas. Seuls 8 % de notre échantillon s'en déclarent très satisfaits. En croisant ces réponses avec les lieux de formation, nous pensions pouvoir présenter une sorte de palmarès des écoles mesurées au taux de satisfaction mais, outre le fait que certains centres ont aujourd'hui disparu, les résultats n'ont pas été suffisamment significatifs pour mériter d'appa-

raître. En revanche, les entretiens permettent de mieux préciser ce que les EJE ont en général apprécié dans leurs études et ce qu'ils ont quelquefois déploré.

> J'ai ressenti que les formateurs n'étaient pas au fait de la réalité du terrain et dans des proportions que j'ai trouvées graves. Ça m'a vraiment choqué. Ceci dit, globalement, les apports que j'ai pu avoir pendant cette formation ont été d'une richesse formidable. (EJE 18)

> C'est complètement utopique la formation. Quand on est dans la formation, on a l'impression que la petite enfance et tout ce qui se fait pour la petite enfance, c'est vraiment merveilleux [...] Et quand on arrive sur le terrain, c'est quasiment le drame. (EJE 1)

> Pour moi, pouvoir avoir une pratique auprès d'enfants tout en travaillant une théorie, c'était extraordinaire après trois ans passés en fac où la pratique était rare. Et même lorsqu'on réussissait à avoir une pratique quelque part, il n'y était jamais fait allusion. Il n'y avait pas ce va-et-vient théorie-pratique... Ce que j'ai trouvé comme manque, c'est tout le travail avec les adultes. C'était une formation qui était très centrée sur le travail avec les enfants mais pas sur le travail d'équipe. (EJE 2)

> Il y avait un décalage énorme entre la formation et la réalité professionnelle. On nous prenait pour des enfants, c'était très infantilisant. (EJE 7)

La difficulté majeure relevée par les professionnels concerne le décalage qui existe entre la formation et les conditions de travail à la sortie de l'école. Dans un travail empirique réalisé auprès de cinq promotions successives d'infirmières, Fred Davis constate lui aussi, dans les six étapes qu'il met en évidence pour décrire le processus de

« conversion doctrinale », le décalage qui existe entre l'innocence initiale qui se marque chez les EJE par la traditionnelle déclaration d'amour pour les enfants et le trouble qui survient au contact de la réalité professionnelle et qui produit ce que Davis nomme le « choc de la réalité [10] ». Ce décalage est, d'une part, le produit de l'utopie inévitable des formations en travail social et, d'autre part, celui de la distance qu'institue la fonction de formateur entre ses propres pratiques – historiquement datées – et les pratiques de terrain soumises aux évolutions structurelles. La distorsion est d'autant plus sensible que la mobilité professionnelle est très faible chez les formateurs de centre, qui, anciens professionnels pour la plupart, ont trouvé dans ces nouvelles fonctions un accomplissement matériel et symbolique qu'ils n'auraient pu espérer en tant qu'EJE.

Malgré ces quelques témoignages négatifs qui sont d'ailleurs très souvent modulés par des jugements globalement positifs, il ressort que les professionnels que nous avons rencontrés sont satisfaits de leurs études. Outre le décalage dont nous parlions un peu plus haut, les quelques points qui sembleraient pouvoir être améliorés sont les suivants.

– La préparation au travail en équipe. Confrontés aux autres professionnels et aux parents, les EJE regrettent de ne pas avoir été initiés à la sociologie du travail et des organisations.

– Les EJE qui exercent dans des structures associatives déplorent par ailleurs de ne pas avoir été préparés aux fonc-

10. Fred Davis, *Professional Socialization as a Subjective Experience : the Process of Doctrinal Conversion among Student Nurses*, in Becker H., *Institutions and the Person : Essays in Honor of Everett Hughes*, Free Press, Chicago, 1968, p. 235-251.

tions de gestion et de responsabilité technique auxquelles ils sont de plus en plus souvent appelés. Ils déclarent mal se repérer dans les organigrammes des institutions territoriales bien que 68 % d'entre eux se sentent professionnellement concernés par les mesures de décentralisation. Un enseignement adapté de « politiques sociales » et d'« administration locale » pourrait venir facilement combler ce manque.

– Beaucoup de professionnels réclament enfin une année de formation supplémentaire [11] qui les mettrait au même niveau d'études que celui des autres travailleurs sociaux. Ils ont été partiellement entendus puisqu'une réforme de la formation a été menée par le ministère en mars 1993 [12].

> Dans les 1 200 heures [13], on a essayé de réinjecter des contenus de cours théoriques. Mais bien sûr, au regard de la profession, il me semble de plus en plus que l'acquisition de connaissances théoriques, c'est important à condition que toutes ces connaissances ne quittent pas l'objectif de formation professionnelle. Les EJE en passeront donc par le même moule que les autres fonctions éducatives, à savoir des UF pluridisciplinaires, qui ont pour objectif d'apporter des connaissances théoriques mais à partir des problématiques de terrain. Encore fallait-il bien repérer les problématiques de terrain qui ont bougé, donc étendre un peu le champ de leur

11. À la question « Comment faire mieux connaître et reconnaître votre profession ? » 60 % proposent d'augmenter la durée de la formation, 83 % de revaloriser les salaires (plusieurs réponses étaient possibles).

12. Voir la présentation de cette nouvelle maquette à la fin de ce chapitre.

13. On est passé de 950 heures à 1 200 heures de formation contre 1 400 aux assistants de service social et aux éducateurs spécialisés. On peut s'interroger sur la pertinence de cette réforme en demi-teinte qui, tout en convenant de la nécessité d'une formation plus longue, maintient les EJE dans une infériorité par rapport aux autres travailleurs sociaux.

exercice professionnel, les sensibiliser aux politiques sociales en faveur de la petite enfance, ce qui n'était pas tout à fait le cas. (J. G.)

Les centres de formation

Au moment de la mise en place du diplôme d'État, il y avait en France vingt-quatre centres habilités à le préparer. Ces vingt-quatre centres étaient à une école près ceux qui délivraient le certificat de jardinière-éducatrice lorsque le diplôme relevait de leur seule responsabilité. Depuis la mise en place de l'appareil de formation des travailleurs sociaux dans les années soixante-dix, les centres, gérés pour la plupart par des associations sous la loi de 1901, s'étaient accoutumés à percevoir chaque année les subventions du ministère des Affaires sociales qui permettaient de financer les salaires et le fonctionnement des écoles. Or, on a assisté à un désengagement progressif de l'État, facilité par le processus de décentralisation et mesuré notamment à la diminution progressive de sa participation financière au fonctionnement des centres [14]. Ce sont donc les Directions régionales de l'action sanitaire et sociale (DRASS) qui, sous l'autorité arbitrale du ministère de l'Emploi et de la Solidarité, se sont vu confier, au moment des lois de décentralisation, la répartition de ces fonds de formation. Les DRASS ont pu ainsi procéder, en fonction des politiques sociales régionales et des inégalités qui présidaient souvent aux financements initiaux, à des rééquilibrages à la fois géographiques et financiers, et à une

14. L'association CERPE par exemple, qui gère une filière d'EJE, s'autofinance par des actions de formation à raison de 60 % de son budget de fonctionnement ; il y a dix ans encore, l'association ne vivait que de la subvention ministérielle.

« discrimination positive » en faveur des centres de formation qui faisaient la preuve de leur capacité à s'inscrire dans les nouveaux dispositifs partenariaux d'insertion et de développement social[15]. On peut, grâce à ce nouveau plan régional de formation, lutter contre les situations acquises et répondre, en « flux tendu », aux besoins spécifiques.

Or les EJE, lorsqu'ils ont négocié leur diplôme d'État en 1973, avaient accepté, compte tenu du nombre d'années d'études que nécessitait la formation (deux ans), le principe officieux d'un financement à - 15 % de la convention collective 66 qui régit le fonctionnement de tout le personnel attaché à l'enfance inadaptée. Et il a fallu presque vingt ans et une reconfiguration de l'appareil de formation pour que les écoles d'EJE, en rejoignant les autres catégories de travailleurs sociaux, bénéficient de cette même convention. Encore faut-il noter que si cette convention 66 sert de référence pour calculer les salaires des formateurs et des directeurs de centre, aucune convention ne lie les associations gestionnaires des formations d'EJE aux différentes DRASS. Le flou est donc total, et on comprend que les centres de formation, habitués à vivre dans une certaine aisance financière, aient mal pris le tournant de la décentralisation, au point d'ailleurs que certains *seraient* au bord de la faillite et menaceraient de rendre payant l'accès aux études.

Depuis cette restructuration de l'appareil de formation des travailleurs sociaux, on a pu observer l'intégration, dans le cadre d'instituts régionaux de travail social, de centres de formation d'EJE qui ont vu ainsi reconnaître la place qu'ils

---

15. Pour mieux comprendre ces rééquilibrages, on pourra se référer au plan d'action régionale de formation d'Île-de-France conçu par Jean-Pierre Hardy, inspecteur principal à la DRASSIF.

occupent dans le champ du travail social. Pourtant cette intégration n'est pas vécue par toutes les écoles comme une solution satisfaisante pour les EJE. Ceux-ci y sont en effet très souvent dominés par les assistants sociaux et les éducateurs spécialisés, qui bénéficient, grâce à une formation plus longue (trois ans) et à une meilleure reconnaissance sur le marché de l'emploi, d'un budget plus important et donc d'un poids plus lourd dans le système organisationnel des instituts à plusieurs filières. Parent pauvre des formations de travailleurs sociaux, les écoles d'EJE voient dans ces stratégies de regroupement un risque non négligeable de perte d'identité professionnelle.

Là encore, c'est toute l'ambiguïté du métier d'EJE qui, n'appartenant ni au champ de la réparation socio-éducative comme les ES ou les AS, ni au bastion médical comme les puéricultrices ou les auxiliaires de puériculture, place les professionnels dans une position inadéquate au sein des grosses structures de formation. Dominique Auzou, formatrice à l'institut de Montrouge où elle gère la formation des EJE, note la difficulté de maintenir, au sein d'un système de formation transversale (ES, AS, CESF, EJE), l'identité et la spécificité d'une profession comme celle des EJE :

> J'ai pensé, lorsque nous sommes venus nous installer à Montrouge, que ce n'était pas dans un institut de travail social qu'il aurait fallu dans l'idéal que l'on s'installe, mais plutôt dans un institut qui aurait réuni des professions sanitaires et sociales du secteur de la petite enfance. Je continue de penser que nous sommes différents des assistantes sociales et des éducateurs spécialisés et c'est une différence qui est parfois un avantage, mais aussi un handicap. (D. A.)

L'appareil de formation des EJE [16] propose donc actuellement deux, voire trois formules de cursus. Il y a, d'une part, les centres de formation monofilière qui, comme Saint-Honoré, Aubervilliers ou l'Horizon, continuent de ne former que des EJE, encore que ces centres aient été fortement incités par la DRASSIF à diversifier leurs formations et à s'ouvrir au partenariat local [17]. D'autre part, on peut dénombrer, notamment en Île-de-France, un certain nombre d'anciennes écoles d'EJE (Boulogne, Courbevoie, Nanterre) qui ont rejoint des instituts de travail social (CREAI, Montrouge, Parmentier) où elles ont entrepris avec les autres formations de travailleurs sociaux de mettre en place un dispositif fondé sur la transversalité (cours communs, formateurs polyvalents, etc.). Cette seconde formule, qui, comme nous l'indiquait Dominique Auzou, ne profitait guère aux EJE, a été réaménagée au CREAI et à l'institut de Montrouge, grâce à un partenariat avec l'université. Les étudiants en travail social inscrits dans ce dispositif passent deux diplômes, l'un professionnel, celui d'EJE, l'autre universitaire, la licence AES (administration économique et sociale). Cette concomitance a le mérite de faire taire les corporatismes professionnels et de concrétiser une véritable transversalité autour des enseignements d'AES qui constituent un socle de savoir et d'identité communs.

---

16. Connaissant mieux l'appareil de formation d'Île-de-France, ce sont principalement les écoles de cette région qui sont citées ; pourtant nous pensons que le modèle décrit ici est applicable à la province.

17. Par exemple, le Centre d'études et de recherches pour la petite enfance (Aubervilliers) forme aussi des auxiliaires de puériculture, des emplois-jeunes en maintien dans l'emploi, assure les préformations en travail social et a développé un département de formation permanente dynamique. Tous les centres doivent, sous peine de ne pas subsister, engager des opérations qui leur permettent de boucler leur budget de fonctionnement. Les écoles en travail social sont ainsi devenues de véritables entreprises de formation malgré leur statut associatif.

Rappelons pour mémoire qu'historiquement les premières tentatives d'intégration d'une formation en travail social à l'université furent l'œuvre d'un groupe d'universitaires (notamment Christian Bachmann et Pierre Teisserenc), sociologues pour la plupart, qui installèrent une école de service social à l'université Paris-XIII. Malheureusement, pour des raisons qu'il serait trop long d'expliciter ici, l'intégration n'eut jamais lieu et l'école continua de fonctionner en circuit fermé, inconnue de ses partenaires au point que les UFR ne découvrirent, dix ans après, son existence qu'au moment où l'ensemble de l'équipe pédagogique fut remerciée à la suite d'un long conflit interne.

Le président de l'époque confia alors à Pierre Teisserenc le soin de recruter une nouvelle équipe, plus réduite, avec pour objectif de réaliser la combinaison des études d'assistant social et du DEUG AES. Philip Mondolfo fut désigné pour diriger la formation au titre des Affaires sociales et pour garantir le respect du programme du point de vue professionnel :

> Je crois que les expériences des IRTS sont restées sur le modèle initié par Christian Bachmann : une école dans les murs de l'université Paris-XIII passe convention avec celle-ci pour être autorisée à délivrer un DEUG... Sauf qu'avec les IRTS ils se trouvent hors des locaux de l'université. En fait, ce qui fait école c'est la combinaison AES/formation en travail social, mais pas encore le schéma d'intégration dans l'université tel que nous l'avons conçu pour la formation d'assistant social. Là nos étudiants sont mêlés aux autres étudiants AES et peuvent ainsi côtoyer leurs futurs partenaires institutionnels (instituteurs, inspecteurs, administratifs...). (P. M.)

Les rapports à l'université : un partenariat méfiant

Malgré ces quelques expériences, on peut faire le pari que la formule de partenariat avec l'université, qui présente pour les EJE le double inconvénient d'être une énorme machine de formation à l'inertie considérable, malgré un début de décentralisation, et surtout une entité qui reproduit les principes de l'école contre lesquels, on a pu le voir dans les chapitres précédents, le métier d'EJE s'est en partie constitué, n'est pas l'hypothèse de développement la plus pertinente dans le rapport de force actuel, d'autant plus que l'AES n'était peut-être pas la filière universitaire la plus appropriée aux EJE. Accusées très souvent, et malheureusement à juste titre, d'être fort peu préoccupées de leurs étudiants et d'être incapables, faute de moyens matériels et humains, d'assurer une authentique formation professionnelle, les universités, à l'exception de quelques-unes qui s'en sont fait une image de marque, sont plutôt mal perçues par les centres de formation d'EJE – comme d'ailleurs par la plupart des autres centres –, qui y voient le risque majeur de perdre tout contrôle sur *leurs* formations [18].

Malgré cela, deux grosses structures de formation en travail social, l'IRTS de Montrouge et l'ISIS-CREAI, sous l'impulsion dynamique et parfois très discutée de Christian Bachmann [19], alors maître de conférences à l'université Paris-XIII et directeur du CREAI Île-de-France, ont engagé la formation EJE dans cette préparation conjointe. Or, comme le rappelle Jacqueline Gorgue, si l'autorisation d'une formation

---

18. Voir à ce propos Philip Mondolfo et Daniel Verba, « Les formations en travail social à l'épreuve de l'université », *Interfaces*, ISIS-CREAI, janvier-février 1992, p. 26.

19. Christian Bachmann est mort subitement en décembre 1997.

conjointe expérimentale fut bien donnée au CREAI pour une articulation entre la filière « administration économique et sociale » de l'université Paris-XIII et la formation d'« éducateurs spécialisés », le ministère ne souhaitait pas voir étendre dans le même temps le projet à une formation concomitante université-EJE, avant qu'ait été réalisée l'évaluation de la première expérience.

> En premier lieu, la filière « sciences de l'éducation » me semble plus pertinente pour les EJE que le cursus AES, qui est beaucoup trop généraliste. Une articulation artificielle amènerait fatalement à faire des coupes sombres dans la partie la plus spécifique des formations éducatives. Supprimer des pans entiers du programme de « santé » par exemple, alors que les EJE doivent lutter avec les puéricultrices et faire face à des problèmes de prévention dans les structures d'accueil, risquerait de compromettre aussi leur avenir. La volonté du ministère est de maintenir cette profession dans sa spécificité car elle a toute sa raison d'être en tant que charnière entre plusieurs professions de la petite enfance. Est-il alors vraiment utile de réfléchir à des postes d'encadrants et à des profils de gestionnaires alors que très peu d'EJE se voient reconnaître un statut de directeur ? (J. G.)

Là encore, on peut constater combien les EJE, embarqués dans l'attelage des travailleurs sociaux sans toujours en avoir ni les problèmes, ni les bénéfices, font les frais d'une politique de formation uniquement adaptée aux problématiques des assistants de service social qui ont traversé une crise sans précédent et des éducateurs spécialisés qui, après les trente glorieuses, ont connu une période de régression liée aux nouvelles politiques sociales et à la décentralisation.

Pourtant, dire des EJE qu'ils ne partagent pas toutes les difficultés des autres travailleurs sociaux ne signifie pas qu'ils n'en partagent aucune. La question se pose en effet, comme pour les AS et les ES, de savoir si une formation universitaire ne répondrait pas mieux aux nouvelles exigences des politiques sociales décentralisées et si, compte tenu du manque de perspective de carrière qu'a confirmé la nouvelle grille de la fonction publique[20] ainsi que l'absence de visibilité politique du ministère des Affaires sociales dans la défense des professions qui relèvent de ses prérogatives, l'université dans sa version AES ou IUP (institut universitaire professionnalisé) n'est pas l'unique chance des EJE pour faire reconnaître enfin leurs compétences. C'est en tout cas le point de vue que développe Mireille Cazalis, responsable du département EJE de l'ISIS-CREAI, qui a résolument engagé la formation dans un partenariat avec la filière AES de l'université Paris-XIII.

> Nous avons constaté, à la suite de la décentralisation, que les collectivités locales embauchaient des diplômés de l'université et non des EJE pour occuper les postes de coordonnateur de la petite enfance. Il s'agissait donc pour nous de répondre aux nouvelles exigences du contexte socio-économique en mettant nos étudiants en capacité de devenir des monteurs de projet, ceci en les dotant d'un certain nombre d'outils tels que le droit ou l'économie. Si nous pouvons offrir aux collectivités locales non seulement de bons professionnels de terrain, mais en plus dotés de diplômes universitaires, nos étudiants auront de meilleures chances, après avoir acquis de l'expérience professionnelle, d'intégrer des postes de responsabilité avant 40 ans. Bien que le recul soit encore insuffisant pour tirer des conclusions trop rapides, nous observons que les premières promotions d'EJE qui sortent avec un DEUG AES sont bien accueillis sur le terrain. En outre, on sent, durant la

20. Voir à ce propos le chapitre 6 et le nouveau texte en annexe.

formation, leurs capacités d'analyse s'éveiller plus vite que dans l'ancienne formule. Et enfin, nous les sortons du discours « psycho-affectif » dominant dans la profession, qui a toujours eu pour effet de nous faire traiter par les autres travailleurs sociaux de « petites EJE ». (M. C.)

La réforme de 1993

Les grands principes

Les EJE réclamaient depuis longtemps une requalification de leur formation et un rattrapage des autres cursus en travail social (ES et AS) afin de pouvoir prétendre aux mêmes avantages salariaux et statutaires, notamment dans la fonction publique territoriale. Mais il fallait aussi adapter la formation aux évolutions structurelles des politiques sociales en intégrant les effets de la décentralisation, les nouveaux dispositifs urbains et surtout la mise en chantier d'une politique familiale digne d'un pays européen qui prenne en compte le travail des femmes et les carences graves des structures d'accueil de la petite enfance en France [21].

Le temps de formation est donc passé de 950 à 1 200 heures d'enseignement théorique et technique réparties en sept unités de formation [22] et neuf mois de stages, soit 1 500 heures. On aboutit donc à un total de formation de 2 700 heures distribuées sur une période de vingt-sept mois.

---

21. Rappelons que seulement 9 % des enfants de moins de 3 ans bénéficient d'un accueil en crèche.

22. Pédagogie et relations humaines (UF1), pédagogie de l'expression et techniques éducatives (UF2), connaissance du jeune enfant de 0 à 7 ans (UF3), vie collective (UF4), santé, éducation sanitaire et protection médico-sociale (UF5), droit, économie et société (UF6), culture professionnelle, méthodologie et technique (UF7).

Le texte de cadrage ministériel indique que « cet allongement du temps de formation théorique a pour but de permettre une meilleure prise en compte des problèmes liés à l'accueil, à l'éveil et au développement des jeunes enfants ». Mais on y ajoute aussi que « les éducateurs de jeunes enfants doivent maintenant se préoccuper des interactions entre les partenaires concernés : parents, autres professionnels de l'enfance, travailleurs sociaux administratifs, élus. Ils sont amenés à monter des projets individuels et collectifs, à les négocier avec les employeurs en essayant d'articuler les prestations qui existent et qui sont souvent éparpillées entre plusieurs structures[23] ».

Par ailleurs, le ministère insiste sur la nécessité que les stages puissent s'ouvrir à la diversité institutionnelle et s'effectuer dans des structures qui n'accueillent pas exclusivement des enfants de 0 à 7 ans. La dimension sociale de ces expériences pratiques doit être renforcée afin que les étudiants explorent des structures comme les maisons d'enfants à caractère social, les centres d'hébergement, les maisons maternelles, les centres d'accueil d'urgence, les foyers pour femmes battues. Les futurs EJE sont ainsi encouragés à découvrir les contraintes horaires de la vie en internat.

De plus, la formation institue désormais l'obligation d'un stage « hors champ » qui peut être effectué dans une administration, une entreprise, un établissement scolaire, terrains qui étaient auparavant proscrits dans le cadre de l'ancienne maquette de formation qui datait, rappelons-le, de 1973.

---

23. Ministère des Affaires sociales, de la Santé et de la Ville, textes officiels et programme, diplôme d'État d'éducateur de jeunes enfants, 20 mars 1993.

Le diplôme d'État

Le diplôme d'État comprend désormais une épreuve écrite de psychopédagogie, qui peut être soit une dissertation, soit une note à établir à partir d'une situation éducative ; une épreuve écrite d'éducation sanitaire ; un questionnaire d'une heure portant sur le programme des unités de formation « vie collective » et « droit, économie et société » ; un mémoire évalué à l'écrit et à l'oral, et enfin une épreuve orale de pédagogie accompagnée d'un entretien à partir du dossier de scolarité.

Toutes les épreuves sont coefficientées et notées de 0 à 5. Pour obtenir le diplôme d'État d'éducateur de jeunes enfants, il faut justifier d'un minimum de 40 points sur 80 et ne pas recueillir de notes éliminatoires (moins de 2) à la première épreuve de psychopédagogie ni une note inférieure à 10 sur 20 aux entretiens de pédagogie.

Si cet aménagement de la formation répondait assez bien aux exigences d'adaptation de la profession dans les années quatre-vingt-dix, il n'en reste pas moins insuffisant dans la mesure où le rattrapage des autres formations en travail social n'est qu'amorcé et où la publication du décret « petite enfance » en août 2000 [24] conduira nécessairement à renforcer la formation des EJE dans le domaine des sciences sociales, du droit et de la gestion du personnel, en raison notamment de l'accès désormais légitime des EJE aux fonctions d'encadrement.

---

24. Voir le chapitre 6.

5

L'ESPACE D'INTERVENTION DE L'ÉDUCATEUR DE JEUNES ENFANTS

Les structures d'accueil de la petite enfance

« L'histoire des modes de garde de la petite enfance depuis la Seconde Guerre mondiale est celle d'une pénurie », prévient Alain Norvez [1] en introduisant le chapitre qu'il consacre aux crèches et haltes-garderies. C'est dire que l'on peut mesurer l'intérêt des politiques sociales successives pour la petite enfance aux créations de structures adaptées à cette classe d'âge. Le démographe note l'imprévoyance des planificateurs qui n'ont pas su anticiper l'évolution du travail

1. Les données rassemblées ici sont tirées du livre d'Alain Norvez, *De la naissance à l'école...*, déjà abondamment cités. Cet excellent travail devrait figurer dans toutes les bibliothèques de centres de formation d'EJE.

féminin et les besoins considérables en modes de garde qu'il allait entraîner. De plus, les gouvernements qui se sont succédé de la fin des années cinquante au début des années quatre-vingt tenaient les crèches pour des moyens de collectivisation de la petite enfance qui heurtaient leur appartenance idéologique. Seules les municipalités communistes avaient déployé un authentique effort en direction de la petite enfance, ce qui ne faisait que renforcer les craintes de la droite conservatrice alors au pouvoir.

L'arrivée de la gauche en 1981, malgré les promesses du candidat-président François Mitterrand, allait améliorer un peu la situation mais sans vraiment la débloquer[2]. Le discours incantatoire de tous les responsables politiques, selon lesquels la crèche coûte cher et représente un investissement systématiquement déficitaire, a beaucoup freiné le développement adapté des modes de garde lourds comme les crèches collectives.

Les chiffres fournis par Alain Norvez peuvent pourtant donner une idée assez précise des besoins réels de la société française des années quatre-vingt en matière d'accueil de la petite enfance. On comptait, en 1990, 1 250 000 enfants de moins de 3 ans dont les deux parents ou le parent unique exerçaient une activité professionnelle[3]. On peut donc déduire de ce chiffre, compte tenu des variations et des modulations statistiques, que c'est un peu moins d'un million d'enfants qui avaient déjà besoin d'être accueillis dans une structure. Cette estimation de la demande potentielle

2. « Ce sont 300 000 places de crèche qui devaient, en priorité, être créées : de 1981 à 1986, 35 000 places furent ouvertes, ce qui constitua un bon score en la matière » (Norvez, p. 379).

3. Sur les 2 300 000 enfants de 0 à 3 ans, 1 300 000 étaient encore gardés par leur mère en 1983, mais ce chiffre décline rapidement.

TABLEAU 5. – LES STRUCTURES COLLECTIVES ET FAMILIALES HORS ÉCOLE PRÉÉLÉMENTAIRE
ACCUEIL DES ENFANTS DE MOINS DE 6 ANS AU 1er JANVIER 1999 DANS DES STRUCTURES COLLECTIVES ET FAMILIALES, HORS ÉTABLISSEMENTS SCOLAIRES

Âge des enfants	*Structures d'accueil*	*Nombre d'établissements*	*Nombre de places offertes*
Enfants âgés de moins de 3 ans	**Crèches collectives**	4 300	138 400
	1. Traditionnelles	3 188	123 200
	a) mono-accueil	2 075	105 000
	crèches de quartier	1 848	90 100
	crèches de personnel	227	14 900
	b) multi-accueil	1 113	18 200
	2. Mini-crèches	372	6 700
	3. Crèches parentales	740	8 500
	a) mono-accueil	225	3 300
	b) multi-accueil	515	5 200
	Crèches familiales	1 103	60 900
Enfants âgés de 3 ans à 5 ans	**Jardins d'enfants**	294	10 400
Enfants âgés de moins de 6 ans	**Haltes-garderies**	4 804	68 100
	1. Traditionnelles	4 022	62 200
	a) mono-accueil	2 909	51 700
	b) multi-accueil	1 113	10 500
	2. Parentales	782	5 900
	a) mono-accueil	267	3 500
	b) multi-accueil	515	2 400

Source : DREES.

montre que les besoins en modes de garde étaient loin d'être couverts. En 1982, le nombre de places en crèches collectives était de 78 704, de 40 270 en crèches familiales et de 12 778 en jardins d'enfants. Les assistantes maternelles représentaient un accueil potentiel de 210 000 enfants. La politique du ministère des Affaires sociales visait alors à rendre visible, par la formation et la professionnalisation des assistantes maternelles, un mode de garde qui échappait jusque-là aux comptabilités publiques. Ce qui donnait en tout une capacité d'accueil de 340 000 places qui couvrait 36 à 48,5 %, selon les estimations, des besoins réels.

Les crèches collectives par exemple ne touchaient en 1980 que 3,5 % des enfants de moins de 3 ans, principalement dans les grands centres urbains et notamment en Île-de-France. Environ 9,3 % étaient gardés par des assistantes maternelles, parmi lesquelles 10 % étaient insérées dans le système des crèches familiales. En d'autres termes, cela pourrait signifier déductivement qu'environ 5 % d'enfants de moins de 3 ans bénéficiaient de l'intervention d'un EJE.

« Les institutions actuellement existantes, commente Alain Norvez, ne pèchent que par leur insuffisance quantitative ; les experts sont aujourd'hui d'accord pour estimer qu'elles ont fait leurs preuves et que leur efficacité – en matière de garde, de prévention des maladies et des retards de tous ordres – est certainement très grande. On ne peut donc que souhaiter leur généralisation afin que de moins en moins d'enfants soient "gardés" – pendant le travail de leur mère, à l'extérieur du foyer – par des moyens sinon de fortune, du moins soumis à trop d'incertitude et de risques [4]. »

4. Norvez, *op. cit.*, p. 327.

En vingt ans, la situation décrite par Alain Norvez ne s'est pas significativement améliorée même si des efforts ont été faits ici ou là pour promouvoir des modes de garde mieux adaptés et pour multiplier rapidement la capacité d'accueil. Ainsi les pouvoirs publics ont mené une grande réforme de professionnalisation des assistantes maternelles (ASMAT) en permettant à celles qui le souhaitaient de sortir de la clandestinité et d'obtenir un statut de professionnel. « Avec 411 000 jeunes enfants accueillis chaque jour au domicile d'une assistante maternelle indépendante, l'accueil libéral est devenu un phénomène de masse[5]. » Malgré cela, un nombre très important d'enfants de moins de 3 ans échappe encore à toute solution d'accueil adapté puisque seulement 9 % d'entre eux peuvent être accueillis en crèche et 13 % chez une assistante maternelle agréée. Pour les autres, on estime qu'ils sont soit gardés à domicile par l'un des parents (50 %), soit pris en charge à l'extérieur du domicile (26 %) dans des conditions qui échappent à tout contrôle institutionnel[6].

Or on comptait en 2000 environ 4,5 millions d'enfants de moins de 6 ans dont un peu plus de 2 millions de moins de 3 ans. Le taux d'activité féminine, qui est supérieur à 80 % pour la tranche d'âge des 25-49 ans, indique clairement que beaucoup de familles, et parmi elles principalement les femmes, sont confrontées à la question récurrente de l'accueil de leurs jeunes enfants. C'est dire que les besoins sont immenses et que cet accueil continue à être une des préoccupations majeures des Français. Les dernières élections municipales ont d'ailleurs montré, dans les grandes

5. Jean-Pierre Gayerie, « Les relais assistantes maternelles, dossiers experts », *La Lettre du cadre territorial*, 1998.

6. *Source* : UNAF.

villes, combien cette question était un enjeu essentiel des politiques locales et l'objet d'un relatif consensus entre partis, même s'ils ne s'accordent pas toujours sur les modalités de résolution du problème.

Outre ces données démographiques, l'accueil de la petite enfance se trouve à la croisée de problématiques qui relèvent à la fois des politiques familiales, des politiques de l'emploi, des politiques d'aménagement du territoire et des politiques sanitaires et sociales. La petite enfance est donc un secteur investi par de nombreux opérateurs comme l'État, les collectivités locales, les caisses d'allocations familiales, les associations dont la complexité produit des interventions morcelées qui nuisent à leur efficacité [7].

Il s'agit donc en ce début de siècle de développer l'offre d'accueil collectif, d'adapter les dispositifs aux besoins des familles (horaires, souplesse de l'organisation, diversification de l'offre), en favorisant notamment le multi-accueil, de réduire les inégalités d'accès aux structures collectives en diminuant les coûts et en améliorant la qualité de l'accueil des parents par une meilleure prise en compte de leur qualité de premier « expert » de leurs jeunes enfants.

Le contexte général brièvement rappelé, examinons comment les EJE se répartissent dans les différentes structures et comment ils « vivent » leur insertion professionnelle.

La crèche collective

Destinées à accueillir les jeunes enfants de 2 mois à 3 ans dont les mères travaillent, les crèches ont été longtemps à la pointe du progrès médical et le fer de lance de la lutte contre

7. Voir à ce propos les rapports de l'Union nationale des associations familiales sur les Conférences de la famille 1998 et 2000.

la mortalité infantile à la fin des années quarante. Pourtant leur capacité d'accueil – environ 138 400 enfants[8] – les réserve aux enfants dont les parents ont été suffisamment bien avertis pour retenir une place un an avant leur naissance. La crèche d'où les ouvriers ont été petit à petit exclus est ainsi devenue le privilège des classes moyennes (employés, cadres, enseignants).

Une fraction importante des EJE (42 % de notre échantillon) travaille dans les crèches, qui sont l'un de leurs principaux débouchés sur le marché de l'emploi. Pourtant celles-ci ne sont guère appréciées par les professionnels, qui se plaignent des conditions de travail et parlent souvent de les quitter pour des structures moins contraignantes. Comme on l'a vu précédemment, le poids hiérarchique des puéricultrices et la concurrence de plus en plus vive que se livrent les groupes de pression pour la direction des structures d'accueil des jeunes enfants rendent l'organisation difficile à supporter ; d'autant plus qu'il s'agit d'imposer le point de vue socio-éducatif dans un contexte encore fortement marqué par le bastion médical.

Aussi, on enregistre dans les témoignages des EJE qui pour la plupart ont été, à un moment de leur carrière, employés dans les crèches collectives un véritable réquisitoire contre ces établissements.

> Ça ne s'est pas très bien passé, parce que je trouvais qu'on n'était pas très sympa avec les enfants. On les obligeait à faire la sieste, on les forçait à manger, on leur coinçait les bras pour les gaver... (EJE 1)

8. 1999. *Source* : DREES.

En crèche collective, j'y suis restée un an et demi. Là j'ai vite déchanté. Les rapports avec la direction n'étaient pas du tout clairs, la place de l'éducateur pas claire du tout dans ce lieu, le travail avec les auxiliaires... Moi j'imaginais pouvoir faire du bon travail... Je savais que c'était un lieu difficile. Au début, la directrice m'avait prévenue, mais moi je m'étais fait une autre idée de cette difficulté-là. C'est-à-dire que je ne connaissais pas les dessous de l'histoire, à savoir les rapports un peu pervers qu'avait la directrice avec son personnel [...]. J'avais en même temps un discours de la directrice qui à moi me correspondait, qui correspondait à mes idées de travail par rapport à l'enfant. C'était quelqu'un qui avait l'air de vouloir faire quelque chose avec les mômes, qui semblait ouverte. Je suis tombée dans le piège quoi ! C'est vrai que si j'avais eu plus de recul, je me serais dit : c'est quand même curieux que... Avant d'accepter l'embauche, j'ai passé une demi-journée dans la section et quand j'ai vu la façon dont les auxiliaires traitaient les enfants, je me suis dit : bon y'a du boulot à faire, mais maintenant je me dirais, c'est quand même bizarre que les auxiliaires puissent faire ce genre de travail avec une directrice qui affiche de tels objectifs... Du genre avant le repas on balance des livres aux enfants sur la table, n'importe quel bouquin et, quand le chariot arrive, on retire le bouquin... Enfin bon c'est la première image que j'ai eue de la section de la crèche et des auxiliaires et j'avoue que ça m'a choquée, mais j'étais enthousiaste et je me suis dit qu'il y avait du boulot et il n'y avait pas de raison que cela se passe mal. Je pensais que les auxiliaires étaient ignorantes d'un certain type de pédagogie et j'étais là, me disant que j'allais leur apprendre des choses. J'avais envie de travailler avec elles et je ne me sentais pas du tout de sentiment négatif à leur égard. Pour moi, c'étaient des gens qui devaient être intéressants puisqu'ils travaillaient avec des enfants... J'étais très très naïve quoi ! C'étaient des gens qui avaient dix ans de pratique dans ce lieu, dix ans de travail avec cette directrice. Il y avait un moule bien compact et puis quand on voulait essayer de faire bouger les choses, c'est là que la perversité se mettait en place, à savoir que lorsque je proposais de mettre des choses en place, la directrice me disait : « Oui, c'est intéressant » et puis dès que quelque chose pouvait devenir possible, là il y avait retournement de situation. Il y avait bien une ou deux auxiliaires qui auraient été prêtes à travailler avec moi assez rapidement ; les autres étaient assez méfiantes, mais elles auraient pu se joindre à nous si la directrice n'était pas intervenue en les soutenant dans leur opposition, ce que je n'ai pas compris tout de suite. C'était des histoires de pouvoir qui n'étaient pas affichées, que j'ai senties après. Au bout d'un an j'ai vraiment eu envie de partir parce que je sentais que je n'étais pas seulement en train de m'user, mais que ça devenait un cauchemar. En arrivant le matin, je me demandais quelle crasse allait m'arriver. J'avais envie de faire des choses par rapport aux enfants, mais j'avais l'impression que je ne pouvais pas aller assez loin. Je ne me sentais pas assez forte pour faire contre-pouvoir toute seule... Enfin toute seule... presque toute seule... Heureusement j'avais une collègue EJE avec qui je m'entendais bien. Et on était quand même deux à être d'accord. (EJE 2)

Le pouvoir hiérarchique est insupportable dans les crèches, parce qu'on nous prend vraiment pour des [...] On a l'impression d'être dans des pensionnats. On doit pointer le matin, signer à quelle heure on arrive, demander l'autorisation pour n'importe quoi. C'est étouffant parce qu'on ne peut pas se prendre en charge, et dès que l'on cherche à prendre des initiatives, on nous remet rapidement à notre place. (EJE 5)

Là encore nous aurions pu multiplier les citations qui dénoncent la crèche collective du point de vue à la fois organisationnel, mais aussi pédagogique. La trop grande discipline et l'« ambiance un peu trop hospitalière[9] » qui y règnent ne peuvent que heurter des professionnels pour qui il est inconcevable de créer de telles conditions d'accueil pour des enfants bien portants. C'est pour cette raison que le travail d'aménagement de la crèche est souvent l'une des priorités de l'EJE. Il s'agit de rompre, par l'organisation spatiale et le jeu, l'ordre hygiénique au profit du « désordre » ludique qui répond mieux aux besoins du jeune enfant, plus préoccupé d'exploration aventureuse que de sécurité et de propreté.

Les crèches n'ont bien entendu pas tous les défauts que veulent bien leur prêter les EJE, et nombre de jeunes puéricultrices[10] que j'ai pu rencontrer lors de sessions de formation étaient relativement sensibles à la dimension psychopédagogique du jeune enfant et envisageaient sans réticence un éventuel partage des responsabilités au niveau de la direction des structures. De plus, les puéricultrices qui ont dû suivre quatre années d'études après le baccalauréat se sentent, comme les EJE, injustement traitées par la grille de la fonction publique qui les maintient dans la catégorie B de la fonction publique[11]. De nombreux exemples montrent pourtant qu'une collaboration entre les deux professions est possible à supposer que les méfiances réciproques tombent et que la crèche collective s'ouvre aux besoins psychologiques et affectifs du jeune enfant, comme elle a su imposer en d'autres temps et avec succès ses besoins nutritionnels ou hygiéniques.

---

9. Alain Norvez, *De la naissance à l'école...*, *op. cit.*, p. 340.

10. Pour mieux comprendre le point de vue des puéricultrices, on pourra se référer à l'article de Christian de Montlibert, « Le métier de puéricultrice », *Actes de la recherche en sciences sociales*, n° 32-33, avril-juin 1980.

11. À la différence près que leur accès au cadre A est désormais possible grâce à la création du nouveau cadre d'emploi de « coordinatrice de crèches territoriales » uniquement ouvert, sur concours, aux puéricultrices.

Les crèches ne sont que des usines à enfants !

La lettre de S. Pétrou (voir le n° 147) sur « ce qu'elle a vu en crèche » me pousse à vous écrire. En effet, je ne comprend pas qu'un journal comme le vôtre n'aille pas dans son sens. Ce qu'elle a vu et si bien décrit n'est pas un cas particulier, mais bien une généralité, quoi que vous disiez. Bien sûr, vous avez vu, visité de nombreuses crèches, mais de quelle façon ? En tant que journaliste ? Parent ? Vous croyez vraiment que les crèches se montrent sous leur vrai jour devant de telles personnes ? Sylvie a raison en disant qu'elle y a vu des « horreurs » et lorsqu'elle parle de rapports « monstrueux ». Les crèches ne sont que des usines pour enfants, je peux vous le dire, non en tant que journaliste ou parent, mais en tant qu'éducatrice de jeunes enfants (EJE) qui y a travaillé assez longtemps pour voir comment ça se passait. Et je n'ai pas l'exemple d'une seule crèche mais de nombreuses, à Paris et en région parisienne (j'ai aussi des témoignages d'amies EJE). Que se passe-t-il ? Non seulement on ne respecte pas l'enfant au niveau de son rythme, mais pire encore de son corps. On l'oblige à rester sur le pot (jamais devant les parents bien sûr), on l'oblige à manger, voire on enfonce de force la nourriture dans la bouche (à 11 h 30, il n'y a jamais de parents), on l'oblige (mais ça, c'est plus difficile) à dormir. Après le repas, c'est l'heure, il n'y a pas à discuter. On évite les jeux d'eau (ça mouille, après il faut nettoyer), on évite les livres (ils les déchirent), on laisse les bébés pleurer (pas le temps de s'en occuper). J'arrêterai là ma description, vous risquez de ne pas me croire. Pourtant, ce n'est pas une caricature, je vous assure. Allez dans les écoles d'EJE rencontrer les stagiaires qui reviennent de crèches, elles auront des choses à vous raconter ! Aussi, je ne comprends pas ce décalage entre ce qui se dit, se lit actuellement sur les jeunes enfants, leur éveil, leur rythme à respecter, Dolto, la bébélogie, etc. (tant de choses admirables) et ce qui se passe réellement dans les endroits où vivent un si grand nombre d'enfants (tant de choses lamentables). Pouvez-vous me l'expliquer ? Quant aux directrices de crèches, il faut, comme vous le dites, « tomber sur une bonne directrice ». Si cela existe. Pour ma part, j'ai beau être battante, j'ai cessé de lutter pour obtenir... si peu de choses. Je ne travaillerai plus en crèche.

PS: Je regrette qu'il n'y ait pas plus d'articles sur les jeunes enfants dans votre journal. Sinon, c'est quand même bien d'avoir quelqu'un à qui écrire cette lettre. Merci.

Je suis persuadée que votre lettre-témoignage va déclencher un beau tintamarre. Il est vrai que nous avons répondu à Sylvie Pétrou – qui mettait particulièrement en cause l'incompétence et l'impréparation des auxiliaires – que nous avons eu l'occasion, au cours de nos enquêtes rarement faites à la légère, de rencontrer des personnels de crèche, EJE comprises, parents et bébés qui vivaient bien dans ce mode d'accueil. Mais nous ne sommes pas naïfs. L'héritage sanitaire et totalement aseptisé des crèches n'est pas vraiment évacué, loin s'en faut. D'où une conséquence que nous avons souvent regrettée : la place insuffisante et parfois inexistante des EJE, personnel particulièrement qualifié de notre point de vue, dans un trop grand nombre de crèches. Nous savons aussi que celles qui s'ouvrent devant nous sont parmi les meilleures, tandis que beaucoup restent fermées aux journalistes, particulièrement à Paris. Nous savons enfin que les nouvelles connaissances sur le bébé, sa personne, son rythme, sa dignité, etc. sont loin d'être unanimement partagées. De ce point de vue, la formation des éducatrices de jeunes enfants est probablement l'une des plus en phase avec la « personne-bébé », qui réclame autre chose dans la vie que le « miam-miam-pipi-caca-pot-pot-dodo » traditionnel. Mais les habitudes sont plus dures à faire tomber que les plus solides bastilles de pierre. Il faut se battre. Pourquoi déserter lorsqu'on a tant besoin de gens comme vous ? Cela dit, pour conclure, idéalisons-nous trop l'accueil en crèche ? Le diabolisez-vous trop ? Voilà de quoi nourrir un débat qui ne s'annonce pas piqué des vers.

Enfant d'abord, n° 151, octobre 1991

La crèche familiale

Cette formule d'accueil, née en zone urbaine à la fin des années cinquante sous l'impulsion de la CAF, parvient à combiner le principe d'une garde assurée par des assistantes maternelles et le suivi d'une équipe de professionnels constituée en général d'un médecin, d'une puéricultrice, d'une EJE et d'auxiliaires. Selon l'arrêté du 22 octobre 1971, les crèches familiales [12] assurent *la garde des enfants chez des gardiennes agréées et surveillées*. Les parents qui confient leurs enfants à des assistantes maternelles qui sont en liaison avec une crèche familiale peuvent être de ce fait assurés que celles-ci seront encadrées à certains moments de la journée et pourront ainsi bénéficier d'une formation sur le tas, tandis que les enfants profiteront d'un suivi médical et éducatif. Il faut en effet rappeler que, compte tenu de la pénurie des modes de garde, l'utilisation par les parents de gardiennes non formées et non déclarées est très fréquente. Si, comme nous l'avons vu, ce mode de garde touche le plus grand nombre de jeunes enfants [13], il est aussi celui qui suscite de la part des parents le

12. En 1999, on comptait 1 103 crèches familiales qui accueillent 60 900 enfants (*source* : DREES).

13. 41 % des parents d'enfants en bas âge non gardés par leur mère avaient en 1988 recours à une assistante maternelle, dont la moitié environ à

plus fort taux d'insatisfaction. « L'intérêt principal de la crèche familiale, écrit Norvez, est [justement] d'éviter la rencontre brutale, le contact direct entre les parents et le foyer d'accueil [...]. L'organisme que constitue la crèche familiale a comme fonction essentielle d'absorber le choc ainsi créé et de constituer un cadre de référence permettant de régler les conflits légers qui ne manquent pas de naître [14]. »

Compte tenu du fonctionnement de ces structures et de la faible présence des EJE (13 % de notre échantillon), il nous est difficile de mettre en évidence la façon dont ceux-ci y vivent leur situation professionnelle. On peut cependant faire un certain nombre d'hypothèses que vient corroborer le seul témoignage dont nous avons pu disposer dans nos entretiens :

– le travail en crèche familiale est relativement lourd puisqu'il s'agit d'assurer le suivi de 140 enfants et de 45 assistantes maternelles. La frustration est donc grande pour l'EJE, qui ne peut prétendre à une action aussi efficace qu'en crèche collective ;

– dans son travail d'accompagnement des ASMAT, l'EJE est confronté à la difficulté de faire passer auprès de femmes qui ne revendiquent souvent comme compétences que celle d'avoir eu elles-mêmes des enfants l'idée que s'occuper de ceux-ci n'est pas le produit de l'instinct maternel, mais bien le résultat d'un travail d'observation, de réflexion et d'analyses, en un mot d'une formation ;

– en compensation, ce travail de formation donne à l'EJE une certaine légitimité professionnelle ;

– cette reconnaissance semble faciliter les relations avec les autres acteurs de la crèche familiale et notamment avec les

une nourrice non agréée (CREDOC, *Conditions de vie et aspirations des Français*, 1987-1988).

14. Ouvrage déjà cité, p. 348.

puéricultrices, que les EJE secondent souvent dans les tâches de direction.

Notons enfin, pour information, que le statut des assistantes maternelles a été réformé sur deux points :

– obligation d'une formation de 60 heures pour obtenir un agrément ;

– revalorisation des salaires.

Ces deux mesures entrent dans ce train de réformes qui, visant à développer les emplois de proximité ou tout au moins à leur donner une visibilité sociale, ont aussi pour objectif de professionnaliser l'assistance maternelle, qui jusque-là restait et reste encore, malgré quelques progrès, une pratique clandestine. Il s'agit probablement de l'ultime étape de reconnaissance de ce que Fröbel nommait déjà la « science des mères » avant que ne soient institutionnalisées, ainsi qu'il en a été question ces dernières années, les tâches de la mère au foyer comme une authentique activité professionnelle susceptible non seulement d'être rétribuée, mais aussi de valoir comme « acquis » pour accéder à des fonctions d'enseignant par exemple.

La crèche parentale

> Ce qui m'a motivée à travailler dans une crèche parentale ? C'était une petite structure, mais ça n'a pas été la seule raison. La première motivation, la motivation la plus profonde, c'était que j'avais envie de travailler avec des gens motivés. Et je m'étais dit : qui pouvait être plus motivé que des parents par rapport à leur propre enfant ? (EJE 2)

Les crèches parentales sont nées des mouvements alternatifs français à la fin des années soixante qui, dans la mouvance de Mai 68 et de la remise en question des institutions traditionnelles, avaient créé des « crèches sauvages »

(Jussieu, Censier...) visant à assurer en autogestion l'accueil des jeunes enfants par leurs propres parents. Ces modes de garde dits « innovants », depuis qu'ils ont été officiellement agréés par la note ministérielle du 24 août 1981, se sont considérablement développés.

En 1980, il existait environ 80 crèches parentales ; elles sont aujourd'hui plus de 800, implantées dans toute la France, avec une capacité d'accueil d'environ 9 000 enfants[15]. Le principe en est relativement simple : un groupe de parents se constitue en association loi 1901, recrute un responsable technique – généralement EJE – ainsi qu'une auxiliaire de puériculture ou des aides-éducateurs non qualifiés, et gère une « petite entreprise[16] » cofinancée par eux-mêmes, la CAF, les collectivités locales, voire les entreprises, qui a pour objectif la garde et l'éducation des enfants de moins de 6 ans. L'État joue plutôt un rôle d'incitateur et d'arbitre en subventionnant ponctuellement des projets innovants.

L'originalité du dispositif, outre son intérêt économique évident, est de permettre à des parents de contrôler étroitement la prise en charge de leur jeune enfant et de participer par un temps de présence obligatoire auprès des enfants au fonctionnement de la crèche. Elle permet donc d'offrir à l'enfant un milieu collectif restreint en continuité avec son milieu familial qui le prépare adéquatement à la rupture plus brutale de l'école.

---

15. 1999. *Source :* DREES.

16. C'est l'expression qu'utilise Danuska Usal, coordinatrice nationale de l'ACEP pour décrire les crèches parentales (*Le Nouveau Point santé enfance*, n° 23, 1er trimestre 1991, Direction générale de la santé et Direction de l'action sociale).

La multiplication de ces structures bien adaptées au nouvel esprit néo-libéral et à l'effondrement de l'État-providence peut être analysée comme une forme de réponse à l'éclatement des modèles traditionnels de la famille et à la volonté des classes sociales les plus favorisées de récupérer cette part de responsabilité éducative confisquée par l'État, « police des familles », selon Jacques Donzelot, au cours des deux siècles passés. Ce mouvement a amené en 1981 la création de l'Association des collectifs enfants-parents, devenue depuis 1986 Association des collectifs enfants-parents-professionnels (ACEPP), qui fédère aujourd'hui la presque totalité des associations gestionnaires avec la bénédiction et l'aide financière du ministère des Affaires sociales.

Constatant cependant que les crèches parentales avaient été noyautées par une population relativement favorisée par ses revenus[17], l'ACEPP a souhaité dès 1985 cibler des « familles défavorisées et/ou issues de l'immigration avec les objectifs suivants :

« – offrir des possibilités de développement, d'éveil et de socialisation aux jeunes enfants ;

« – les familiariser avec la langue et l'approche culturelle qu'ils rencontreront ensuite à l'école ;

« – encourager et accompagner la responsabilité des familles en favorisant leur implication dans l'éducation de leurs enfants, la compréhension de leurs besoins ;

« – faciliter les démarches d'insertion des familles marginalisées par le biais d'un réseau d'entraide et de solidarité ;

---

17. Alain Norvez note que, au 31 décembre 1984, 80 % des parents étaient enseignants, cadres, étudiants ou bien exerçaient une profession libérale ou paramédicale (ouvrage déjà cité, p. 344). Les nombreuses petites monographies de crèche parentale effectuées par mes étudiants dans le cadre de leur diplôme d'État confirment tout à fait ce phénomène.

« – revitaliser le tissu social à partir et au-delà du lieu d'accueil ;

« – enclencher une politique de partenariat et de consultation des habitants dans les réalisations qui leur sont destinées [18]. »

Des expériences dans différentes villes (Vénissieux, Redessan, Toulouse, Châteaulin) ont été ainsi menées qui semblent montrer que la crèche parentale peut être un outil efficace au service du développement local à supposer qu'elle touche effectivement ceux à qui les modes de garde traditionnels sont le plus souvent interdits.

Comme nous l'avons dit, certains EJE (13 % de notre échantillon) ont trouvé dans la crèche parentale un territoire professionnel qui a le mérite d'être plus ouvert à la dimension socio-éducative et qui apprécie manifestement leurs compétences. Comme l'explique Solange Passaris [19], « dans les années quatre-vingt les risques [médicaux] ont fortement régressé et apparaît une nouvelle approche du bébé et du jeune enfant, "être en devenir" dont il faut éveiller les potentialités affectives, corporelles et mentales. Une autre catégorie de professionnels, celle des éducateurs de jeunes enfants, prend une position de plus en plus reconnue dans le secteur [20] ».

Qu'en pensent donc les EJE ? Dans une petite enquête sur les crèches parentales, trois étudiants EJE constatent auprès de leurs collègues qui y sont en poste des positions pour le moins contrastées [21]. Pour les uns, la crèche parentale est un

18. Josette Combes, « La crèche parentale, outil d'insertion », *Territoires*, novembre 1990, p. 34.

19. Ancienne conseillère technique au cabinet du secrétariat d'État chargé de la Famille, ancienne présidente de l'ACEPP.

20. Solange Passaris, « L'accueil du jeune enfant en France », *Point santé enfance*, n° 22, septembre 1990, Direction générale de la santé, p. III.

21. Christophe Bogacz, Pascale Hlavac, Sylvia Lopez, *Les Relations de pouvoir dans la crèche parentale*, DEEJE, juin 1992. Voir aussi Virginie André,

lieu d'échanges enrichissants, pour les autres, un espace hautement conflictuel. Comme l'explique Didier Favre, formateur à l'ACEPP, « de ce lieu de travail, il semble que personne n'en sort indifférent mais grandi, ou blessé, voire les deux. Grandi, parce que, dans le meilleur des cas, elle est une expérience humaine, sociale, dont chacun ressort enrichi et l'enfant en premier ! Blessé, parce que la crèche parentale est capable et coupable de tous les excès, de toutes les violences, du licenciement absurde à l'exclusion passionnelle, que ce soit par les parents ou par les professionnels. Et souvent cela se règle au milieu des enfants[22] ».

> On m'accordait volontiers que les enfants étaient en sécurité physique et psychologique avec moi, que je faisais des choses intéressantes avec eux, qu'il y avait un respect de l'enfant ; par contre, là où ça n'allait plus pour certaines personnes c'est que moi j'avais envie que l'on fasse un travail cohérent. Il y a des gens qui se sont ainsi sentis remis en cause dans leurs propres pratiques avec leur enfant alors que moi, ce que je voulais, c'était une cohérence quoi ! et que les gens s'impliquent, se remettent en cause. Le discours de certaines personnes c'était : « De toute façon j'ai un enfant, je sais comment faire avec les enfants et puis je fais comme je veux, comme je sens. » Cela pouvait donner des choses du genre : « Et de toute façon mon môme s'il a envie d'écrire sur les draps, il peut écrire sur les draps... » Pour moi il n'était pas question que les enfants écrivent partout. C'était donc au niveau des règles de vie, des règles... (EJE 2)

Des pratiques hostiles envers les professionnels des crèches parentales, maîtrise des sciences de l'éducation, sous la direction de Jacques Pain, université Paris-X, 1999-2000.

22. *La Gazette de l'ACEPP*, n° 34, juin-juillet 1991.

La crèche parentale repose en effet sur une hypothèse pour le moins fragile à l'analyse : la capacité qu'auraient les parents de s'occuper des enfants des autres. « Un postulat, notent Davidson et Maguin, démenti par l'expérience, à savoir que toute femme élevant correctement son enfant est apte à s'occuper des enfants d'autrui [23]. »

Cette question est au cœur de la reconnaissance du métier d'EJE, de sa professionnalité, comme nous l'avons montré dans les chapitres précédents, et elle est, de ce fait, une intense source de conflits entre les parents, *éducateurs par nature*, et les EJE, *éducateurs professionnels*, les premiers revendiquant la *compétence du cœur* tandis que les autres cherchent à imposer celle de la raison professionnelle.

> Avec les parents, c'est très ambigu. On a des relations de collègues quand ils sont de permanence avec nous, des relations amicales lorsqu'on les connaît un peu plus, des relations d'employeurs quand il faut demander une convention collective ou une augmentation, et des relations de parents quand il y a un problème ou quelque chose à régler avec eux. (EJE 18)

> Le problème des crèches parentales, c'est qu'il n'y a pas de convention, de grille indiciaire et qu'on ne peut pas la faire passer en ce moment, puisqu'on est simplement au régime général de la Sécurité sociale. Donc on n'a aucun avantage social, on est très, très mal payé. Moi, je gagne 5 200 francs par mois. J'ai dix-sept ans d'ancienneté, pour 39 heures par semaine, sans compter tout ce que je fais à la maison par rapport à mes responsabilités au niveau de la crèche, tout ce que je peux mettre en route par rapport aux réunions de parents, etc. Ce sont des heures non comptées. Donc, effectivement, on n'est pas reconnu en tant que... spécia-

---

23. Cité *in* Alain Norvez, *De la naissance à l'école...*, *op. cit.*, p. 345.

liste. Et il y a aussi le gros problème qu'on peut rencontrer, en crèche parentale, au niveau des communes dans lesquelles on travaille, où les parents se placent comme consommateurs, comme si effectivement ils allaient au supermarché, en disant : moi je paie, je paie assez cher et je suis désolé, je voudrais que vous fassiez *ça* avec nos enfants. Et ça, je pense que c'est essentiellement dans les crèches parentales parce que dans une crèche municipale, jamais un parent ne se permettra de dire ce genre de chose. (EJE 19)

La crèche parentale présente en effet l'inconvénient majeur de mêler inextricablement les rapports affectifs et les relations professionnelles. Les parents ayant la double casquette de procréateur et de gérant, les situations de travail sont toujours délicates à négocier et imposent de la part des intervenants salariés un doigté subtil que ne possèdent souvent pas les jeunes EJE à la sortie des écoles. D'autant plus que la formation n'a guère suivi l'évolution du marché de l'emploi – bien que des réformes s'annoncent qui vont dans le bon sens – et que les EJE ne sont guère préparés à prendre la responsabilité technique de ce genre de structure à haut risque organisationnel. De surcroît, les conflits peuvent nettement s'étendre au-delà de la crèche parentale et toucher par exemple les rapports, parfois tendus, entre l'ACEPP, dont l'influence idéologique est dominante sur les crèches parentales, et les centres de formation d'EJE, qui défendent leur monopole de formation et revendiquent parfois une méthodologie éducative différente [24].

24. Notamment dans la mise en place des contrats de qualification visant à doter le personnel non qualifié des crèches parentales d'un diplôme d'EJE en cours d'emploi. Ce dispositif n'a pas été toujours bien accepté ni des professionnels, ni des écoles, qui jugeaient qu'une formation d'EJE en cours d'emploi est une formation au rabais.

Enfin reste à savoir si, comme on l'évoquait lors d'un colloque[25], les crèches parentales ne sont pas en train de se substituer insidieusement aux crèches collectives en faisant à nouveau miroiter aux pouvoirs publics la possibilité de structures peu onéreuses, animées en partie par des parents bénévoles qui penseraient avoir réalisé ainsi l'articulation parfaite entre « la crèche collective et la maison verte[26] ».

Un mouvement en expansion

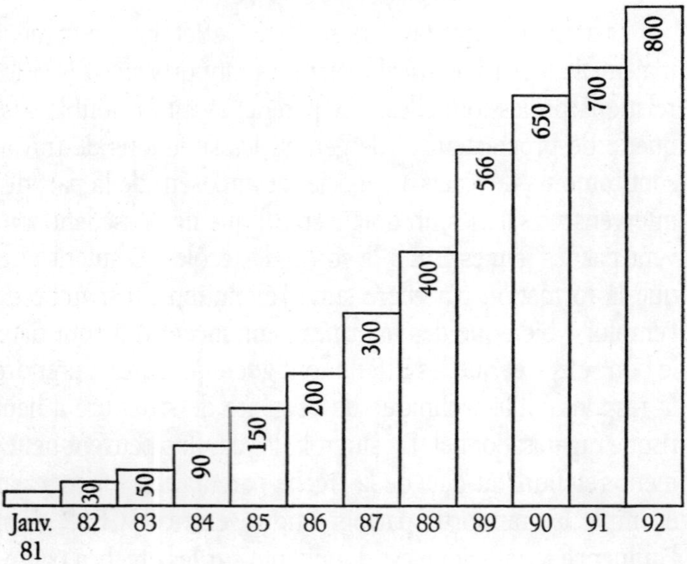

☐ Dix ans d'évolution des lieux d'accueil parentaux qui s'accroissent de 10 en 1981 à 800 début 1992.

(Zones d'implantation : 150 en grandes agglomérations, 200 en milieu rural, 450 en petites et moyennes agglomérations.)

Source : ACEPP (Association des collectifs enfants-parents-professionnels).

25. « Europe enfant phare », ACEPP, musée des Arts et Traditions populaires, mai 1992.

26. Selon la formule de Jean-François Gervet, président de l'ACEPP (cité *in ASH*, 26 juin 1992, p. 8).

La halte-garderie

Il y avait, en 1999, 4 804 haltes-garderies en France susceptibles d'accueillir 68 100 enfants. Il s'agit de structures d'accueil très différentes de celles dont nous venons de parler puisqu'elles visent en effet à libérer à temps partiel les mères de famille qui ne travaillent pas afin qu'elles puissent vaquer à des occupations pour lesquelles un jeune enfant est soit une gêne, soit un frein (loisirs, courses, activités sociales, etc.). Elles ne sont donc pas destinées à aider les mères qui travaillent, mais bien à permettre la socialisation des femmes au foyer et à éviter que la maternité provoque une « désinsertion », surtout dans les classes sociales les plus fragiles.

Outre cet intérêt, la halte-garderie permet au jeune enfant de se séparer de sa mère afin d'être confronté, avant l'accès à l'école maternelle, au groupe de ses pairs et plus généralement à la vie collective. C'est donc une excellente propédeutique à la scolarisation, qui est trop souvent vécue comme un traumatisme par les enfants n'ayant jamais été séparés de l'univers maternel.

C'est enfin l'occasion pour l'enfant d'être sous le regard de professionnels, puéricultrice ou éducatrice, qui exercent ainsi le rôle essentiel de prévention qui est le propre de toutes les structures d'accueil pour jeunes enfants.

Les EJE qui travaillent dans les haltes-garderies apprécient le plus souvent ce cadre institutionnel dans lequel ils assurent souvent les tâches de direction. Maîtres de la situation, ils peuvent ainsi imposer la dimension socio-éducative qui semble particulièrement bien convenir aux parents puisque, selon une enquête du CREDOC qui mesurait l'indice de satisfaction des parents, c'est la halte-garderie qui arrive en premier avec 86 % de familles satisfaites, loin devant la crèche collective (76 %) et surtout la nourrice, qui ne contente que 52 % des utilisateurs. Seule la mère au foyer apparaît comme plus « performante » que la halte-garderie avec un taux de satisfaction proche du maximum (97 %), ce qui pouvait être légitimement attendu [27].

Cependant, les EJE qui exercent en halte-garderie regrettent parfois de devoir assurer de lourdes tâches administratives qui les obligent à déserter le terrain des enfants pour la petite bureaucratie comptable. En effet, une part importante du travail de l'éducateur responsable se passe à accueillir les parents, donner les informations nécessaires et remplir les documents administratifs. Sa tâche est d'autant plus lourde et fatigante que, au contraire des autres structures, il y a un va-et-vient permanent d'enfants et d'adultes, et que la planification d'activités adaptées à tous les âges et aux différents temps de passage relève d'une gageure. Pourtant, dans l'ensemble, la gratification qui résulte du titre de direction et le respect qu'il inspire aux parents font vite oublier qu'on s'est un peu éloigné de la pédagogie directe pour prendre en charge la gestion du personnel et l'administration.

> Dans une journée, je dois souvent faire le deuil de mon rôle d'EJE, car être responsable d'une halte, c'est accepter le rôle administratif. On est partagé car, étant une petite équipe, on doit tour à tour s'occuper de la rotation permanente des enfants et suivre les tâches administratives [...]. Nous travaillons beaucoup sur la séparation et ça demande un investissement important. (EJE 13)

---

27. CREDOC, *Enquête sur les conditions de vie et les aspirations des Français*, 1978-1980.

> Dans les crèches collectives, on n'est pas reconnu comme quelqu'un de responsable et pouvant prendre des initiatives. Aujourd'hui j'estime que je dispose d'une certaine liberté ; je me sens plus libre en tant que responsable de halte-garderie [...]. Mais disons que mon travail en général c'est plutôt un travail d'organisation, d'accueil des parents et bien sûr des enfants. (EJE 24)

L'hôpital

L'intervention de l'EJE en milieu hospitalier, bien qu'il n'occupe qu'une faible fraction de la profession (5 % de notre échantillon), est pourtant significative de l'esprit dans lequel l'EJE aborde l'enfant. Bien que celui-ci soit principalement formé à assurer l'accompagnement socio-éducatif des jeunes enfants normaux, la connotation « sociale » du métier incite certains EJE à se tourner soit vers l'enfant malade, soit encore vers le jeune enfant séparé de son milieu familial. Mais là encore il semble que ses fonctions apparaissent de manière imprécise aux yeux de ses partenaires institutionnels, qui l'assimilent à d'autres professionnels ou méprisent ses interventions.

> L'EJE à l'hôpital doit se battre pour se faire reconnaître. Souvent la puéricultrice ou l'infirmière-chef ne savent pas où placer l'EJE : soit on me prend pour une auxiliaire ou une institutrice avec un programme scolaire. Les instits ont un programme scolaire à faire suivre, l'EJE s'adapte d'abord à l'enfant pour voir jusqu'où l'enfant hospitalisé peut avancer dans son travail scolaire [...]. On ne tient pas assez compte de la dimension relationnelle avec l'enfant, la mise en confiance qui est si importante en milieu hospitalier. Une fois que l'équipe médicale m'a acceptée, tout devient plus facile.

> On vient facilement me trouver s'il y a un problème particulier avec un enfant. Les parents ont aussi besoin d'une personne qui va leur parler du quotidien de leur enfant. Ils viennent d'ailleurs souvent vers moi. (EJE 14)

Par ailleurs, la confrontation avec l'univers très hiérarchisé du milieu hospitalier pèse fortement sur les trajectoires des EJE employés à l'hôpital et, bien que les médecins consentent à reconnaître l'intérêt d'un personnel éducatif auprès des enfants malades, les priorités demeurent la qualité et l'efficacité des soins corporels.

> Je me rends compte que je me bats quand même beaucoup avec la hiérarchie. Parce qu'on dit les médecins très ouverts, mais en fait il m'arrive d'être durement remise à ma place. Je suis dans un service où les chimiothérapies entraînent la perte des cheveux et il m'arrive parfois d'en dire un peu trop. Alors on me rétorque que ce n'est pas à moi de parler de ça, que le diagnostic n'a pas encore été donné aux parents et que c'est le médecin qui doit l'aborder lors des entretiens. Et je me dis que c'est dur de laisser les familles une semaine, quinze jours, dans une espèce de doute. C'est là où les angoisses sont les plus insupportables pour les parents. Ils attendent les résultats des bilans, et il faut attendre l'entretien avec les médecins : c'est sordide et cruel, presque vicieux. (EJE 23)

Comme on le voit, l'EJE à l'hôpital se présente comme un médiateur entre le corps médical et les parents de l'enfant. Accompagnant l'enfant au quotidien, il peut être une source d'information à la fois pour la famille, préoccupée de savoir « comment va l'enfant », et pour le médecin, qui peut ainsi suivre l'évolution d'un traitement et l'état affectif du petit malade.

Les médecins disent que j'en fais autant qu'eux en terme de traitement. Je pense que ce n'est pas faux, mais ils ont beaucoup plus de pouvoir que moi. Je suis seule face à une équipe de 50 personnes et je me sens souvent impuissante parce que, pour écouter tous ces parents et leurs requêtes, il faut être solide... J'aimerais parler plus souvent aux médecins. Pour l'instant, on se voit entre deux portes. J'aimerais avoir des discussions au niveau moral, sur ce que donne le traitement et l'impact qu'ils ont une fois que les parents ont accepté le principe de l'hospitalisation. Je pense qu'il y a d'autres façons de soigner, y compris ce qui se passe dans la tête et ça, ce n'est pas pris en charge du tout ou très peu [...]. J'essaie d'accompagner les soins dans les périodes difficiles, les enfants nouveaux comme les anciens, ceux qui en ont ras le bol, qui disent non à tout... Je fais trop « éponge » notamment avec les parents, c'est ça aussi mon problème. Il y a des moments où je devrais dire que je ne peux plus les écouter... Dans l'instant, je me dis aussi que je suis la seule personne à qui ils osent parler. La psychologue, ils n'osent pas parce qu'ils ont une mauvaise impression d'elle ; ils n'ont pas envie de se confier. (EJE 23)

Plus que partout ailleurs, et ceci d'autant plus que le service reçoit des enfants en grave danger, l'EJE se sent seul et doit assumer à la fois la souffrance des parents et celle des enfants sans toujours trouver dans l'équipe médicale le soutien nécessaire. Le travail y est donc particulièrement pénible et ne peut être compensé que par le bénéfice symbolique de participer à réduire un peu de misère humaine.

Le cadre d'exercice des EJE ne se limite pas uniquement aux structures dont nous venons de parler bien qu'elles en constituent l'essentiel. Ajoutons tout de même aux secteurs cités plus haut celui de l'enfance inadaptée (foyer de l'enfance, pouponnière, institut médico-pédagogique), où les

EJE sont souvent employés pour s'occuper des petits enfants placés ou handicapés et favoriser une socialisation rendue problématique soit par un profond déficit affectif (relations familiales difficiles, maltraitance, abandon...), soit par un handicap physique ou mental (cécité, surdité, psychose...).

À ces institutions spécialisées auxquelles les EJE apportent leurs connaissances psychopédagogiques du jeune enfant, il faut ajouter tous les lieux d'accueil encore marginaux mais qui tendent à se développer tels que les haltes-jeux, les ludothèques ou les ateliers d'éveil, qui sont autant de cadres d'exercice où les EJE ont vocation à intervenir et dont ils peuvent inspirer la création.

Les structures innovantes

« D'ici et de là » : une halte-jeu ouverte sur le quartier

Située au bas d'une barre d'immeubles dégradés dans un quartier d'habitat social du haut Clichy, la halte-accueil « D'ici et de là » a été créée à l'initiative de Claudie Cheboldaeff, directrice du centre de formation d'Aubervilliers, et du maire de Clichy, Claude Dilain, à la suite d'une première expérience d'accueil parents-enfants, le « Square ». Dirigée et animée par des EJE, cette halte-accueil a été conçue pour s'intégrer dans des quartiers populaires où l'accès à des modes de garde est souvent difficile, voire quasi impossible. De plus, ce lieu d'accueil constitue une présence dans des espaces souvent désertés par les institutions et les professionnels du travail social.

Le projet des fondateurs de cette halte-jeu était donc d'offrir un lieu d'accueil pour les enfants du quartier, de favoriser les rencontres entre pairs en proposant des activités ludiques et d'accueillir des familles avec le souci de préserver, soutenir ou restaurer la fonction parentale lorsque celle-ci semblait défaillante.

En effet, de nombreuses familles arrivent à la halte avec des difficultés liées à la langue qui se cumulent pour un nombre significatif d'enfants avec l'entrée dans un lieu collectif. Enfants d'une immigration récente, ils n'ont pas eu la possibilité de vivre dans un univers régi par la langue française. Dans l'équipe, deux arabophones font beaucoup pour faciliter leur intégration et créer des passerelles afin de les conduire vers une meilleure compréhension de la langue française. Pour les populations turques ou pakistanaises, la halte s'appuie sur des associations proches de ces populations.

Certains enfants ont des difficultés à accepter et à respecter des règles de vie collectives : comportements agressifs à l'égard des autres enfants, attitudes destructrices, comportements dangereux pour eux-mêmes ou pour les autres. Un taux d'encadrement suffisant en adultes est indispensable pour prévenir l'apparition de ces comportements dont la maîtrise reste fragile. Il est nécessaire quelquefois qu'un adulte soit disponible pour un seul enfant. C'est à ce prix qu'une prévention précoce peut s'effectuer en garantissant à chaque enfant présent une qualité d'accueil et d'accompagnement préservant la sécurité de tous et permettant une socialisation à la mesure de chacun.

Les parents peuvent à leur gré rester dans la salle d'accueil qui leur est réservée ou bien accompagner les enfants dans les différentes salles de jeu. Cet espace constitue une sorte de sas de discussion et d'échange qui contribue à mettre à l'aise des familles souvent déconcertées par les institutions.

Conformément au projet pédagogique, les parents inscrivent le nombre d'heures de fréquentation de leurs enfants sur une fiche qui est à leur disposition, et règlent eux-mêmes les sommes dues (3 francs/heure). Une boîte de monnaie, prévue à cet effet, est laissée à l'usage commun pour permettre de faire l'appoint afin d'effectuer le règlement.

La plupart des nouveaux parents, surpris dans un premier temps de la confiance qui leur est faite, expriment souvent ensuite la satisfaction qu'ils ressentent de se voir ainsi traités, et l'immense majorité des parents s'acquitte toujours avec attention des sommes dues.

Ce lieu d'accueil particulièrement bien adapté à son contexte local joue un rôle non négligeable de désenclavement en s'ouvrant aussi sur les autres quartiers de Clichy. Alors que les incivilités et les dégradations matérielles sont assez nombreuses, aucune déprédation n'a été observée sur les locaux de la halte ni sur les véhicules des membres de l'équipe. De plus, le panneau servant d'enseigne à fond blanc n'a encore reçu aucun graffiti ni aucune inscription sauvage.

Les familles qui fréquentent la halte mettent un point d'honneur à s'y présenter dans une tenue correcte et à s'y comporter de façon courtoise. Le lieu se veut suffisamment tolérant pour que tous s'y sentent bienvenus, suffisamment structuré et reconnu pour générer ainsi des comportements responsables et socialement valorisants.

En résumé, ce lieu d'accueil est emblématique de la qualité relationnelle que les EJE sont capables de susciter dans les structures dans lesquelles ils interviennent. Il est clair que l'accueil pensé des familles et la prise en compte quotidienne des besoins des enfants constituent une base indispensable pour la fondation de rapports de confiance entre professionnels, adultes et enfants, et donc pour l'établissement d'un climat serein au sein des quartiers populaires. Enfin, un tel espace, en singularisant le plus possible la relation à l'enfant, permet d'envisager beaucoup plus sereinement le passage à l'école maternelle, qui constitue pour beaucoup de tout-petits une rude épreuve.

Les relais assistantes maternelles (RAM)

Créés à l'initiative des caisses d'allocations familiales (CAF), les relais assistantes maternelles (RAM) constituent un exemple récent d'espace professionnel innovant pour les professionnels de la petite enfance et notamment pour les EJE, animateurs [28] majoritaires de ces nouvelles structures d'information et de médiation qui ont pour mission d'organiser et d'améliorer l'accueil des enfants au domicile des assistantes maternelles.

Depuis leur création en 1989 (circulaire CNAF du 27 juin 1989), les RAM se sont multipliés et on en comptait en 2001 pas moins de 500 [29] sur l'ensemble du territoire national. Points de rencontre pour près de 50 000 ASMAT, comme l'indique Jean-Pierre Gayerie, « ces nouveaux lieux de médiation sociale fonctionnent en "réseaux" ou "cellules d'appui" [30] » et contribuent ainsi à relier les différents acteurs locaux de la petite enfance en centralisant les informations et en structurant le partenariat territorial. Selon une étude de la CNAF, « l'ouverture au partenariat favorise le décloisonnement entre les différents modes d'accueil et intègre les assistantes maternelles dans le réseau des professionnels de l'enfance [31] ».

Structure souple, peu coûteuse (environ 350 000 francs), cofinancée par les CAF et les collectivités territoriales, les

28. En 1994, 34 % des animateurs de relais étaient des EJE, 28 % des puéricultrices ou infirmières, 10 % des assistantes sociales (« Objectif qualité pour les relais assistantes maternelles », *ASH*, n° 1896, octobre 1994).

29. 50 relais en 1991, 173 en 1995, 315 en janvier 1997, 350 en 1997… (*source* : CNAF).

30. Jean-Pierre Gayerie, « Les relais assistantes maternelles, dossiers experts », art. cité, p. 1.

31. *Ibid.*, p. 25.

RAM offrent aux EJE l'opportunité de promouvoir des actions en direction de la petite enfance qui prennent en compte aussi bien les professionnels (formation et suivi des ASMAT) que les parents, qui trouvent là un accueil proche de leur résidence et une information centralisée. Mais attention, tous les EJE qui animent les RAM le disent, ces nouvelles structures ne sont pas là pour venir pallier le déficit récurrent de lieux d'accueil collectifs !

Les actions et lieux-passerelles

Nous avons constaté au cours de notre enquête que les relations entre les EJE et l'Éducation nationale n'inspiraient pas un fort désir de collaboration. La méfiance reste encore vive entre deux mondes, celui de la petite enfance non scolarisée et celui de l'école maternelle, qui défendent des pratiques et des valeurs difficilement compatibles. De plus, les formations, les statuts, les conditions de travail, les corporatismes et les tutelles ne font qu'élargir le fossé qui sépare les professionnels, empêchant sur le terrain le travail en commun indispensable à la préparation du jeune enfant à son passage de la famille ou des lieux d'accueil à l'école maternelle.

En 1990, la Caisse des dépôts et consignations, la Fondation de France et le Fonds d'action sociale pour les travailleurs immigrés et leurs familles (FAS) s'engageaient à soutenir la création de lieux d'accueil nouveaux pour les jeunes enfants de moins de 6 ans, principalement dans des quartiers d'habitat social[32].

---

32. Voir à ce propos le compte rendu de l'enquête monographique réalisée par Luce Dupraz, *Le Temps d'apprivoiser l'école, lieux et actions-passerelles entre les familles et l'école maternelle*, Cahiers n° 9, Fondation de France, 1995.

« À l'exclusion des modes de garde étaient plus particulièrement concernés :

« – les lieux d'accueil de quartier recevant ensemble des parents et des enfants de moins de 6 ans ;

« – les actions-passerelles vers l'école maternelle ;

« – les relais parentaux de quartier destinés à accueillir les enfants dont les familles éprouvent des difficultés inopinées et passagères [33]. »

Trois objectifs principaux structuraient ces différents projets :

– prévenir l'échec scolaire par une mise en condition précoce ;

– mobiliser les parents ;

– améliorer les relations entre les familles et les établissements scolaires.

D'où l'appellation « passerelle » qui indique clairement qu'il s'agit de construire des relations et des échanges entre différents acteurs individuels et collectifs sur un même espace, le quartier. « Ni crèche, ni halte-garderie, ni jardin d'enfants, ni classe [34] », le lieu-passerelle évoque l'idée d'un ouvrage jeté entre deux rives, celles de la famille et de l'école, et qui est emprunté par l'enfant en vue à la fois de se détacher de l'univers familial et de se familiariser avec l'institution scolaire. Jardins maternels, classes-relais, centres d'éveil, maisons de la petite enfance, il s'agit, par ces actions, « de réduire la distance géographique, mais plus encore psychologique qui éloigne les familles de l'école [35] ».

Il existe ainsi en France une soixantaine d'expériences-passerelles situées la plupart du temps dans des zones (ZEP)

---

33. *Ibid.*, p. 11.
34. *Ibid.*, p. 161.
35. *Ibid.*, p. 158.

ou des réseaux d'éducation prioritaire (REP) et dont l'objectif est de faciliter, pour des familles socialement fragiles, l'intégration des jeunes enfants à l'école maternelle.

Outre l'intérêt de ces structures-relais à géométrie variable qui manquaient assurément dans le paysage institutionnel français, les actions-passerelles présentent l'intérêt de mettre en scène deux univers professionnels dont nous avions déjà fait remarquer l'antinomie. En effet, ces actions supposent la collaboration étroite entre les acteurs de la petite enfance préscolaire, et notamment les EJE, qui sont nombreux à s'y impliquer, et les instituteurs de maternelle, qui ignorent très souvent la spécificité du métier d'EJE et sont peu présents dans les interventions de développement social.

Les sites étudiés par Luce Dupraz mettent en évidence la difficulté des acteurs à s'ouvrir à d'autres identités professionnelles que la leur. La répartition des rôles traduit souvent des « représentations *a priori* des activités des uns et des autres, comme si par exemple les activités langagières ne pouvaient revenir qu'à l'institutrice, et la peinture libre qu'à l'EJE. Cette conception, ajoute Luce Dupraz, qui baptise collaboration ce qui n'est que cohabitation, empêche toute évolution véritable [36] ».

Pour Luce Dupraz, le poids de l'Éducation nationale, la taille du groupe professionnel et la forte identité des instituteurs ont en effet tendance à étouffer les autres corps de métier, parmi lesquels les EJE pourraient constituer de véritables interlocuteurs. Par rapport à l'institutrice, les professionnels de la petite enfance fonctionnent selon une ambivalence très forte d'attraction et de répulsion [37].

36. *Ibid.*, p. 191.
37. *Ibid.*, p. 192.

Cependant, au-delà de cette mésentente structurelle, les lieux-passerelles constituent des espaces d'observation des pratiques qui permettent de préciser les différences d'approche entre les métiers et de dépasser les explications psychologisantes. Si les EJE se réfèrent à une pédagogie de situation, ancrée dans le présent singulier de l'enfant, les instituteurs ont tendance à segmenter le temps et à le décliner sous forme de programme quotidien et annuel.

« Pour les éducatrices de jeunes enfants interrogées [...], la notion d'éveil n'implique pas obligatoirement des activités. Il s'agit plutôt de la découverte de l'environnement, de l'entrée en relation avec des adultes et des enfants, de l'expérimentation par l'enfant de ce qu'il peut faire avec les objets avant de trouver leur utilisation fonctionnelle, bref, de tout ce qui témoigne de sa créativité et la nourrit. Peindre, par exemple, lui permet d'exprimer ce qu'il ressent sans qu'aucun modèle lui soit proposé au départ... Pour les personnels de l'Éducation nationale, le mot "éveil" signifie tout autre chose [38]. » L'activité des enfants s'inscrit dans une progression pédagogique et des objectifs principalement liés à un collectif : la classe. De plus il semblerait, selon les témoignages cités, que les EJE aient une meilleure disposition au travail en équipe que les instituteurs, qui travaillent souvent en solo et vivent leur classe comme un sanctuaire.

Un récent rapport confirme la méconnaissance du protocole d'accord signé en septembre 1990 avec le ministère de l'Emploi et celui de l'Éducation nationale. Alors que, sur le principe, les actions-passerelles combinent toutes les caractéristiques des nouvelles politiques d'action locale, contractualisation, partenariat, cofinancement, territorialisation, sur le terrain, les acteurs rechignent encore à travailler ensemble,

38. *Ibid.*, p. 194-195.

crispés trop souvent sur des prérogatives dépassées ou enfermés dans des représentations qui limitent la coopération entre les professionnels. Pour cette raison, le rapport encourage « au décloisonnement des métiers de la petite enfance » et à l'ouverture des écoles maternelles aux éducateurs de jeunes enfants, bien souvent plus aptes que les professeurs d'école à prendre en charge un groupe d'enfants de 2 ans. Les actions-passerelles constituent ainsi une sorte de *no man's land* entre deux secteurs complémentaires qui auraient tout avantage à partager leurs compétences plutôt qu'à s'ignorer ou à se combattre en se renvoyant dos à dos la responsabilité de la pénurie des classes d'accueil. Dans les argumentaires des uns et des autres, il faut souligner que les démonstrations scientifiques font cruellement défaut et que, pour dépasser les querelles de chapelle, des recherches sur la socialisation des enfants de 2 ans à l'école maternelle et leur devenir à plus long terme viendraient peut-être nuancer les débats convictionnels et mettre fin à l'incertitude théorique dont profitent les idéologues de tout bord.

En attendant, et malgré les interrogations du rapport Villain-Gossot, Ségolène Royal a annoncé la création prochaine de nouvelles structures, les « jardins d'enfants éducatifs », qui s'inspirent de leurs homologues d'antan et des lieux-passerelles. Ceux-ci viendraient s'intercaler entre les crèches et les écoles maternelles afin d'offrir aux enfants de 2-3 ans un accueil adapté. Pour cela, la secrétaire d'État à la Famille propose de mettre en place des coordinations départementales, de renforcer les liens avec l'Éducation nationale, d'impliquer davantage les services déconcentrés de l'État et de prendre en compte les spécificités du milieu rural [39].

39. *ASH*, juin 2001.

L'entrée des EJE dans les écoles maternelles constituera probablement, après le décret de l'an 2000, une des luttes à mener pour faire valoir dans les établissements scolaires la spécificité des enfants de 2-3 ans et leurs difficultés à s'inscrire dans un collectif de vingt ou trente élèves. En ce sens, les EJE pourraient contribuer à une meilleure prise en charge de cette tranche d'âge dans la mesure où les politiques, pour des raisons souvent démagogiques, semblent considérer l'accès à la maternelle à 2 ans comme une priorité éducative. Mais nous sommes encore loin d'une reconnaissance interprofessionnelle et interinstitutionnelle qui pourrait porter devant les pouvoirs publics la nécessité d'un tel partenariat. On attend donc toujours du côté des EJE des porte-parole autorisés, des recherches de terrain, et pourquoi pas des thèses de doctorat qui contribuent à légitimer l'utilité sociale de leurs interventions et la pertinence de leurs convictions pédagogiques.

À quoi servent les éducateurs de jeunes enfants ?

Dans ce chapitre, j'ai souhaité montrer les actes les plus révélateurs du métier d'EJE. Pour cela, j'ai demandé à quelques professionnels[40] de me faire parvenir une ou deux anecdotes qui leur paraissaient particulièrement significatives de l'« utilité » de leur métier. Voici ces petits récits professionnels, à peine remaniés, qui, je l'espère, feront mieux percevoir le travail complexe au terme duquel se constitue une véritable professionnalité d'EJE. Cette démarche me semblait d'autant plus importante que les métiers du social, relevant pour la

---

40. Je tiens à remercier Anne-Marie Barot, David Bouaziz, Claudie Cheboldaeff, Laurette Détry, Nadia Fraous et Pierrette Henri pour leur contribution.

plupart de l'espace flou du « relationnel » et des « petites choses imperceptibles de la vie quotidienne », sont résolument fermés aux procédures d'évaluation scientifique, dont ils contestent l'opérationnalité alors qu'ils auraient tout à gagner à se doter d'un minimum d'indicateurs d'efficacité afin de promouvoir leur savoir-faire sur le marché de l'emploi.

Alexandre ou la prévention

Cette première anecdote pointe très méticuleusement comment, par un travail d'observation et de déduction, l'EJE, aidée de toute l'équipe, peut participer à la détection de troubles dont le tout jeune enfant, encore privé de parole, ne peut se faire lui-même l'écho. La fonction de l'EJE est ici de *prévenir*.

« Je travaillais alors dans la section des grands d'une crèche collective. Avec quatre auxiliaires, j'accompagnais 24 enfants alors âgés de 22 à 28 mois.

« Fréquentant la crèche depuis l'âge de 2 mois et demi, Alexandre, dont les parents travaillent loin, y passe des journées de plus de dix heures. Cependant il arrive toujours avec le sourire et reste plaisant en donnant l'impression de bien profiter de son séjour. Âgé de 22 mois, Alexandre est plutôt costaud et déploie une grande activité physique.

« C'est dans ces moments d'intense activité physique que j'observe qu'il devient brusquement agressif avec les autres enfants. Cette attitude se reproduit plusieurs fois par jour et s'inscrit désormais durablement dans son comportement.

« Refusant l'étiquetage habituel de "méchant", je pense plutôt que le petit garçon est en train d'extérioriser un mal-être. Mais lequel ? En effet je refuse de croire que le sourire d'Alexandre se dirigeant vers sa future victime soit l'expression d'un quelconque "sadisme". Il s'agit plutôt, me semble-t-il, d'une invitation à partager son jeu, à entrer en relation avec l'autre pour jouer, d'autant plus qu'il tend à consoler celui qu'il vient de faire pleurer. Mais pourquoi intervenir si brutalement ?

« J'invite donc l'ensemble de l'équipe à observer Alexandre pour essayer de repérer le moment déclencheur de son agressivité. Son auxiliaire de référence, qui se rappelle que, bébé, il avait dû subir des séances de *clapping*[41], se demande s'il ne reproduirait pas là ce mode de contact. Mais pourquoi si tard ?

« Nous remarquons aussi qu'Alexandre mime parfois les karatékas qu'il voit à la télévision. Serait-il troublé par la violence à laquelle il est confronté ? De plus, le fait qu'il soit bagarreur semble plaire à son père, qui le voit conforté dans son rôle de garçon. Les semaines passent...

« Je me rends compte qu'Alexandre ne progresse pas non plus au niveau du langage. D'origine portugaise, nous nous demandons s'il n'est pas gêné par l'usage des deux langues. Renseignement pris auprès des parents : ceux-ci parlent français à la maison...

« Alexandre est toujours agressif. Il articule mal et les sons qu'il émet sont de plus en plus gutturaux. Ces sons m'évoquent confusément les sourds qui parlent peu. Transmettant cette nouvelle piste à l'équipe, nous focalisons nos observations sur son audition.

« Et en effet, nous remarquons que lorsque nous l'appelons alors qu'il ne nous regarde pas, il ne se retourne ni ne nous répond. Nous demandons donc au pédiatre attaché à la crèche d'apporter son matériel de contrôle auditif, qui confirme succinctement notre diagnostic.

---

41. Méthode de kinésithérapie pour décoller les mucosités des bronches et les faire cracher par l'enfant. Ces séances sont spectaculaires, mais non douloureuses.

« Le médecin conseille donc aux parents d'Alexandre de consulter un spécialiste, qui constate qu'il a perdu 9/10e de ses facultés auditives. Des infections passées inaperçues derrière ses tympans sont à l'origine de cette surdité.

« Après une petite intervention, Alexandre retrouvera progressivement tous ses moyens. Nous constatons au bout de quelques semaines une amélioration de son langage et une nette régression de ces tendances agressives. »

Virginie ou l'écoute

Outre la prévention, l'EJE peut dans certaines structures qui accueillent des enfants en grande difficulté exercer, sous la supervision de psychologues ou de psychiatres, une action thérapeutique visant principalement à assurer dans la vie quotidienne de l'enfant perturbé un renforcement de sa sécurité affective et une éventuelle libération de ses angoisses. L'exemple que nous citons ici ne doit pas laisser croire que l'EJE se prend pour un psychologue. C'est en fait la relation de confiance qu'entretient Virginie avec son éducatrice, fruit d'un an et demi de suivi, qui lui permet de transcrire avec autant de force la douleur qui l'habite et non une « analyse sauvage », dérapage fréquent de tous les métiers de la réparation. La connaissance de la psychanalyse et le cadre de l'intervention – un service de psychiatrie pour jeunes enfants – impulsent dans ce récit une certaine écoute du discours et une attention qui peut transformer le moindre petit événement de la vie de l'enfant en une occasion thérapeutique conséquente.

« Virginie a 5 ans. Elle me demande souvent de l'accompagner aux toilettes. D'abord je réponds qu'à 5 ans elle est assez grande pour y aller toute seule. Puis, devant son insistance, j'accepte de répondre à cette situation qui me semble singulière. Virginie désire que je me place face à elle lorsqu'elle est assise sur la cuvette et que je lui tienne les mains.

– J'ai peur, me dit-elle.

– Tu as peur ?

– J'ai peur que mon caca qui ne veut pas sortir monte, monte jusqu'à ma tête. Des fois le caca arrive dans ma tête.

– Qu'est-ce que ça fait quand le caca arrive dans ta tête ?

– Je suis comme un caca.

Virginie a déjà évoqué sa situation douloureuse d'enfant placée et sa peau métissée. Elle pense que sa maman, blanche de peau, a fait caca sur elle lors de l'accouchement parce que Virginie était méchante. Ceci expliquerait aussi son placement et sa couleur de peau. Cette pathologie mentale menace la santé physique de l'enfant.

– Si tu me tiens les mains, conclut-elle, le caca peut sortir. »

Aurélien : composer au lieu de sanctionner

Cette troisième anecdote illustre parfaitement l'esprit dans lequel l'EJE aborde la prime enfance. En concordance avec les principes de l'éducation nouvelle, il s'agit pour le professionnel, par des formules d'adaptation reposant sur une fine observation préalable, de s'adapter aux caractéristiques et aux besoins individuels de chaque enfant de manière à, d'une part, éviter que les individualités ne viennent perturber l'équilibre du groupe et, d'autre part, se garder de sanctionner durement les jeunes enfants grâce à un processus de transmutation de l'interdit en permis. Au lieu de censurer brutalement l'enfant, on lui propose des solutions de repli qui respectent non seulement son intégrité mais celle de l'ensemble des membres du groupe, adultes compris. Plutôt que de briser l'enfant, on compose avec lui en l'initiant aux procédures de négociation.

« Nous sommes toujours dans une section de grands en crèche collective. Aurélien a dix-huit mois. C'est un bébé beaucoup plus grand que la moyenne et plutôt remuant pour son âge. Il est aussi très affectueux, à l'égard des adultes comme à l'égard de ses camarades dont il partage les journées depuis quinze mois.

« Un jour qu'Aurélien enlace un camarade pour l'embrasser et tandis qu'il s'approche du visage de l'autre, c'est soudain toute sa bouche qui s'ouvre et ses dents qui se referment sur la joue du copain. Aurélien a profondément mordu celui qu'il s'apprêtait à embrasser.

« Je constate comme la plupart du temps dans cette situation qu'Aurélien est aussi surpris et perturbé que sa victime. En fait, il voulait manifester sa tendresse à son collègue et voilà que celui-ci pleure.

« Je console donc les deux enfants sans stigmatiser l'agresseur et j'explique à Aurélien qu'il ne peut "croquer" son copain. Pourtant je comprends qu'il puisse avoir quelquefois envie de mordre et que certains objets sont tout à fait disponibles pour ça. Je lui en présente plusieurs. Il en essaie quelques-uns qu'il mordille au coin de la bouche.

« Quelques jours plus tard, alors que j'observe les enfants en train de jouer, j'aperçois Aurélien qui s'approche d'un autre enfant, lui sourit, l'entoure et se penche pour l'embrasser. Au moment où il rejoue la scène de l'autre fois, c'est-à-dire que son baiser se transforme en morsure, Aurélien détourne légèrement la tête, me regarde et se met à chercher quelque chose des yeux ; puis il lâche le copain et se précipite vers un objet à mordre. Il n'est plus jamais passé à l'acte. »

L'orage ou la réassurance

Cette courte anecdote est très significative de la capacité d'adaptation de l'EJE aux différentes situations qui se présentent à lui. Ce qui aurait pu être pour de jeunes enfants un événement tout à fait dramatique devient en fait l'objet non seulement d'un divertissement musical, mais aussi d'un éveil intellectuel. Le travail du professionnel est ainsi de réassurer les enfants en mettant des mots sur des impressions confuses pouvant dégénérer en peur irrationnelle.

« 4 heures de l'après-midi, dans une halte-garderie. L'orage éclate brutalement ; la lumière s'éteint. Les enfants sont inquiets. L'éducatrice les rassemble doucement en jouant du pipeau. Tout en leur parlant, elle découpe des ombres chinoises dont elle se sert pour raconter une histoire improvisée sur le bruit, l'orage et la pluie. Tous écoutent, subjugués et rassurés par la mise en mots et en musique d'un phénomène désormais apprivoisé. »

La médiation

Les EJE attachent une attention particulière aux procédures d'accueil. Cette préoccupation repose sur une observation très simple mais souvent ignorée. Lorsque nous entrons dans un lieu public, nous sommes en proie à un sentiment d'étrangeté qui nous isole des autres et génère une impression plus ou moins forte de malaise. Si une personne qui appartient à ce lieu est capable de nous le rendre plus familier, par quelques mots ou gestes prévenants, le malaise se dissipe. La méfiance tombant, nous sommes alors en mesure d'échanger avec d'autres. Il s'agit là du travail de *médiation sociale* qui constitue l'une des facettes essentielles du métier d'EJE.

« Nous sommes dans une consultation de PMI où les femmes viennent avec leurs enfants pour un suivi médico-social. Dans la salle d'attente, j'ai repéré deux mamans assises qui, silencieusement, patientent, séparées par une chaise vide. Je viens vers elles, les salue et m'assois à mon tour entre elles en engageant la conversation. J'instaure alors un dialogue à trois sur les activités et les progrès de leurs bébés. Lorsque les échanges me semblent suffisamment bien initiés, je me retire discrètement, laissant les deux jeunes femmes poursuivre la conversation et rompre ainsi la solitude pesante de la salle d'attente. »

Le projet

L'exemple que nous rapportons dans ce dernier récit professionnel ne doit pas être pris comme une figure typique de la profession d'EJE. Les entrepreneurs sociaux capables de *dealer* avec le partenariat local sont encore rares parmi les EJE, d'autant plus que la formation n'intègre qu'au compte-gouttes les nouvelles dimensions du travail social et continue de proposer un profil professionnel d'exécutant plutôt que d'encadrant [42]. Pourtant il suffit de parcourir les revues spécialisées pour découvrir qu'un immense champ d'intervention sociale est en train de se constituer, que les travailleurs sociaux en général et les EJE en particulier ont tout intérêt à investir, faute de quoi ils feront irrésistiblement les frais d'une évolution que l'on pensait très passagère il y a quelques années et qui semble aujourd'hui s'inscrire dans la durée [43]. À leur décharge on peut dire, comme on le

42. À l'exception peut-être des centres qui ont intégré un complément universitaire de formation, comme on l'a vu dans le chapitre précédent.

43. Cette nouvelle dimension de la profession d'EJE sera plus amplement développée dans le chapitre 6. Pour d'autres récits d'expériences du même type,

verra au chapitre suivant, que les cadres d'exercice des EJE ne les incitent guère à manifester un zèle excessif et à s'investir dans des projets de développement social. Tant que les conventions et les organigrammes ne pourront pas les intégrer dans ces nouvelles fonctions qui émergent au gré des opportunités de terrain, et surtout leur reconnaître symboliquement et matériellement [44] la part de responsabilité qui relève de leurs missions, on risque de décourager à nouveau des compétences qui ne demandent qu'à se mettre au service de la collectivité.

« Nadia, 30 ans, a décidé, après une dizaine d'années de travail auprès d'enfants, de monter sa propre structure d'accueil. Dans le quartier où elle habite, elle a mené une petite enquête auprès des familles qui a fait apparaître un net déficit en modes de garde et une insatisfaction générale des parents utilisant les établissements traditionnels. Avec une dizaine de familles intéressées, elle a donc conçu un projet de jardin d'enfants associatif qu'elle animerait avec un autre permanent et les parents.

« Démarchant les différents partenaires publics et privés susceptibles de l'aider, Nadia, après avoir suivi un stage gratuit d'aide à la création d'entreprise, obtient le prêt d'un local par l'office d'HLM ainsi que le financement de son aménagement en vue de l'accueil de jeunes enfants. La municipalité, qui voudrait obtenir le label "petite enfance",

---

on pourra se référer à *Informations sociales. Entre famille et profession*, n° 5, 1987, ou encore au dossier spécial « Petite enfance » de *Territoires*, novembre 1990.

44. Interrogés sur leurs aspirations salariales lorsqu'ils sont en position de directeur ou de responsable, les EJE, comme s'ils limitaient leurs ambitions à la position qu'ils se sentent légitimement en droit de faire valoir, manifestent des prétentions qui dépassent rarement 10 000 francs ; comme si ces professionnels, ayant définitivement incorporé la représentation déqualifiée que les autres se font de leur métier, ne pouvaient envisager de se voir rétribuer comme des cadres.

et la CAF apporteront les subventions complémentaires tandis que l'EJE créera son propre poste grâce à un EDIL (emploi d'initiative locale). Les permanents qui viendront compléter l'équipe initiale seront financés soit par des contrats emploi-solidarité, soit par des dispositifs d'aide à l'insertion professionnelle, comme les formations en cours d'emploi qui permettront de sortir le stagiaire des "petits boulots" sans qualification et mal rétribués. Enfin, des entreprises de la région qui fabriquent des jouets et des meubles en bois fourniront le matériel socio-éducatif et le mobilier.

« Au bout de quelques mois d'efforts, le jardin d'enfants est enfin inauguré par l'adjoint du maire aux Affaires sociales. Nadia considère, après plusieurs mois d'activité, que le projet est rentable et qu'elle a pu ainsi non seulement répondre à un besoin social, mais aussi créer des emplois nouveaux et susciter au sein d'un quartier en développement social un dynamisme positif. Elle s'est de plus imposée localement comme une figure professionnelle pertinente au service de sa cité. »

6

L'ÉDUCATEUR DE JEUNES ENFANTS, AGENT DE DÉVELOPPEMENT SOCIAL ?

« Il y a plus d'invention politique dans une institution comme SOS Grands-mères que dans deux ans de travail d'une commission du Plan ou dans vingt rapports de monsieur X ou Y, sans parler des congrès d'apparatchiks. Cette invention politique quotidienne, il faut la guetter, l'encourager, l'assister, l'orchestrer, la généraliser, avec les dispositions non de l'ingénieur social mais du jardinier. »

Pierre Bourdieu, *Le Nouvel Observateur*,
2 novembre 1984.

La décentralisation

On a pu assister ces dernières années à trois infléchissements majeurs des politiques sociales en matière d'accueil du jeune enfant.

– Une transformation du système politico-administratif à la suite de la décentralisation qui donne une capacité d'initiative et de contrôle accrue aux collectivités territoriales en matière de politique de la petite enfance.

– Une refonte de la grille de la fonction publique territoriale qui précise les missions des éducateurs de jeunes enfants et crée deux nouveaux grades d'emploi.

– Une reconfiguration des structures d'accueil de jeunes enfants et des missions professionnelles à travers le *décret du 1er août 2000*.

La décentralisation a en effet déplacé les politiques de la petite enfance des instances centralisées de l'État aux collectivités locales. « Qui contestera que c'est bien d'abord à l'échelon territorial qu'émergent et s'expriment – explicitement ou implicitement – les besoins de la population et tout particulièrement ceux des familles à la recherche d'une solution pour "faire garder" leurs jeunes enfants ? » demande Jean-Pierre Rosenczveig, magistrat et directeur de l'IDEF [1].

La décentralisation n'a pas seulement modifié le cadre juridique dans lequel exercent les EJE, elle en a aussi modifié les modes d'intervention. Face aux professions historiques comme les assistants sociaux ou les éducateurs spécialisés, qui avaient bâti un véritable monopole de l'intervention sociale, ont surgi de nouveaux acteurs qui se sont infiltrés dans les interstices des nouveaux dispositifs (DSQ, ZEP, RMI...) laissés vacants par les protagonistes traditionnels, qui voyaient d'un mauvais œil se réaliser une nouvelle articulation entre le politique et la société civile. Portés par la vague des politiques sociales de développement et d'insertion, ces nou-

1. Institut de l'enfance et de la famille.

veaux métiers [2], produits par le contexte même de la décentralisation et les nouveaux dispositifs de politique de la ville, se sont d'autant mieux appropriés la démarche partenariale et la complexité des procédures administratives territoriales qu'ils construisaient en même temps leur propre définition professionnelle [3]. Forgées sous l'État-providence, les pratiques des travailleurs sociaux devenaient en partie obsolètes, crispées sur des valeurs malmenées par la crise économique et la montée du libéralisme [4].

Comme le souligne Gérard J. Martin, « depuis quelques années en France le local apparaît comme un lieu possible de dépassement des contradictions de l'État-providence. Contradictions entre la sectorialité des interventions et la recherche de globalité des politiques ; contradictions entre la tendance normalisatrice et la nécessaire adaptabilité des politiques ; contradictions entre le développement de la bureaucratie et la recherche de la participation des citoyens ; contradictions entre fractions archaïques et fractions innovantes de l'administration et des professionnels [5] ». Or les travailleurs sociaux sont percutés de plein fouet par ce changement de perspective

2. L'expression « nouveaux métiers » fait débat. Pour certains il s'agit véritablement de l'émergence de nouvelles professions (Tapie-Grime,Teisserenc, 1992), pour d'autres il s'agit plutôt d'une redéfinition ou d'une reconfiguration des métiers traditionnels du travail social [Chopart (coord.), 2000 ; Mondolfo, 2001].

3. Voir à ce propos Muriel Tapie-Grime et Pierre Teisserenc, *Les Métiers du développement. Système de compétences et qualifications dans un champ professionnel en construction*, rapport de recherche sociologique, CRIDEL, ministère de l'Équipement, conseil général de l'Hérault, avril 1992, CEDACT, université Paris-Nord.

4. À ce propos et pour de plus larges développements, on pourra se référer au livre de Jacques Ion, *Le Travail social à l'épreuve du territoire*, Privat, 1991.

5. Gérard J. Martin, « Les politiques sociales en France : crise et mutation », *Union sociale*, n° 353, avril 1985, p. 8.

qui oblige à remettre en cause les monopoles et les corporatismes sur lesquels reposait l'action sociale.

Dans l'ensemble pourtant, les EJE ont semblé d'abord peu concernés par cette évolution dans la mesure où, comme on l'a vu précédemment, leur présence parmi les travailleurs sociaux n'a été tout d'abord que le produit d'une opportunité historique et ne correspondait pas initialement à leur champ d'intervention [6]. Salariés d'institutions peu ouvertes sur l'extérieur, ils se sont d'autant moins investis dans les nouveaux dispositifs d'action locale que leurs fonctions d'exécutants ne les disposaient pas à s'y intéresser. Par ailleurs, comme on a pu le constater dans les chapitres précédents, la profession est traversée par une tradition idéologique de gauche qui consiste à tout attendre des interventions de l'État et à se défier des mouvements visant à privatiser l'aide sociale en faisant appel aux solidarités de proximité. Or, comme le souligne Paule Kassis, « le ministère n'est pas décideur. Il réglemente au niveau national, mais ce sont les municipalités qui, dans le cadre de la répartition des compétences en 1982, sont chargées de l'accueil du jeune enfant. On a un pouvoir incitatif, mais non décisif ».

Si en effet les modes de garde innovants peuvent être jugés tentants par les EJE dans la mesure où ils leur confèrent une certaine légitimité, ils sont aussi l'expression d'une évolution libérale des lieux d'accueil où ce sont les citoyens eux-mêmes qui financent les équipements et non plus la redistribution sociale. L'exemple nord-américain, qui préfigure peut-être le modèle européen, n'incite guère à les ras-

---

6. Au point que la vaste enquête de la MIRE menée sous la direction de Jean-Noël Chopart (2000) fait l'impasse totale sur les EJE comme s'ils ne relevaient pas des métiers de l'intervention sociale.

surer puisque le secteur de la petite enfance a bien fait l'objet d'une « privatisation ». Des petites et moyennes entreprises, plus proches cependant du modèle associatif que du secteur concurrentiel, sont nées du souci de rentabiliser les structures d'accueil et ont permis le développement d'un marché de la garde, des soins et du conseil, où des EJE seraient tout à fait disposés à trouver leur place.

Malgré ces différents obstacles, un certain nombre de facteurs ont contribué à initier au développement local [7] une fraction de la profession qui a découvert qu'elle pouvait participer territorialement à la promotion de la petite enfance en investissant les nouveaux espaces institutionnels ouverts par la décentralisation.

On peut donc voir actuellement se profiler deux grands types de trajectoires professionnelles.

– Une trajectoire d'exécutant – majoritaire – réalisée la plupart du temps dans le cadre de la fonction publique territoriale, où l'EJE est en contact permanent et direct avec un groupe d'enfants, et où sa fonction reste avant tout de les accompagner et de favoriser leur développement psychomoteur.

– Une trajectoire d'encadrant qui trouve déjà à s'exprimer dans des nouveaux postes de travail comme la responsabilité des crèches associatives, les relais assistantes maternelles ou la coordination territoriale de la petite enfance qui préfigurent les éventuelles missions d'animation, de gestion et de formation dont pourraient être chargés les éléments les plus

7. Reprenant la célèbre définition que donne François Perroux du développement (*L'Économie du XXe siècle*, PUF, 1964, p. 198-199), nous entendons par développement local « la combinaison, sur un territoire donné, des transformations mentales et sociales d'une population qui la rendent apte, à partir de forces endogènes, à optimiser cumulativement et durablement son capital économique, social et culturel ».

ambitieux de la profession[8]. Désertant les crèches collectives où, privés de légitimité et de moyens d'initiative, ils subissent, comme on l'a vu, le poids du médical, ces EJE – encore minoritaires dans la profession – ont préféré investir des structures plus souples comme les haltes-garderies ou les crèches associatives, dans lesquelles ils sont devenus ces médiateurs interinstitutionnels destinés à « fabriquer du développement » en transformant, à partir des forces vives d'un territoire donné, des virtualités repérées en réalités mobilisées. Issus du terrain, de l'initiative d'un directeur de centre de formation particulièrement dynamique ou d'une opportunité locale, ces nouveaux agents de développement de la petite enfance ont pu ainsi, au mépris de tous les corporatismes et malgré un cadre d'exercice rigide et inadapté, impulser la création de nouvelles structures et susciter autour du montage de projets des rencontres entre partenaires qui s'ignoraient.

Si les deux démarches peuvent sembler à première vue contradictoires et opposer une tendance bureaucratique et fonctionnariale à une logique libérale et associative, on peut cependant penser, comme le remarquait déjà Christian Bachmann au début des années quatre-vingt, que « chez de jeunes professionnels peuvent coexister deux attitudes : revendiquer les avantages du statut de fonctionnaire et aspi-

8. Dans les *ASH* du 9 novembre 1990, on pouvait lire la petite annonce suivante (n° 90-7563) :

Association loi 1901 recherche pour mi-temps
ÉDUCATRICE DE JEUNES ENFANTS

5-10 ans d'expérience. Ayant eu responsabilités dans divers domaines, pour rechercher et mettre en place modes d'accueil innovants, faciliter la décentralisation au niveau départemental : constitution et suivi des équipes locales. Initiative, dynamisme, imagination, profil « chef d'entreprise ».

rer à une action d'"agent de développement" auprès des usagers, en se liant aux associations locales et aux divers mouvements sociaux[9] ».

Le rôle des CAF dans la politique d'accueil de la petite enfance

Les caisses d'allocations familiales sont des organismes de protection sociale de droit privé dont l'activité s'inscrit dans le cadre de la politique familiale définie par les pouvoirs publics. Les CAF ont consacré, en 1999, 5,7 milliards de francs à l'accueil des jeunes enfants et contribuent à la création de structures nouvelles, à la rénovation des lieux vétustes et à l'amélioration des conditions d'accueil des jeunes enfants sur une majeure partie du territoire national. Les CAF offrent ainsi des aides financières régulièrement revalorisées ainsi que des aides à l'investissement qui font l'objet de plans très ambitieux. En effet, la loi de financement de la Sécurité sociale a créé pour 2001 un fonds d'investissement pour le développement des structures d'accueil de la petite enfance. D'un caractère exceptionnel et non reconductible, son objectif est de parvenir à la création de 30 000 à 40 000 places supplémentaires, soit un effort financier de 1,5 milliard de francs. Ce sont les CAF qui ont été chargées de l'application de ce fonds de soutien, et de favoriser le développement à la fois des structures multi-accueil et des établissements innovants comme les relais assistantes maternelles et les lieux-passerelles. Selon un premier bilan rendu public le 11 janvier 2001 par Ségolène Royal, 91 caisses

9. Christian Bachmann et Jacky Simonin, *Changer au quotidien. Une introduction au travail social*, t. 1, Études vivantes, 1982, p. 111.

d'allocations familiales sur 125 avaient transmis le 4 janvier 2001 des dossiers pour 977 projets correspondant à plus de 21 000 places nouvelles. L'ambition du gouvernement, a expliqué Ségolène Royal, est « d'offrir de meilleures possibilités d'accueil, c'est-à-dire plus de places pour accueillir un plus grand nombre d'enfants, mais aussi une adaptation aux besoins des familles et aux contextes locaux [10] ».

En phase avec les recompositions de l'action publique locale et sa démarche de développement local, les CAF ont su promouvoir dans le domaine de la petite enfance un outil qui a fait depuis longtemps la démonstration de son efficacité : les *contrats enfance*.

Lancé en 1988, « le contrat enfance accompagne le développement et l'amélioration de l'offre de services sur le territoire des communes signataires, pour l'ensemble des enfants de moins de 6 ans, quelle que soit la situation des parents au regard de l'activité professionnelle [11] ». Le contrat enfance adopte, comme toutes les politiques contractuelles, une démarche projet qui passe par cinq phases :

– l'élaboration d'un état des lieux qui énumère les structures existantes et les moyens disponibles ;

– l'évaluation des besoins territoriaux en fonction de la population locale ;

– l'élaboration d'un programme de développement couvrant une période de trois à cinq ans ;

– le bilan annuel des réalisations ;

– enfin une évaluation-bilan en fin de contrat qui sert de base à une renégociation contractuelle.

---

10. *Actualités sociales hebdomadaires*, 9 mars 2001, n° 2205, p. 14.

11. Liliane Périer, « Le contrat enfance », *Recherches et prévisions*, n° 57-58, 1999, p. 91.

Selon un article de la CNAF, 90 % des villes de plus de 20 000 habitants sont signataires d'un ou plusieurs contrats et les CAF en négocient de 250 à 300 nouveaux chaque année. « Si le contrat enfance a permis de poursuivre – sinon d'accélérer – le développement des services d'accueil traditionnels, il a surtout accompagné le développement de structures moins classiques comme les lieux d'accueil enfants/parents, les relais assistantes maternelles, les ludothèques et autres activités d'éveil [12]... »

La méthodologie du contrat enfance a d'ailleurs largement inspiré le schéma pluriannuel de développement des services d'accueil des enfants de moins de 6 ans qui sert de cadrage à la politique menée par le gouvernement Jospin dans le domaine de la petite enfance.

Les EJE ont ainsi pu trouver dans les contrats enfance non seulement de nombreuses opportunités d'emploi, mais aussi des occasions de s'engager dans des projets innovants en investissant des formes de partenariat qui dépassent le cadre du métier proprement dit. Le décret d'août 2000 devrait intensifier leur contribution et renforcer leur rôle dans ces dispositifs contractuels.

Les coordonnateurs de la petite enfance

C'est une circulaire du 2 novembre 1981 émanant du ministère de la Solidarité nationale qui officialise l'existence sur le terrain d'une nouvelle fonction, celle de coordonnateur de la petite enfance. Cette circulaire, destinée aux préfets, visait à donner un cadre au développement et à la coordination des modes d'accueil de la petite enfance.

---

12. *Ibid.*

En 1982, cinquante postes de coordonnateurs de la petite enfance sont créés sous l'impulsion du même ministère, qui les finance en souhaitant que les collectivités et les institutions locales prennent le relais au bout de quelques années. Si sur les cinquante postes subventionnés, il n'en restait que dix-sept neuf ans plus tard, en revanche une enquête réalisée en 1988 montrait que la fonction s'était largement développée puisque, selon Benoît Péricard, chef de bureau à la Direction de l'action sociale, « l'idée d'une coordination existe dans pratiquement 90 % des départements [...]. Même si l'on ne peut dégager de grandes familles de coordonnateurs, il y a une énorme diversité tant dans la fonction exercée que dans les professions qui recouvrent cette fonction de coordonnateur de la petite enfance [13] ».

La multiplication des dispositifs « petite enfance » comme les « contrats enfance » (CAF) et les nombreux programmes de développement des structures d'accueil placent les EJE en bonne position pour tisser des liens entre les différents lieux d'accueil des tout-petits dans une commune ou un territoire donné.

La nouvelle grille de la fonction publique

Interrogés sur les moyens de revaloriser leur profession, 80 % des EJE qui avaient répondu au questionnaire pensaient qu'ils passaient par une augmentation de salaire. La fourchette des rémunérations des 367 EJE s'étendait en

13. *Les Coordonnateurs petite enfance*, actes du colloque, 17-18 mai 1989, ministère de la Solidarité et de la Protection sociale, novembre 1989. On pourra aussi consulter avec profit les actes du colloque de mars 2000 qui présentent les résultats d'une investigation menée auprès des coordonnateurs municipaux de la petite enfance (Baudelot et Rayna, Cresas/INRP, 2000).

1991 de 4 600 francs à 12 000 francs, soit un salaire moyen de 8 300 francs. 35,4 % de ce groupe gagnaient entre 7 000 et 7 900 francs bruts, 26,5 % entre 6 000 et 6 900 francs. Seules 12 personnes disposaient d'un traitement supérieur à 10 000 francs. Pour information, rappelons que, jusqu'en 1992, un EJE employé dans la fonction publique gagnait en début de carrière 73 864 francs par an, soit un salaire mensuel brut de 6 155 francs.

Conscients d'être petitement rétribués pour un travail qui respecte rarement les 35 heures par semaine, et ne bénéficiant pas des mêmes vacances que les enseignants, les EJE se plaignaient non seulement d'assurer des tâches jugées socialement ingrates et pénibles, mais de ne pas voir reconnu leur capital scolaire. Cette question de la reconnaissance du nombre d'années d'études après le baccalauréat est transversale à toutes les professions sociales et a entraîné parmi elles une mobilisation importante au mois d'octobre 1991 notamment chez les assistantes sociales, qui ont organisé une série d'actions spectaculaires pour marquer leur désaccord avec un classement qu'elles jugent injuste et injustifié [14].

La filière sanitaire et sociale de la nouvelle grille de la fonction publique parue au *Journal officiel* du 30 août 1992 était donc très attendue par les 2 900 EJE de la fonction publique territoriale, qui espéraient voir officialiser un certain nombre d'acquis de terrain comme les postes de direction ou de coordination que certains occupent d'ores et déjà.

---

14. Les assistantes sociales et les éducateurs spécialisés s'étaient vu refuser, malgré leurs trois années de formation postbaccalauréat, l'homologation de leur diplôme au niveau III, tandis que les EJE étaient maintenus au niveau du baccalauréat. L'argument du ministère pour les fixer à ce niveau de reconnaissance était que la formation ne peut valoir pour sa durée dans la mesure où elle s'effectue à mi-temps en stage.

La première amorce du statut des EJE date de juin 1974, mais il faut attendre le 23 mars 1976 pour que ceux-ci apparaissent dans l'administration communale sous l'appellation de monitrice de jardin d'enfants. Il s'agissait d'un « agent qualifié chargé de contribuer à l'éveil et à la préparation à la vie scolaire des enfants d'âge préscolaire ». En termes d'acquis, la nouvelle grille rend obsolète l'ancienne terminologie de « monitrice de jardin d'enfants » et entérine définitivement le titre d'éducateur de jeunes enfants qui, malgré la circulaire de 1974, continuait d'être inusité. Cette reconnaissance du titre s'accompagne pour la première fois aussi d'une définition des missions de l'EJE.

« Les éducateurs de jeunes enfants sont des fonctionnaires qualifiés chargés de mener les actions qui contribuent à l'éveil et au développement global des enfants d'âge préscolaire. Ils peuvent avoir pour mission, en liaison avec les autres travailleurs sociaux et avec l'équipe soignante, de favoriser le développement et l'épanouissement des enfants âgés de 6 ans au plus qui se trouvent, pour un temps plus ou moins long, hors de leur famille ou qui sont confiés à un établissement ou à un service de protection de l'enfance. Ils peuvent également exercer leurs fonctions dans les haltes-garderies [15]. »

La nouvelle grille de la fonction publique apporte aussi quelques réponses à l'absence de déroulement de carrière antérieure en créant deux nouveaux grades d'emploi, éducateur de jeunes enfants principal et éducateur de jeunes enfants chef, qui devraient assurer, dans les limites restrictives définies par la loi, de nouvelles perspectives. Elle permet aussi à un EJE en début de carrière un gain supplémentaire annuel non

15. *JO* du 30 août 1992.

négligeable de 10 127 francs par rapport à l'emploi d'origine et de 27 699 francs en fin de carrière [16].

Malgré ces progrès notables, les professionnels dénonçaient cependant quelques faiblesses structurelles de la réforme.

D'une part, la nouvelle grille de la fonction publique ne leur reconnaissait pas le niveau DEUG qu'ils réclamaient avec d'autant plus de force que leur formation avait été allongée (1 200 heures au lieu de 950) et qu'ils se trouvaient malgré cela maintenus dans la sous-division dite B type avec les secrétaires médico-sociales, alors que les assistantes sociales et les éducateurs spécialisés bénéficient d'une sous-division supérieure dite CII qui leur assure de meilleures conditions de salaire et de progression statutaire.

D'autre part, selon la FNEJE, le nouvel échelonnement indiciaire allait autoriser les employeurs qui ne voudraient ou ne pourraient pas consentir de trop fortes hausses de salaire à revoir à la baisse l'échelonnement indiciaire de certains professionnels, qui devront travailler encore plusieurs années avant de se retrouver au même échelon et ainsi espérer passer aux nouveaux grades supérieurs.

Enfin, il n'était nulle part mentionné la possibilité pour les EJE de se voir légitimés dans leurs fonctions de direction ou de responsabilité que certains occupaient de fait, ce qui signifiait qu'en position de directeur un EJE pouvait continuer à être payé comme salarié de base.

Il faudra attendre le 2 février 1998 pour que les EJE relèvent enfin du classement CII et rejoignent ainsi les autres travailleurs sociaux de la fonction publique territoriale. En

---

16. Chiffres au 30 août 1992.

1999, la fourchette de salaire d'un EJE employé dans la fonction publique territoriale allait de 8 207 francs bruts au premier échelon à 14 526 francs au dernier échelon du grade d'éducateur-chef [17].

Le décret « petite enfance » : enfin !

Dès 1982, Georgina Dufoix, alors ministre de la Solidarité, avait conçu le projet d'une vaste réforme des modes de garde visant certes à dépoussiérer les nombreux textes concernant les différents lieux d'accueil, mais surtout à assouplir le carcan des contraintes structurelles auxquelles étaient soumises les crèches collectives. Il s'agissait, en garantissant les normes essentielles de sécurité et de qualité d'accueil par une harmonisation de la réglementation, de favoriser la multiplicité des établissements et, en diversifiant les intervenants, de remettre une partie de la prise en charge de la garde des enfants à l'initiative locale. La réforme prévoyait aussi de pouvoir confier désormais la responsabilité des petites structures aux EJE. Pourtant, devant la levée de boucliers des médecins de PMI et des puéricultrices, qui dénonçaient dans le décret un risque de dégradation des conditions d'accueil mais y voyaient surtout une remise en cause insupportable de leurs prérogatives médicales, le gouvernement décida finalement de renoncer momentanément au projet.

« L'argument, note Norvez, selon lequel ce projet gouvernemental remettait en cause la qualité de l'accueil offert par la crèche est certainement trop brutal, trop simpliste.

17. Document FNEJE.

L'accueil de l'enfant ne dépend pas seulement des taux d'encadrement ; quant aux normes en vigueur, peut-être sont-elles déjà dépassées[18] ! »

En 1990, le ministère des Affaires sociales décidait de ressortir le décret. Après une assez longue concertation interprofessionnelle, les différents partenaires semblèrent tomber d'accord sur un texte qui entérinait les récentes évolutions du terrain et restructurait le champ professionnel. Depuis 1986, « le bébé est devenu une personne », les crèches parentales ou associatives se sont multipliées, la dimension socio-éducative a fait une percée sensible dans l'espace social, le travail féminin s'est amplifié et la nouvelle grille de la fonction publique reconfigurait le champ professionnel. Au ministère, dès le début de l'année 1992, on annonce une signature imminente du décret qui me poussa même à retarder la publication de la première édition de cet ouvrage, dans lequel j'aurais souhaité pouvoir présenter le nouveau texte en détail et annoncer aux EJE de nouvelles perspectives professionnelles.

Il n'en sera rien, puisque le texte sera à nouveau enterré pour une dizaine d'années. « On en a marre et on le dit, explosait alors la présidente de la FNEJE, Martine Maurice. On a participé à tous les groupes de travail en vue de la sortie du décret, on a vraiment travaillé en profondeur et certaines de nos propositions ont été retenues. On ne peut même pas dire qu'on n'a pas de nouvelles puisque régulièrement on obtient des promesses très officielles, parfois des ministres eux-mêmes, de sortie du décret. Ça n'est jamais suivi d'effet. On nous balade depuis dix ans... En fait il n'y a pas de volonté

18. Norvez Alain, *De la naissance à l'école...*, *op. cit.*, p. 392.

politique. Et il est vrai qu'on n'est pas vraiment sorti, même si on était arrivé à un accord, de la confrontation corporatiste. Et pour l'instant ce sont les puéricultrices qui ont le dessus dans la défense de leur monopole [19]. »

Pourtant, la dernière mouture officieuse du texte de 1992 semblait alléchante et répondait de manière cohérente aux défis de la rénovation des modes de garde et des perspectives ouvertes par la décentralisation. D'après la petite enquête que j'avais pu mener dans le cadre de ce travail, et dont le compte rendu qui suit ne relève que de ma responsabilité et n'engage aucunement le ministère des Affaires sociales, les grands principes de ce décret à nouveau mort-né étaient les suivants.

Il y aurait désormais un seul texte pour l'ensemble des établissements et services d'accueil. On y promouvait, sans négliger l'aspect sanitaire, la dimension socioculturelle de la structure en exigeant un projet d'établissement adapté au quartier. Il fallait donc, pour ouvrir un lieu d'accueil, un bon projet d'établissement qui intégrait la présence des parents et définissait des orientations sociales et culturelles souples et ouvertes sur le quartier. Il n'y avait plus par ailleurs ni crèche, ni halte-garderie, mais uniquement des structures d'accueil pour jeunes enfants.

Ensuite, on réduisait la taille des établissements, qui ne pouvaient désormais accueillir plus de soixante enfants. On mettait ainsi fin à ces énormes casernes qui recevaient des régiments de bébés dans un contexte surmédicalisé. Le personnel de ces structures rénovées devait être composé à 75 % de professionnels qualifiés (puers, EJE, auxiliaires...) pour celles qui accueilleraient plus de trente enfants et à 50 % pour

19. « Prendre le tournant du social : jusqu'où ? » *ASH*, n° 2046, 21 novembre 1997.

les autres. Le reste du personnel était principalement composé d'assistantes maternelles et peut-être des nouvelles formations dites CAP petite enfance, issues de l'Éducation nationale.

Enfin, et c'est là le nœud de ce décret et ce qui explique les difficultés qu'il a rencontrées auprès de certains professionnels, la direction des structures de plus de trente enfants devait être confiée soit à une puéricultrice bénéficiant de trois années d'expérience, soit à un EJE avec cinq ans d'exercice. Ces établissements auraient obligatoirement une directrice adjointe qui serait une EJE si la responsable était une puéricultrice, et inversement si l'EJE dirigeait la structure. C'est ce dernier point du projet qui, évidemment, a suscité le plus d'opposition parmi les puéricultrices ! Dans tous les cas de figure et quel que soit le type de structure, il fallait que la personne responsable ait suivi une formation à la direction évaluée à 240 heures effectuées en formation continue et non diplômante, puisqu'il aurait alors fallu créer un nouveau statut et un plan de carrière...

Après vingt ans de tractations et de faux mouvements, que reste-t-il de ce projet qui avait le mérite de la cohérence et de la pertinence ?

En premier lieu, *le décret du 1er août 2000 reconnaît et ouvre l'accès à la direction de structures de moins de quarante enfants aux éducateurs de jeunes enfants.* Pour cela il faut que le salarié justifie de cinq ans d'expérience auprès d'enfants de moins de 3 ans. C'est évidemment une immense avancée pour la profession, qui attendait cela depuis vingt ans. Cette nouvelle mesure, a expliqué Ségolène Royal, « est directement liée à la reconnaissance de la dimension psychopédagogique de l'accueil des jeunes enfants, dont les éducateurs sont particulièrement porteurs, qui a permis une évolution très positive des crèches et des haltes-garderies au cours des dernières années, marquées par une forte tradition médico-sociale dans notre pays[20] ». Le décret précise par ailleurs qu'un EJE doté de trois années d'expérience professionnelle peut aussi se voir confier la direction d'un service de vingt places au plus, la responsabilité technique d'un établissement à gestion parentale ou d'un jardin d'enfants. De plus, le texte insiste sur la nécessaire complémentarité des compétences sanitaires incarnées par les puéricultrices et les auxiliaires de puériculture et des compétences psychopédagogiques portées par les EJE, qui doivent notamment s'affirmer par la nécessaire présence, au sein des établissements égaux ou supérieurs à quarante enfants, de la double dimension professionnelle. Concrètement, cela signifie que, lorsque la direction sera confiée à un EJE, il y aura nécessairement au sein de l'effectif de la structure une puéricultrice ou une infirmière.

Perspectives de la profession

Quels que soient les professionnels que l'on interroge, coexiste presque toujours un double discours. Il y a d'abord la version ou l'hypothèse pessimiste qui consiste à annoncer la disparition prochaine d'une activité dangereusement menacée par les récentes évolutions. Les EJE n'échappent pas à cette rhétorique visant à décrire leur profession comme une activité de passage ou de garage qui, méconnue, mal rétribuée et enfermée dans des tâches d'exécution, ne peut qu'être happée par le gouffre des métiers déqualifiés. Cette hypothèse est renforcée par l'absence de formation et de métier équivalent en Europe[21].

---

20. Cité par les *ASH* du 16 mars 2001, p. 14.

21. La plupart des métiers de la petite enfance n'exigent pas le baccalauréat et encore moins des études supérieures.

L'autre hypothèse, plus optimiste celle-là, laisse entendre que la profession pourrait bénéficier d'un surcroît de crédit. La décentralisation, d'une part, l'évolution des structures d'accueil de la petite enfance qui tendrait à leur donner un rôle de plus en plus éducatif et de moins en moins médical, d'autre part, et surtout la publication du décret « petite enfance » offrent aux EJE de sérieuses perspectives professionnelles. La demande éducative est en effet très forte aujourd'hui chez les parents, et, dans la mesure où les risques liés à la santé et à la sécurité ont été considérablement réduits, la présence d'un personnel rompu aux interventions médicales ne s'impose plus comme autrefois. Étant parmi les professionnels de la petite enfance les mieux préparés à assurer l'éducation et la prévention de la petite enfance, ainsi que la médiation avec les parents, les EJE, s'ils se mobilisent durant les prochaines années, pourront occuper durablement des fonctions de responsabilité et d'initiative locales notamment en impulsant les projets innovants de mode de garde (crèches parentales, mini-crèches, haltes-garderies de centres sociaux, relais assistantes maternelles, jardins d'enfants, crèches multi-accueil, etc.), pour le montage desquels les collectivités locales font de plus en plus souvent appel à eux.

En outre, il reste des espaces encore entièrement ouverts à ces professionnels, comme la petite enfance inadaptée ou les services d'aide éducative en milieu ouvert (AEMO), au sein desquels ils sont encore peu présents alors qu'ils pourraient y apporter tout leur savoir-faire en matière psychopédagogique. Leur absence n'est pas liée, la plupart du temps, à une difficulté structurelle ou à un rejet des autres professionnels, mais tout simplement à l'ignorance pure et simple de leur existence. Combien de fois ai-je découvert, sur les différents terrains de l'intervention sociale, que ces professionnels de la petite enfance que sont les EJE restent totalement méconnus du secteur éducatif et social et même parfois de leurs propres employeurs ! Comment espérer dans une telle situation pouvoir mettre en valeur, d'une part, la profession, d'autre part, la petite enfance ? Car c'est au prix d'un travail de reconnaissance professionnelle, et donc de mobilisation que les EJE, qui se disent souvent les porte-parole du tout-petit, pourront effectivement promouvoir cette classe d'âge trop souvent ignorée des politiques malgré l'enjeu social et économique des lieux d'accueil destinés aux jeunes enfants[22].

Enfin, les EJE pourraient aussi constituer un personnel d'appoint appréciable dans les écoles maternelles où, en collaboration avec les instituteurs, ils viendraient renforcer une équipe pédagogique souvent mal formée pour l'accueil des 2-3 ans. Certaines expériences menées ici ou là montrent qu'une telle formule serait très appréciable. Devant l'inadaptation de l'école maternelle au bon développement biologique de l'enfant de 2 ans[23], il conviendrait de recréer, au sein même des écoles, des « jardins d'enfants[24] » qui constitueraient un espace intermédiaire entre la crèche et l'école, destiné à accueillir les enfants de 2-4 ans. Fruit d'une collaboration entre instituteurs et EJE, ces espaces éducatifs auraient comme caractéristiques principales de n'accueillir

---

22. Une enquête de l'IFOP réalisée en 1981 avait montré que, lorsque l'on demandait aux femmes de classer quinze mesures concernant la vie quotidienne, c'est la garde des enfants qui occupait, et de très loin, la première place. En troisième, on trouvait le remboursement par la Sécurité sociale de tout arrêt de travail occasionné par un enfant souffrant...

23. Tous les parents qui ont fait l'expérience de l'école maternelle savent combien l'adaptation du jeune enfant est longue et difficile à gérer.

24. Depuis la première édition de ce livre, de nombreuses expériences ont été menées dans ce sens. On pourra notamment consulter à ce propos *Le Temps d'apprivoiser l'école*, Luce Dupraz, FAS, CDC, Fondation de France, 1995.

que des groupes restreints (moins de quinze enfants), de leur assurer un encadrement à la fois mieux formé et plus nombreux (un adulte pour cinq enfants) et des conditions d'évolution au sein de la structure conformes aux besoins psychomoteurs des plus petits (adaptation, salle de jeux, coins lecture, parties communes, espace d'isolement, décloisonnement des classes, etc.).

Si on a pu déplorer un temps que la nouvelle grille de la fonction publique ne rendait guère lisibles ces nouvelles fonctions et n'encourageait pas le dynamisme de ces professionnels qui manquent de visibilité sociale, le nouveau décret devrait pouvoir dynamiser les EJE et les encourager à porter plus fièrement les pratiques et les valeurs de leur métier. L'absence d'un groupe de pression efficace et d'un corps d'élite intermédiaire, le petit nombre de professionnels, le peu de dynamisme politique de l'appareil de formation encore très replié sur sa « spécificité » et la faible syndicalisation – qui correspond d'ailleurs à un phénomène qui touche l'ensemble de la société française – n'incitent pourtant guère les politiques à les soutenir, qui leur préfèrent des groupes professionnels plus corporatistes comme les puéricultrices ou les professeurs d'école maternelle.

Portraits

L'éducateur de jeunes enfants, force de proposition locale (Cathy Santi)

Cathy Santi, après deux années d'études dans un centre de formation de la région parisienne, décroche son diplôme d'EJE en 1977. C'est à Nancy qu'elle prend son premier poste dans une crèche collective, d'où elle part rapidement pour s'installer avec son mari en Corse, à Ajaccio. À cette époque, le métier d'EJE est quasi inconnu dans l'île de Beauté. De 1982 à 1984, elle fait donc des remplacements dans un institut médico-pédagogique et découvre les institutions spécialisées. « Ce fut une expérience très riche car j'étais confrontée à des problèmes que je ne connaissais pas. J'ai donc appris à appliquer à des enfants handicapés la pédagogie de la petite enfance que l'on m'avait inculquée. Ce fut une expérience riche, quelque peu perturbante, mais qui venait aussi compléter adéquatement ma formation. »

La rencontre d'un responsable de comité d'entreprise au Crédit agricole lui permet de créer un centre aéré qu'elle va animer tous les mercredis et les vacances scolaires pendant huit ans. Entre-temps, la mairie d'Ajaccio lui demande d'assurer la formation du personnel de sa crèche collective. En 1988, Cathy Santi est intégrée à mi-temps comme stagiaire EJE dans la fonction publique territoriale au sein d'une crèche collective de quatre-vingts berceaux comptant une majorité de personnels non diplômés. Parallèlement elle continue de travailler avec des associations pour créer des ateliers de travail manuel ou d'expression corporelle pour les tout-petits.

La directrice de sa crèche étant tombée malade, elle en assure pendant deux ans la coresponsabilité avec une infirmière, anticipant de quelques années les modalités du décret d'août 2000. En 1993, l'arrivée d'une puéricultrice à la tête de la structure entraînera son départ pour incompatibilité d'humeur et désaccord sur les méthodes de travail. « Je voulais avoir les moyens d'agir sur le milieu dans lequel j'évoluais et ne plus toujours subir le poids de la hiérarchie, surtout lorsque celle-ci était défaillante. »

Un an plus tard, elle propose à son maire la réalisation d'un diagnostic territorial nécessaire à l'élaboration d'un contrat enfance et lui montre notamment la nécessité d'établir plus de dialogue et de cohérence entre les différentes structures d'accueil et les autres partenaires locaux. Au cours d'une mission à Paris, elle rencontre des professionnels de la petite enfance et des responsables territoriaux qui lui donnent l'idée d'une coordination municipale de la petite enfance. En septembre 1996, sous l'impulsion conjointe du secrétaire général et de Cathy Santi appuyée par son maire, le premier service petite enfance de Corse est ouvert avec pour mission principale de fédérer l'ensemble des projets locaux et de faciliter les échanges entre les acteurs de la petite enfance. Cathy Santi devient responsable du service petite enfance d'Ajaccio, bien que son statut d'EJE ne lui permette pas d'accéder aux postes de responsabilité réservés aux cadres A de la fonction publique. En cinq ans d'existence, le service petite enfance aura pu réaliser une halte-garderie, deux structures multi-accueil et un relais assistante maternelle. Les efforts fructueux de l'éducatrice pour impulser une politique locale de promotion de la petite enfance seront concrétisés publiquement par les Rencontres annuelles de la petite enfance d'Ajaccio en 1998, 1999 et 2000, qui réuniront chaque fois plus de mille personnes.

« Les élus, les secrétaires généraux ont besoin de techniciens tels que nous car les rouages de la petite enfance, ses besoins et son mode de fonctionnement leur sont souvent inconnus, et une véritable politique de la petite enfance ne peut se mettre en place sans la voix des gens de terrain. En être issue est pour moi un atout inestimable face à la jungle administrative. Je pense que nous avons su répondre à la nécessité d'offrir aux usagers un espace d'accueil et d'orientation bien identifié, où toute l'information est centralisée et disponible. En fait, nous sommes en train d'évoluer vers un véritable observatoire urbain de la petite enfance dans une démarche de participation active au développement social local. »

De l'éducation des jeunes enfants à l'ingénierie territoriale (Christine Devreese)

Christine Devreese, la quarantaine pimpante, découvre toute jeune son intérêt pour la petite enfance en exerçant des fonctions d'animatrice permanente au sein d'une ville de Seine-et-Marne. C'est à cette époque qu'elle rencontre le milieu éducatif et s'initie aux grands principes de l'éducation nouvelle au contact des formateurs du CEMEA. Elle occupe successivement des postes d'économe, d'adjointe et de directrice, mais n'étant dotée d'aucun diplôme qualifiant, elle décide de légitimer ses fonctions en entamant des études d'éducatrice de jeunes enfants au centre de formation de Saint-Honoré à Paris. Elle obtient son diplôme en 1985. « Ce n'était pas la technique qui m'intéressait car je l'avais acquise sur le terrain. Ce que j'ai découvert en formation d'EJE, c'est la relation à l'enfant, la relation parent-enfant, la psychologie et la psychanalyse. J'avais compris des tas de choses du terrain, mais je n'avais pas saisi pourquoi il fallait agir ainsi. Ce qui m'intéresse, ce n'est pas tant la pédagogie que les théories de la relation portées par les sciences humaines. À la sortie j'étais une des rares qui voulaient aller travailler en crèche car, à l'époque, la crèche était maudite. Par contre c'était là où il y avait à faire avancer les projets... »

Elle trouve tout de suite du travail dans une crèche associative parisienne et découvre l'incurie des structures collectives. « Ça a été épique. Tout ce qu'on pouvait imaginer de catastrophique en matière d'accueil du tout-petit était concentré ici. »

Malgré tout, elle reste trois ans dans cette crèche qu'elle finit par quitter en 1988. « J'avais fait tout ce que je pouvais et je n'en pouvais plus... » Elle entre alors dans la fonction publique territoriale et intègre une crèche collective municipale des Hauts-de-Seine, tout en poursuivant une activité de formatrice « petite enfance » aux CEMEA. « Là j'ai pu mettre en œuvre tout ce que j'avais souhaité et qui apparaissait autrefois “extra-terrestre”. On allait jusqu'au bout de la réflexion quant à l'accueil des tout-petits. J'ai suivi un groupe de douze enfants pendant quatre ans de l'adaptation à l'entrée en maternelle. »

À l'issue de cette expérience très positive, Christine Devreese entame une formation pour devenir attachée de la fonction publique territoriale : « Chaque fois que je m'engageais dans un nouveau travail, je suivais parallèlement une réflexion ou une formation. J'étais autorisée à préparer les concours sur mon temps de travail et j'en ai profité avec le soutien de la responsable de la crèche. »

Elle quitte la crèche collective de Boulogne en mai 1992 pour créer un relais assistante maternelle à Saint-Pierre-du-Perray, petite commune de la ville nouvelle de Sénart, qui la recrute pour mettre en place son service petite enfance dans le cadre de la signature d'un « contrat enfance » avec la CAF. « Au contact des assistantes maternelles, j'ai appris une autre partie de mon métier. J'ai compris que l'expérience des enfants dote les assistantes maternelles d'un “bon sens” sur lequel on peut s'appuyer pour transmettre plus facilement le métier. »

Christine Devreese décroche son concours d'attachée en juillet 1994 et prend immédiatement la responsabilité du service petite enfance de la ville. Par la suite elle met en place une crèche familiale (1994), une halte-garderie (1995) et travaille sur un projet de consultation PMI qui n'aboutit pas faute de naissances.

En septembre 1996, après avoir épuisé les potentialités de Saint-Pierre-du-Perray, elle est recrutée par une ville de la région parisienne de 38 000 habitants, dotée déjà d'un service spécialisé et d'une réelle volonté politique de faire une place de choix au petit enfant dans la ville. « On attendait quelqu'un qui avait la double casquette, d'attaché pour la dimension administrative et d'EJE pour la compétence socio-éducative. La particularité de la ville était de vouloir diversifier les modes d'accueil pour permettre de trouver la réponse adaptée à l'ensemble des familles. L'intérêt de la région parisienne, c'est qu'on n'est pas obligé de convaincre les élus du bien-fondé d'une politique petite enfance. J'ai donc la chance de travailler avec une élue qui a compris l'importance de l'accueil des jeunes enfants et qui soutient les projets de terrain grâce à une écoute attentive des professionnels. Elle fixe les grands axes et nous laisse monter nos projets éducatifs tout en menant son projet politique. Et il faut que les EJE comprennent que la dimension politique est devenue un axe important de notre travail car aucun projet concernant la petite enfance ne peut se concevoir sans s'inscrire dans un partenariat avec les élus. Aujourd'hui, on ne construit pas qu'une crèche, on construit une crèche *dans un quartier* et on réfléchit à la place de l'enfant dans le quartier. »

Le service de Christine Devreese comprend 180 agents, 11 structures d'accueil, un relais assistante maternelle dirigé par une EJE, un dispositif d'aides financières aux familles qui emploient soit une assistante maternelle agréée, soit une auxiliaire parentale à leur domicile, et un service gestionnaire qui dispose d'un budget de 57 millions de francs. Outre l'accueil proprement dit, la responsable du service petite enfance assure les relations partenariales avec une crèche hospitalière, une crèche familiale et les services de la PMI, avec lesquels elle a monté des commissions de suivi des petits enfants en difficulté pour des raisons sociales ou médicales et qui sont cependant accueillis dans les établissements de la ville. C'est aussi le premier service du département à avoir appliqué le décret de 2000 en confiant la responsabilité d'une crèche collective de trente-huit berceaux à une EJE. « Pour moi, une crèche doit être dirigée en binôme, EJE et puéricultrice, qui incarnent chacune une dimension importante du travail auprès de jeunes enfants. Et ceux-ci ont besoin des différents regards, sanitaire, socio-éducatif, culturel, pour évoluer positivement. Au risque de déplaire à mes collègues EJE, je pense que les puéricultrices sont indispensables dans les structures qui accueillent des jeunes enfants et qu'il faut promouvoir la complémentarité dans le travail plutôt que les oppositions. »

À l'issue d'une trajectoire riche et mouvementée, Christine Devreese n'en a pas moins encore de nombreux projets.

« J'ai vu dans ma ville ce qu'était un grand service. Je vais bientôt préparer l'examen d'attaché principal et j'ai envie de retourner dans une ville plus petite pour travailler peut-être dans le cadre d'un syndicat intercommunal. J'aimerais aussi déborder sur la dimension intergénérationnelle et réfléchir aux moyens de mettre, sur un même territoire, tous les habitants en connexion malgré leurs différences. Mais ce qu'il faut retenir de mon parcours, c'est que malgré ma position hiérarchique et mes responsabilités de service, je suis fondamentalement restée une EJE et que je continue à appliquer dans tous les aspects de mes activités professionnelles les valeurs et les principes acquis au cours de ma formation. »

L'éducateur de jeunes enfants à l'épreuve de l'exclusion (Sabine Olivier)

Sabine Olivier a décroché son diplôme d'EJE en 1980 après deux années d'études à l'école de Boulogne. À l'issue de sa formation, elle renonce à trouver un emploi et s'inscrit en faculté de psychologie tout en effectuant des petits travaux alimentaires. Au bout de quelques mois, elle décide de partir en Afrique noire pour travailler dans un orphelinat au ☛

Cameroun. « La formation d'EJE m'avait beaucoup plu, mais il manquait à mon parcours un déclic pour activer un engagement professionnel durable. Ce séjour en Afrique noire a été l'élément déclencheur qui m'a permis de mieux percevoir ce que je souhaitais vraiment faire et notamment de comprendre que j'avais envie de travailler avec des publics en difficulté mais aussi avec des personnes d'origine étrangère et non pas être EJE dans un jardin d'enfants bon chic bon genre ou même une crèche collective. »

Rentrée en France en 1981, elle trouve immédiatement un poste de responsable « petite enfance » à mi-temps dans un centre social de l'association Solidarité Français-Migrants à Montreuil. Sa mission consiste à développer le secteur de la petite enfance en prenant contact avec les familles pour évaluer leurs besoins et identifier avec les partenaires ce qu'il était possible d'entreprendre. C'est ainsi qu'elle s'initie sur le tas à la méthodologie de projet, obtient de nouveaux locaux, négocie un agrément pour la halte-garderie et découvre la gestion du personnel. « Ce qui était intéressant, c'est que la petite enfance n'était pas considérée comme la cinquième roue de la charrette mais comme un domaine à part entière. »

Sabine Olivier reste neuf ans dans cette association et intervient parallèlement au centre de formation de Boulogne pour parler de l'accueil des enfants étrangers, tout en préparant sa licence de psychologie. Les mercredis elle est directrice de centre de loisirs à Levallois. De 1987 à 1990, elle prépare un DSTS à l'école des Surintendantes et remplace sur un quart de temps une formatrice titulaire de Boulogne. « L'expérience fut passionnante, mais je me suis rendu compte que je ne voulais pas faire de la formation. Ce qui m'intéressait c'était le "management d'équipe" ».

La rencontre avec Margalit Cohen-Émerique, spécialiste des relations interculturelles, et de nombreux voyages dans les pays en voie de développement vont contribuer à construire son identité professionnelle d'éducatrice de jeunes enfants engagée dans des actions à forte connotation sociale.

Au cours d'une participation à un groupe de recherche sur les modes d'accueil innovants de la petite enfance, elle rencontre Danuska Usal, de l'ACEPP, qui l'embauche en mars 1990 pour animer des projets de structures parentales implantées dans des quartiers d'habitat social et financées par la fondation Van Leer et le Fonds d'action sociale (FAS). « On était une dizaine de développeurs qui avions pour mission de créer des structures d'accueil pour les jeunes enfants en milieu interculturel. Très vite j'ai été inscrite dans un programme de la fédération des centres sociaux qui avait développé des services de proximité au sein même des centres sociaux grâce à des financements européens. L'ACEPP portait tous les projets "petite enfance" de ce programme. »

Avec un chef de projet DSQ de Beauvais, elle contribue à l'implantation d'une crèche parentale au sein d'un quartier d'habitat social, le projet *Kolobane*, qui sera emblématique de ce que des structures d'accueil de jeunes enfants bien conçues peuvent apporter en termes de développement social local.

« Mon poste a pourtant rapidement bifurqué dans la mesure où l'on s'est aperçu que les EJE étaient souvent mal préparés non seulement à travailler dans des structures parentales, mais aussi à intervenir auprès de populations en difficulté. On a donc décidé de monter des actions de formation dont on m'a proposé la responsabilité. Il y avait une dizaine de formateurs vacataires qui intervenaient dans les associations parentales qui souhaitaient s'investir dans les quartiers d'habitat social. C'est à cette époque que j'ai beaucoup travaillé autour de la question : qu'est-ce que cela signifie pour un professionnel de la petite enfance de travailler avec des personnes d'origine étrangère ? »

En 1998, Sabine Olivier quitte l'ACEPP pour occuper un poste à l'association Sol en si pour laquelle elle effectuait déjà des vacations bénévoles depuis quatre ans. Elle y dirige un centre d'accueil parisien qui emploie sept salariés et cinquante volontaires formés et supervisés. On y accueille non seulement les enfants porteurs du VIH mais aussi les familles en vue de préserver au mieux la cellule affective malgré la maladie. « Quand je suis arrivée j'ai dû mettre de la distance avec les pratiques habituelles de la profession qui n'étaient pas adaptées aux situations d'exclusion. Dans les structures habituelles on travaille beaucoup les effets de la séparation d'avec les mères, l'adaptation comme on dit techniquement, et surtout on cherche à libérer les mères ; alors que nous, nous travaillons beaucoup plus l'attachement que le détachement. L'EJE de la structure petite enfance avait pris en compte la question sanitaire, mais pas du tout la question culturelle et les effets de la précarité. J'ai donc modifié le fonctionnement de la halte-garderie et négocié avec les partenaires certaines spécificités qui tenaient à la population que nous accueillions. Par ailleurs, toujours dans le souci de maintenir le lien familial, j'ai développé des actions parents-enfants en intégrant les réseaux d'appui à la parentalité et en créant un lieu d'accueil parents-enfants.

« En venant à Sol en si, ce n'était pas tant les personnes malades qui m'intéressaient que le travail avec des personnes en situation d'exclusion. Quand je me présente, je dis que je suis un travailleur social de formation EJE, car je me sens beaucoup plus travailleur social qu'éducateur de jeunes enfants. Malgré cela, c'est le métier d'EJE qui a donné à mon parcours une sorte de trame identitaire. Ce que j'ai développé à Sol en si a été ainsi profondément marqué par ma formation initiale. »

CONCLUSION

Nous avons, au cours de ce travail, tenté de montrer comment une nouvelle classe d'âge – la prime enfance – s'était historiquement constituée et de quelle manière elle avait produit la construction d'un espace d'enjeux spécifiques au cœur duquel les EJE tentaient d'imposer leur conception de l'enfance et un savoir-faire fondé sur des connaissances psychopédagogiques. En lutte à la fois contre le milieu scolaire qui les a obligés à se repositionner du côté des professions sociales parmi lesquelles les EJE ne se retrouvent pas totalement, en lutte aussi avec les représentants du bastion médical, comme nous avons pu le montrer à travers les différents témoignages, les EJE souffrent à la fois de leur isolement et d'une distorsion entre le rôle d'exécutant que leur accordent les équipes de terrain, le rôle de médiateur que souhaiteraient parfois leur voir jouer les collectivités locales et la fonction éducative et préventive qu'ils revendiquent pour eux-mêmes. Il leur manque de ce fait les termes d'une définition qui, entre éducation, prévention, médiation et formation, puisse clairement identifier l'espace de leur intervention et servir de support à une déclaration de professionnalité.

Ces difficultés à imposer une image claire de leur mission ont pour effet de démobiliser les professionnels et de produire une désaffection des éléments les plus dynamiques et notamment des hommes, qui quittent la profession pour des métiers mieux rétribués matériellement et symboliquement. En outre, l'absence des EJE sur la scène publique, leur quasi-invisibilité sociale renforcent l'impression d'isolement et expliquent en partie que le ministère des Affaires sociales reste peu sensible à leurs arguments. Dans une période où seuls l'écho médiatique de la nouveauté et le bruit de la rue réussissent à entrouvrir les portes de la négociation, les « petites EJE » comme on les appelle, qui de surcroît défendent les « tout-petits[1] », ceux qui le plus souvent ne parlent pas encore, n'ont parfois d'autres solutions que de brandir comme porte-drapeau rhétorique l'originalité indépassable de leurs pratiques ou de développer ce syndrome du ressentiment qui produit tant de désastres dans le monde du travail.

Pourtant, si les conditions sociales de possibilité de valorisation d'un groupe professionnel sont, comme nous le supposons, le produit d'une articulation réussie entre le marché – la demande sociale –, la morphologie du champ, c'est-à-dire l'état du rapport de force entre les différents acteurs qui y interviennent, et les ressources réelles et symboliques que ces acteurs sont susceptibles d'y investir, alors on peut faire sur le métier d'EJE les constats suivants.

---

1. Comme si la clientèle des EJE les enfermait nécessairement dans la « petitesse » ou l'infantilisation.

Le marché est aujourd'hui plutôt favorable au développement des EJE. L'augmentation du travail des femmes entraîne une forte demande de structures d'accueil, et le souci éducatif des parents dès la prime enfance place les EJE en bonne position pour se voir reconnaître les compétences qu'ils revendiquent. De plus, l'émergence sociopolitique de la « question parentale » tend à confirmer les grands axes idéologiques qui modèlent l'identité professionnelle, fondée rappelons-le sur l'hypothèse de la place prépondérante des parents dans la maturation psychologique du jeune enfant et la valorisation des rôles parentaux. L'embarras manifeste des institutions confrontées à la délinquance juvénile, de plus en plus précoce, les pousse à rechercher l'alternative familiale, ce qui explique que tous les projets innovants de la petite enfance se rangent derrière le même mot d'ordre de revalorisation des parents dans leur rôle de « premiers éducateurs ».

En fixant les conditions légales d'accès aux fonctions de direction, le décret d'août 2000 émet l'hypothèse que les valeurs qui structurent le métier d'EJE peuvent constituer une réponse préventive à la crise que traverse notre système éducatif et plus particulièrement à la « question parentale ». Plus proches de l'idéologie dominante qui prône le retour des familles et la prise en compte citoyenne, on peut supposer que les EJE entrent dans une nouvelle phase de reconnaissance où ils devraient pouvoir faire la preuve de l'originalité de leur approche éducative.

Annexes

Sommaire

Tableau chronologique

Ce tableau chronologique est extrait du mémoire de DSTS d'Annick Gervais-Karpowicz et présente l'évolution concomitante de la profession d'EJE depuis ses origines fröbeliennes jusqu'au décret de 1974 instituant le diplôme d'État d'EJE, et des lois, événements et publications en interaction avec l'histoire de la profession.

Dates	Institutions Terrains Fröbel	Institutions Écoles-Associations	Lois	Contexte-Publications
1767	Création à Ban-de-la-Roche (Bas-Rhin) d'une « école à tricoter » par le pasteur Oberlin assisté de conductrices d'enfants.			
1782				Naissance de Fröbel.
1801	Création d'une salle d'hospitalité par Mme de Pastoret.			
1805				Rencontre de Fröbel et de Pestalozzi. Stage de Fröbel à Yverdon auprès de Pestalozzi.
1816		Fröbel fonde l'Institut universel allemand d'éducation.		
1826	Création d'un nouvel asile pour 80 enfants par l'abbé Desgenettes. Fröbel ouvre plusieurs écoles à Keilhau, Burgdorf...			Ouvrages de Fröbel : *L'Éducation de l'homme*. Revue créée par Fröbel : *Les Familles éducatrices*.
1827	Création d'un asile à Paris sur l'initiative du maire.			

1828		Établissement d'un cours d'enseignement pour directeurs et directrices de salles d'asile par Mlle Millet.		
1829		Projet de Fröbel d'ouvrir un établissement d'éducation populaire, Heta, près de Meningen.		
1831	Ouverture par Fröbel, en Suisse, de l'Institut de Wartensee.			Prospectus sur l'Institut de Wartensee.
1833	Transfert de l'Institut de Wartensee à Willisau. 2 mai 36 : ouverture avec 36 enfants.		Loi Guizot réorganisant l'enseignement primaire.	Plan d'un établissement d'éducation pour les jeunes destiné au canton de Berne : Willisau.
1835				Fröbel édifie son système d'éducation de la première enfance. Arrivée de Fröbel à Burgdorf. Fröbel conçoit l'idée d'établir des instituts spéciaux pour l'éducation des enfants. Départ de Suisse. Retour en Allemagne.
1837	Installation à Blackenburg. Création par Fröbel de l'Institution pour les petits enfants.		22 déc. : rapport de Salvandy et ordonnance royale sur l'organisation des salles d'asile en France.	Fondation d'un journal : *Venez, vivons pour nos enfants*, où paraissent les premières explications de la méthode et des dons de Fröbel.

Dates	Institutions Terrains Fröbel	Institutions Écoles-Associations	Lois	Contexte-Publications
1840	Fröbel donne le nom de « jardin d'enfants » à son institution.	Inauguration le 28 juin du jardin d'enfants allemand qui servira d'établissement modèle. À ce jardin, sera adjointe une école normale pour la formation des institutrices du premier âge : les jardinières d'enfants.		
1841			22 mars : loi interdisant le travail en usine pour les enfants de moins de 8 ans.	
1843				Fröbel écrit : *Les chants de la mère* et *Cent Chansons pour les jeux de balles exécutés dans le jardin d'enfants de Blackenburg*.
1844	Ouverture de la première crèche, à Paris, par Marbeau.			Voyage de Fröbel dans toute l'Allemagne pour faire connaître ses idées et les jardins d'enfants.
1846		Formation et cours méthodiques à l'usage des jeunes femmes se destinant à l'éducation des jeunes enfants (1846 à 1848).		
1848			28 avril : arrêté donnant aux salles d'asile le nom d'école maternelle.	– Mouvements révolutionnaires en Allemagne. – Révolution de février en France. Proclamation de la IIe République.

1849				Rencontre avec Mme de Marenholtz qui devient une fervente disciple de Fröbel et contribuera plus tard à l'expansion et à la propagation des idées fröbeliennes.
1850	Transfert du jardin d'enfants à Marienthal dans un château concédé par le duc de Saxe-Meiningen.		15 mars : loi relative à l'enseignement. 5 avril : arrêté définissant le programme de l'examen des aspirantes à l'école normale des salles d'asile.	Rencontre avec le duc de Saxe-Meningen qui contribue à populariser l'œuvre de Fröbel.
1851			7 août : arrêté du ministre des Cultes du Royaume de Prusse interdisant la fondation de jardins d'enfants dans les états prussiens sauf ceux affiliés à l'Église protestante-orthodoxe.	Brochure : *Université pour les jeunes filles et les jardins d'enfants* qui aurait pour but d'inculquer l'athéisme à la jeunesse selon le ministre des Cultes ; la création de jardins d'enfants devient intolérable.
1852			3 février : arrêté donnant à l'EN des salles d'asile le nom de cours pratique des salles d'asile.	21 juin : mort de Fröbel.
1853				Mme de Marenholtz se consacre à la propagande des idées fröbeliennes par des voyages, des conférences, des publications.
1854	Angleterre : création d'un jardin d'enfants à Hampstead. Le passage de Mme de Marenholtz multiplie le nombre de jardins d'enfants à Londres.	Création de la Société des jardins d'enfants de Manchester.	16 mai : décret créant le Comité central de patronage des salles d'asile.	Ch. Dickens publie une série d'articles sur Fröbel dans *Household Words*. Mme de Marenholtz publie *Woman's Educational Mission Being an Explanation of Fröbel's System of Infant Garden.*

Dates	Institutions		Lois	Contexte-Publications
	Terrains Fröbel	Écoles-Associations		
1855	Autorisation de l'Impératrice pour l'expérimentation du programme de Fröbel dans une salle d'asile.		Décrets et arrêtés organisant les salles d'asile.	Passage de Mme de Marenholtz à Paris où elle séjourne deux ans. Elle y reçoit l'appui du Comité central des salles d'asile de Mme Pape-Carpentier, de M. Marbeau, fondateur des crèches.
1856	Création d'un certain nombre d'établissements pour l'application des principes fröbeliens.	Comité de patronage des jardins d'enfants.		
1857			28 mars : décret relatif aux salles d'asile modèles.	Mémoire présenté par Mme de Marenholtz au Congrès international de bienfaisance à Francfort : *Les jardins d'enfants.* Multiplication des Sociétés protectrices de l'enfance.
1858				Passage de Mme de Marenholtz en Belgique et en Hollande.
1859	Ouverture de plusieurs jardins d'enfants en Suisse.	M. Kölher fonde en Allemagne un institut qui devient « pépinière de jeunes jardinières d'enfants ».	31 mars : arrêté en France établissant un examen préliminaire pour les aspirantes au cours pratique des salles d'asile.	M. Jacobs : *Manuel des jardins d'enfants à l'usage des instituteurs et des mères de famille.* Soutien d'E. Quinet et de Michelet aux idées fröbeliennes.
1860		Création de la Société fröbelienne à Berlin.	Levée et abrogation de l'interdiction que le gouvernement prussien avait mise sur les jardins d'enfants.	

1863		Création par Mme de Marenholtz de la « Société pour la réalisation des idées de Fröbel ».		
1864				Fondation de l'Internationale.
1866	Création dans la plupart des grandes villes allemandes de jardins d'enfants.	Ouverture à Berlin d'une École normale à l'usage des jardinières d'enfants.		Publication par la Société créée en 1863 de : *Le Travail et la nouvelle éducation d'après la méthode de Fröbel.*
1870				Guerre franco-allemande.
1871		Italie : Congrès pédagogique à Naples émet le désir de créer des écoles normales pour la préparation des jardinières d'enfants. Association pour l'étude et la propagation des meilleures méthodes d'enseignement dans les écoles et salles d'asile.	6 juillet : décret portant dissolution du Comité central de patronage des salles d'asile.	
1872		L'association précédente prend le nom de « Société Fröbel » et est aidée par une subvention annuelle accordée par le Conseil municipal de Paris.	22 juin : Autriche, ordonnance reconnaissant aux jardins d'enfants une existence légale.	

Dates	Institutions		Lois	Contexte-Publications
	Terrains Frõbel	Écoles-Associations		
1874			23 déc. : loi Roussel. Protection des enfants de moins de 2 ans séparés de leur mère. 9 mai : loi sur le travail des enfants dans les manufactures.	
1875				Vote des lois constitutionnelles. IIIe République.
1878	Présentation à l'Exposition universelle d'un modèle de classe Frõbel qui obtient une médaille d'argent.			
1879			14 janv. : institution d'un enseignement secondaire public et laïque pour les jeunes filles.	« Société Frõbel » publie un programme pour écoles enfantines avec adaptation de la méthode frõbelienne.
1880	Autorisation d'expérimenter le programme frõbelien dans une salle d'asile.		18 mars : arrêté royal en Belgique qui institue des cours pour les futures institutrices d'école-gardienne et y enseigne la connaissance de la méthode frõbelienne. 15 sept. : le programme des exercices et des occupations de l'école-gardienne appelle cette dernière : jardin d'enfants.	
1881			Gratuité absolue de l'enseignement primaire dans les écoles publiques.	

1882		Société Frõbel devient la Société des écoles enfantines.	28 mars : enseignement obligatoire et laïque.	
1884			14 janv. : décret attribuant aux écoles normales de filles la formation des institutrices des écoles maternelles et des classes enfantines.	
1892				Première consultation de nourrissons.
1893			18 août : arrêté sur les mesures de prophylaxie. 3 mai : décret sur le travail des enfants dans les mines.	
1898			Loi interdisant de faire travailler les enfants plus de dix heures.	
1899				Société libre pour l'étude psychologique de l'enfant (A. Binet).
1901			2 juillet : loi sur les associations déclarées.	
1902	Ouverture par l'Union familiale, rue de Charonne (11e), d'un jardin d'enfants ayant un rôle éducatif plutôt que de gardiennage. Fondation par les «Œuvres du Moulin Vert» (abbé Viollet) d'un jardin d'enfants dirigé par Mlle Brandt.		Loi sur la protection de la santé publique.	Création de l'école d'infirmières de la rue Amyot à Paris.

Dates	Institutions		Lois	Contexte-Publications
	Terrains Fröbel	Écoles-Associations		
1903				Création de l'*Œuvre de présentation de l'enfance contre la tuberculose* par le Dr Grancher.
1905	Diffusion des jardins d'enfants.	Collège Lucie-Berger à Strasbourg donne des cours pédagogiques pour la formation de jardinières.	Loi sur la séparation de l'État et de l'Église.	Victoire de la gauche aux élections.
1907	Fondation par Mlle Brandt de plusieurs jardins d'enfants à Neuilly, Strasbourg, Vichy...	Première École de jardinières d'enfants créée par l'Union familiale. Délivrance d'un brevet de jardinière d'enfants.		Ouverture à Rome de la Maison des enfants par Maria Montessori.
1908	Crèche de l'Union fröbelienne française ouverte par Mlle Fanta, professeur au lycée de Sèvres : *Étude de la méthode Fröbel et son adaptation à l'éducation de la première enfance*.	École de l'Union familiale devient École pratique de formation sociale. Délivrance d'un diplôme de jardinière d'enfants.		Binet et Simon : *Le Développement de l'intelligence*.
1909		Établissement d'un cours de formation de jardinières d'enfants au collège Sévigné à Paris.		

1910	Mlle Brandt (École Fröbel de Berlin) ouvre à Thivet un jardin d'enfants campagnard. Le lycée de jeunes filles de Versailles ouvre un jardin d'enfants, puis ouverture de jardins d'enfants dans plusieurs lycées à Paris.		Loi instituant un salaire minimum.	F. Klein : *Mon filleul au jardin d'enfants*, 2 tomes. M. Perron : *Le Jardin d'enfants.*
1913				De Sollier : *Fröbel et la physiopsychologie moderne.* E. Brandt : *Manuel du jardin d'enfants.*
1914				Guerre franco-allemande.
1915			Loi réglementant la profession de sage-femme.	Revue familiale d'éducation : *Le Jardin d'enfants.*
1917				Création de l'École technique des surintendants d'usine et des services sociaux.
1918				Armistice. Création d'une école d'infirmières visiteuses de l'enfant à Lyon.
1919				Création de l'École de puériculture de la faculté de médecine de Paris. Création de l'École d'action sociale de Levallois.

Dates	Institutions		Lois	Contexte-Publications
	Terrains Fröbel	Écoles-Associations		
1921		Sous l'impulsion de Mlle Amieux, directrice de l'École normale supérieure, une formation est donnée au lycée de Sèvres aux futures jardinières d'enfants.		Création du Service social de l'enfance en danger moral.
1922	Recrutement de jardinières d'enfants dans les lycées de province pour leurs jardins d'enfants et classes enfantines.	Certificat d'aptitude à l'enseignement dans les jardins d'enfants des lycées.	12 janv. : décret instituant un certificat d'aptitude à l'enseignement dans les classes et jardins d'enfants des lycées et collèges de jeunes filles.	27 juin : diplôme officiel des infirmières hospitalières et visiteuses d'hygiène.
1923	Création du jardin d'enfants de la ville de Paris (dans les locaux H.B.J.) où l'accent est mis sur l'aspect sanitaire.	Création de l'école « Toute l'enfance en plein air ». Bastion 42. Délivrance d'un certificat professionnel de jardinières d'enfants. Bastion 42 se propose également de préparer des jardinières sociales.	22 juillet : loi nationale d'encouragement aux familles nombreuses.	Diplôme de puériculture délivré par Bastion 42. Création du Service social auprès des tribunaux.
1925		Centre d'éducation familiale et ménagère de l'Abbaye à Paris délivre un certificat d'aptitude aux fonctions de jardinières d'enfants.		Création du comité d'entente des Écoles françaises de service social (ou 1927).

1930		À cette date, ouverture de plusieurs écoles de formation de jardinières d'enfants jusqu'en 1972.		
1932	Jardin d'enfants expérimental des « Heures claires »	Centre de formation des Heures claires.		Revue : *Les Échos des Heures claires*. Brevet de capacité professionnelle d'assistance sociale.
1935				A. Ollivaud : *Les Origines intellectuelles du jardin d'enfants*.
1936		Trois centres de formation se réunissent pour un projet de syndicat.	Loi prolongeant l'obligation scolaire jusqu'à 14 ans.	Victoire du Front populaire.
1937		Création du Syndicat national des jardinières d'enfants affilié à la CFDT. Existence d'un Syndicat pédagogique du cours Sévigné, 1937.		
1938				Rupture du Front populaire.
1939				Code de la famille. 3 août : l'Angleterre et la France déclarent la guerre à l'Allemagne.
1940	La guerre est à l'origine de la création d'un nouveau mouvement de dévelop-pement des jardins d'enfants sociaux : Armée, Secours populaire, ministère, usines…			Juin : Armistice. Gouvernement de Vichy. 6 sept. : secrétariat général à la Famille et à la Jeunesse.

Dates	Institutions Terrains Fröbel	Institutions Écoles-Associations	Lois	Contexte-Publications
1941				Oct. : promulgation de la charte du travail. Débuts des Chantiers de jeunesse.
1942	– Premiers contacts avec les pouvoirs publics. Quelques directrices de centres de formation sont appelées en consultation par le secrétariat d'État à la Famille et à la Jeunesse. – Première évocation de la création d'un diplôme d'État. – Travail avec un des conseillers techniques, M. Peyssard : préparation des statuts de l'Association des centres de formation de jardinières-éducatrices.		16 déc. : loi sur la protection maternelle et infantile.	Nov. : Comité d'entente et de liaison regroupant les Associations d'assistantes sociales et d'infirmières.
1945			Parution d'un arrêté introduisant pour la première fois les mots « jardin d'enfants » dans un texte officiel pour soumettre ces établissements au contrôle des directeurs départementaux de la Santé.	8 mai : capitulation des armées allemandes. 22 nov. : ministère de la Population.
1946		– Fondation de l'Association des centres de formation de jardinières-éducatrices (ACFJE). – Élaboration d'un programme de formation et des conditions d'obtention d'un diplôme commun de jardinière-éducatrice. – Fondation de l'Union nationale des jardins d'enfants (UNJE).	28 mars : arrêté fixant les bases de traitements des jardinières et limitant à 25 le nombre des enfants qui leur sont confiés.	Ministère de la Santé et de la Population. Premier congrès de l'ANAS.

1947	Ouverture de la Maison des enfants, rue E.-Flachat à Paris (17e).			Diplôme d'État de puériculture. Création de l'ANEJI.
1950	Premier congrès des jardinières d'enfants à Paris.		12 août : décrets fixant les conditions d'installation et la qualification du personnel des garderies et jardins d'enfants ; réglementation des jardinières d'enfants au titre de la PMI.	Naissance de la *Revue de neuropsychiatrie infantile*.
1953				– Code de la santé. – Bureau universitaire de la statistique publique : « La jardinière d'enfants ».
1954	Troisième congrès des jardinières d'enfants à Paris.	Création d'un Comité consultatif des jardins d'enfants.	14 avril : arrêté concernant la qualification du personnel des jardins d'enfants. Réglementation de ces jardins d'enfants. 20 août : circulaire ayant pour objet la constitution et l'acheminement des dossiers de demandes d'agrément des centres de formation.	Création d'un dispensaire d'hygiène mentale à Paris.
1955		Création d'un Service d'information et de documentation des jardinières d'enfants.	2 août : arrêté instituant l'agrément des centres de formation.	
1956			Texte régissant l'emploi des jardinières dans les Maisons à caractère sanitaire : décret du 9 mars.	
1957	Quatrième congrès des jardinières d'enfants à Lille.	Création de l'Association des jardinières d'enfants (AJE).		– Naissance de la CEE (Europe des Six). – Ministère des Affaires sociales. – Ministère de la Santé publique et de la Population.

Dates	Institutions Terrains Frôbel	Institutions Écoles-Associations	Lois	Contexte-Publications
1958				Ve République.
1959			6 janv. : ordonnance prolongeant l'obligation de scolarité jusqu'à 16 ans. Oct. : décret organisant le statut des AS des administrations de l'État.	Président : le général de Gaulle.
1960				Ministère Debré.
1961	– Création au sein du Comité consultatif d'un groupe de travail chargé d'établir le programme de spécialisation et d'agréer les centres habilités à le donner et à délivrer un diplôme de jardinières spécialisées. – 5e congrès des jardinières à Lyon.		20 nov. : arrêté modifiant la composition du Comité consultatif des jardins d'enfants. 21 nov. : circulaire arrêtant le programme des examens des jardinières des petits.	
1962		Ouverture avec l'ACFJE d'un premier centre de formation des jardinières spécialisées sous l'égide de Mlle Rety. Diplôme de jardinière spécialisée.	1er août : circulaire arrêtant le programme de l'examen des jardinières d'enfants spécialisées.	18 mars : accords d'Évian. – Indépendance de l'Algérie. – Premier ministre : G. Pompidou. – M. David, G. Appel : *Facteurs de carences affectives dans une pouponnière*.
1963			16 mai : circulaire sur l'habilitation des centres de formation.	– BTS de conseillère ménagère. – Création du CAEI.
1964	Groupe de travail au ministère : « Commission consultative pour la spécialisation des jardinières d'enfants pour l'enfance Inadaptée ».			
1965			5 nov. : décret régissant l'emploi des jardinières dans les foyers départementaux.	30 juillet : création dans chaque département d'une Direction de l'action sanitaire et sociale.

1966				Ministère des Affaires sociales.
1967	Recherche de définition d'un programme d'étude commune en vue de la mise en place d'un diplôme d'État.	L'ACFJE s'efface devant la création du « Comité d'entente de formation des jardinières-éducatrices » (CFJE). Présidente : Mlle Réty.		22 fév. : diplôme d'État d'éducateur spécialisé.
1968				Événements de mai 68.
1969				Démission du général de Gaulle.
1970	L'appellation de jardinières d'enfants devient « éducatrices jardinières ». Diplôme inter-école délivré par le Comité d'entente des CFEJ entre 1971 et 1972.		18 sept. : arrêté sur les conditions d'admission et le programme d'études de Centre de formation d'éducateurs de jeunes enfants : réorganisation des études des jardinières.	
1971				Numéro spécial d'*Esprit* : « Le travail social ».
1972				Création d'un certificat d'aptitude aux fonctions d'aide médico-psychologique.
1973	Institution du diplôme d'éducateur de jeunes enfants.		11 janv. : décret instituant le diplôme d'État d'EJE. Création d'un Comité consultatif des EJE. 11 janv. : arrêté sur les modalités de sélection et de formation des EJE. 25 mai : arrêté concernant la liste des centres de formation ou écoles de jardinières d'enfants agréés par le ministère de la Santé publique.	Ministère de la Santé publique et de la Sécurité sociale. Diplôme de conseillère en économie familiale et sociale.

Dates	Institutions		Lois	Contexte-Publications
	Terrains Fröbel	Écoles-Associations		
1974	Élargissement des débouchés et lieux d'action pour les EJE.	Fermeture de certains centres de formation. Changement d'orientation.	Textes régissant l'emploi des EJE. 9 janv. : arrêté sur les jardins d'enfants. 24 janv. pouponnières. 5 nov. : crèches collectives, crèches familiales.	
1975	6e congrès des EJE et jardinières-éducatrices spécialisées à Paris.		16 janv. : foyers départementaux. 30 juin : enfance inadaptée.	
1976		Nomination d'une conseillère technique pour les EJE auprès du ministère des Affaires sociales.	6 avr. : établissements nationaux de bienfaisance. 15 avr. : Centre d'action médico-sociale précoce. 23 mars : emplois communaux.	Certificat d'aptitude aux fonctions d'éducateur technique spécialisé.

Corpus d'entretiens

EJE 1.
Femme, 34 ans.
Célibataire sans enfant.
Études à Saint-Honoré (Paris).
EJE en halte-garderie.

EJE 2.
Femme, 34 ans.
Célibataire sans enfant.
Études à Boulogne (92).
Responsable technique dans une crèche parentale.

EJE 3.
Homme, la trentaine.
Études à Courbevoie (Toute l'enfance en plein air).
Responsable technique dans une crèche parentale.

EJE 4.
Homme, la trentaine.
Études à Courbevoie (Toute l'enfance en plein air).
EJE en halte-garderie associative (Paris).

EJE 5.
Femme, 36 ans.
Vie maritale.
2 enfants (4 et 7 ans).
Études à Saint-Honoré (Paris).
EJE en jardin d'enfants (Paris).

EJE 6.
Femme, 40 ans.
2 enfants.
Études à Nantes.
Directrice de halte-garderie.

EJE 7.
Femme, 40 ans.
Vie maritale.
2 enfants (13 et 15 ans).
Études à Lille.
Éducatrice dans une crèche parentale.

EJE 8.
Homme, 36 ans.
Ex-instituteur de maternelle (Reims).
Études à Neuilly-sur-Marne (93).
En recherche d'emploi.

EJE 9.
Femme, 31 ans.
Célibataire.
Études à Aubervilliers (93).
Responsable d'un jardin d'enfants privé à Paris.

EJE 10.
Femme, 39 ans.
Mariée, 2 enfants (8 et 10 ans).
Études à Aubervilliers (93).
Éducatrice en crèche parentale (Paris).

EJE 11.
Femme, 31 ans.
Célibataire sans enfant.
Études à Boulogne (92).
Éducatrice dans une crèche de personnel hospitalier (province).

EJE 12.
Homme, 28 ans.
Marié à une institutrice.
1 enfant.
Études à Nantes.
Éducateur en crèche associative (province).

EJE 13.
Femme, 30 ans.
Divorcée sans enfant.
Études à Aubervilliers (93).
Responsable de halte-garderie (province).

EJE 14.
Femme, 39 ans.
Études à Angers.
Éducatrice en service de pédiatrie (hôpital).

EJE 15.
Femme, 47 ans.
Mariée, 2 enfants.
Ex-auxiliaire de puériculture.
Études en 1978.
Adjointe de direction dans une crèche familiale (Paris).

EJE 16.
Femme, 34 ans.
Mariée, 1 enfant.
Études à Saint-Honoré (Paris).
Responsable de halte-garderie.

EJE 17.
Femme, 35 ans.
Mariée.
2 enfants (5 et 10 ans).
Études à Courbevoie (Toute l'enfance en plein air).
Adjointe à la direction dans un service municipal « petite enfance ».

EJE 18.
Femme, 26 ans.
Célibataire.
Études à l'Horizon (Paris).
Responsable technique en crèche parentale (province).

EJE 19.
Femme, 38 ans.
Mariée, 1 enfant.
Études à Aubervilliers (93).
Responsable technique dans une crèche parentale associative (province).

EJE 20.
Femme, 37 ans.
Mariée, sans enfant.
Études à Rennes.
EJE dans une crèche collective municipale (province).

EJE 21.
Femme, 36 ans.
Divorcée, 2 filles (12 et 18 ans).
Études à Aubervilliers (93).
EJE en crèche collective (93).

EJE 22.
Femme.
Études à Aubervilliers (93).
Responsable de l'accueil jeux en PMI.

EJE 23.
Femme, 37 ans.
Mariée, 1 enfant (19 mois).
Études au Havre.
EJE en service pédiatrique.

EJE 24.
Femme, 50 ans.
Célibataire sans enfant.
Vie maritale.
Formation de jardinière d'enfants à Toulouse (1966).
Responsable de halte-garderie.

EJE 25.
Femme, 33 ans.
2 filles (2 et 6 ans).
Études à Saint-Honoré (Paris).
Directrice adjointe de crèche collective (non statutaire).

Programme de formation

UF1 : Pédagogie et relations humaines (160 heures dont 20 heures d'approfondissement)

1. Objectif

Cette unité de formation a pour objectif, à partir d'une meilleure connaissance de soi et des autres :

– de donner à l'éducateur de jeunes enfants les éléments de connaissance indispensables sur les processus de construction de la personnalité ;

– de développer chez l'éducateur de jeunes enfants les facultés d'observation et d'analyse des relations interindividuelles et de groupe ;

– de permettre à l'éducateur de jeunes enfants l'assimilation de connaissances constitutives d'une démarche pédagogique.

Ceci suppose une introduction portant sur l'apport des sciences humaines et leurs limites, ainsi que sur des notions fondamentales de psychologie, sociologie, pédagogie, philosophie, ethnologie, anthropologie.

2. *Contenu*

– évolution générale de l'être humain : étude des stades du développement enfance, adolescence, âge adulte, vieillesse ;

– apports des théories psychologiques, sociologiques, pédagogiques ;

– approches systémiques et analytiques et leurs applications ;

– apprentissage des rapports sociaux ;

– autonomie et constructions identitaires.

• Psychologie

– analyse des facteurs du développement de l'être humain ;

– courants théoriques actuels : leur analyse, leur comparaison ;

– influence de l'environnement sur le développement cognitif ;

– autonomie, initiative, créativité ;

– formation des concepts ;

– classification des concepts, modes d'expression de la personnalité ;

– la mesure en psychologie : tests, statistiques, et leurs limites.

• Pédagogie

a) Épistémologie des pédagogies :

– fondements théoriques et idéologiques des pédagogies ;

– apprentissage et enseignement des pédagogies : théories de l'apprentissage, conditions fondamentales de l'apprentissage.

b) Histoire de l'éducation : éducation contemporaine et systèmes d'éducation.

c) La relation enfant-adulte : prise en compte des différentes cultures, adaptations pédagogiques ;

– famille, éducation, information sexuelle.

• Anthropologie

– le comportement social ;

– modes d'organisations sociales ;

– mobilité sociale.

3. Contrôle continu

Le contrôle continu des connaissances consiste au choix du candidat soit en une épreuve écrite portant sur les différentes disciplines inscrites dans l'unité de formation, soit en la rédaction d'une note (dix pages environ) faisant apparaître des réflexions théoriques posées à partir d'une problématique de stage.

UF2 : Pédagogie de l'expression et techniques éducatives (160 heures dont 20 heures d'approfondissement)

1. Objectif

Cette unité de formation a pour objectif de permettre à l'éducateur de jeunes enfants :

– de mettre en œuvre et de développer des processus de créativité ;

– d'acquérir des outils éducatifs, supports à la communication et à l'expression des personnes, notamment des enfants ;

– d'utiliser des techniques éducatives dans un projet de développement de l'enfant.

2. Contenu

a) Formation générale (40 heures) :

– initiation aux formes d'expression et de créativité faisant appel à diverses techniques (picturale, musicale, vocale, corporelle...) ;

– réflexion sur la créativité, l'art et l'action.

b) Au moins deux ou trois techniques éducatives au choix (100 heures) dont 20 heures d'approfondissement d'une technique pour utiliser les techniques en fonction de l'âge des enfants et des structures où elles sont mises en place : gestion des techniques, évaluation, réajustement, adaptation des projets si nécessaire.

3. Contrôle continu

Une réalisation ou un projet individuel ou collectif sera exigé des stagiaires. L'évaluation portera sur l'intérêt du projet en termes de finalités éducatives. Cet exercice doit dans tous les cas laisser une large initiative aux stagiaires et permettre d'éprouver leur sens d'une « créativité éducative ».

UF3 : Connaissance du jeune enfant de 0 à 7 ans et pédagogie spécifique (240 heures dont 40 heures d'approfondissement)

1. Objectif

À partir des éléments généraux acquis dans l'unité de formation « pédagogie et relations humaines » et dans le contexte des politiques sociales de l'enfant et de la famille, cette unité de formation a pour objectif d'acquérir une méthodologie professionnelle, base de l'action éducative.

Ceci suppose l'acquisition de connaissances théoriques, spécifiques, en référence aux besoins observés des enfants bien portants, malades, convalescents, ou privés de milieu familial, dans l'environnement familial économique et social et dans une perspective de projet. L'éducateur de jeunes enfants doit être capable :

– d'analyser les éléments et les enjeux constitutifs des situations éducatives (enfants, milieu, institution...) ;

– de proposer aux jeunes enfants les conditions relationnelles et pédagogiques propres à favoriser leur dynamique évolutive : écoute, verbalisation, animation, prise en compte des activités ludiques au sein d'un groupe, utilisation de médiateurs ;

– d'élaborer des projets : les formaliser, en définir les moyens, les mettre en œuvre, les évaluer et les communiquer ;

– de prendre conscience de l'impact de sa subjectivité dans la relation éducative et de l'interculturalité ;

– d'évaluer les limites de son intervention ;

– d'assumer sa responsabilité d'éducateur de jeunes enfants, en référence à une éthique professionnelle.

2. Contenu

– développement de l'enfant de 0 à 7 ans dans tous ses registres (psychomoteur, cognitif, affectif, social...) ;

– dysfonctionnements du développement chez l'enfant ;

– processus d'acquisition du langage ;

– fonctions du jeu chez l'enfant ;

– techniques et pratiques professionnelles spécifiques de l'éducation des jeunes enfants ;

– sensibilisation aux images, aux textes, à la lecture et à la littérature enfantine.

3. Contrôle continu

Le contrôle continu comporte, au choix des candidats :

– soit une dissertation de psychopédagogie, effectuée dans les conditions de l'examen, comportant le choix entre deux sujets de nature différente (situation professionnelle, commentaire de texte ou de citation) ;

– soit un contrôle de connaissances (par exemple sous forme de questionnaire multiple portant sur les grands courants pédagogiques).

En outre, le candidat devra choisir entre :

– une fiche de lecture sur un ouvrage dont le choix a été approuvé par le responsable de l'unité de formation ;

– un travail écrit à finalité éducative ou pédagogique.

UF4 : Vie collective (160 heures dont 20 heures d'approfondissement)

1. Objectif

Cette unité de formation a pour objectif de permettre à l'éducateur de jeunes enfants de se situer dans une équipe pluriprofessionnelle.

– d'acquérir une démarche de partenariat et de former des réseaux des différents acteurs concernés par l'enfance ;

– de se forger une identité professionnelle.

2. Contenu

• L'institution :

– cadres institutionnels ;

– les acteurs sociaux ;

– les politiques sociales et les choix faits en matière de petite enfance.

• Le groupe :

– notion de groupe ;

– phénomène d'identification ;

– expression verbale et non verbale ;

– organisation de la vie en collectivité au quotidien, dans différentes structures (internats, hôpitaux, foyers, jardins d'enfants, haltes-garderies, crèches, ateliers, colonies de vacances, salles d'attente, consultations de PMI...) ;

– communication au regard de la profession : émetteur-récepteur, feed-back, difficultés et obstacles à la communication.

• L'équipe :

– présentation des principaux intervenants dans la structure d'accueil et réflexion sur le travail pluriprofessionnel ;

– partenariats (parents, partenaires concernés par la petite enfance, élus locaux, conseil général, CAF, réseaux professionnels de la petite enfance, notamment l'école maternelle et les centres de loisirs) ;

– relations interpersonnelles ;

– les rôles, les représentations et les modèles ;

– théories de la communication et leurs dysfonctionnements.

3. *Contrôle continu*

Le candidat devra choisir entre :

– la rédaction d'un document technique qui formalise des synthèses éducatives. Ce travail pourra être individuel ou collectif ;

– un journal d'observations relatives à la vie d'un groupe sur un terrain de stage pendant une durée donnée, sous forme écrite et individuelle ;

– une note écrite, individuelle, justifiant de l'implication de l'étudiant dans un groupe avec une dimension d'auto-évaluation.

UF5 : Santé, éducation sanitaire et protection médico-sociale (160 heures dont 20 heures d'approfondissement)

1. *Objectif*

Cette unité de formation doit permettre à l'éducateur de jeunes enfants :

– d'acquérir une connaissance de la santé, de la croissance de l'enfant et des pathologies infantiles ;

– de prévenir les perturbations, les accidents et de maintenir le bien-être de l'enfant ;

– de concevoir des conditions d'environnement qui assurent l'hygiène et la sécurité de l'enfant ;

– de connaître l'organisation du système et des politiques de santé.

2. Contenu

I. Santé (100 heures)

Il conviendra d'ajouter 20 heures d'approfondissement, au choix du centre, qui porteront sur un aspect de cette unité de formation.

a) Le nouveau-né, le nourrisson :

– alimentation ;

– vaccins, sérums ;

– le suivi médical de l'enfant ;

– le rythme de vie.

b) Soins d'urgence, conduites à tenir :

– les gestes d'urgence, les personnes à prévenir ;

– les blessures, infections des blessures ;

– insolation, précautions à prendre pour les éviter ;

– brûlures (soins) ;

– fièvre ;

– saignements de nez ;

– douleurs abdominales ;

– corps étranger dans l'oreille, le nez, la gorge, l'œil, la peau ;

– morsures d'animaux, piqûres d'insectes.

c) Règles d'hygiène en collectivité :

– composition d'une trousse à pharmacie d'urgence pour les promenades et dans les établissements ;

– pédagogie de l'hygiène au niveau des enfants, et au niveau des personnels.

d) Les principales maladies infantiles :

– les enseignements relatifs à cette unité de formation devront s'appuyer sur des notions de pédiatrie, rappel d'anatomie, de physiologie, de pathologie infantile, d'accidents, de soins et de dépistages précoces des déficiences sensorielles et mentales, etc. ;

– les allergies, rhinites, asthme, dermatoses, maladies psychosomatiques, précautions à prendre ;

II. Organisation du système et des politiques de santé

Il sera consacré 40 heures à cette étude qui traitera les points suivants :

– l'Organisation mondiale de la santé ;

– l'aide humanitaire ;

– les systèmes et politiques de santé en France et, à titre comparatif, dans un ou plusieurs pays de la Communauté européenne.

3. Contrôle continu

Le contrôle continu comporte deux épreuves écrites :

– un questionnaire (dix questions courtes) ;

– un travail sur table sur les conduites d'urgence à tenir.

UF6 : Droit, économie, société (180 heures dont 20 heures d'approfondissement)

1. Objectif

Cette unité de formation doit permettre à l'éducateur de jeunes enfants d'acquérir les moyens de concevoir et d'élaborer sa pratique professionnelle au regard des réalités juridiques, économiques, administratives, politiques, sociales et culturelles.

2. Contenu

I. a) Introduction au droit (60 heures) :

– éléments de droit constitutionnel ;

– libertés publiques ;

– notions de droit du travail ;

– droit des personnes et de la famille ;

– Convention internationale des droits de l'enfant ;

– institutions judiciaires et protection judiciaire de la jeunesse ;

– droit des usagers.

b) Système de protection sociale :

– Sécurité sociale et système de prestations familiales ;

– aide et action sociale : protection médicale, institutions territoriales, organismes chargés de l'insertion et de l'emploi ;

– RMI ;

– protection maternelle et infantile ;

c) Cadres institutionnels de l'action sociale :

– services de l'État (DDASS, DRASS...) ;

– décentralisation, transfert des compétences... ;

– collectivités territoriales : compétences, organismes sociaux dont ils ont la charge.

II. Initiation économique et sociale (40 heures) :

– finances publiques, grands circuits publics de financements ;

– marché du travail (emploi-chômage) ;

– causes et conséquences économiques des migrations internes, de l'immigration et de l'émigration ;

– gestion des associations ;

– budget d'établissement.

• Sciences sociales (40 heures) :

– groupes ethniques : structures sociales et familiales ;

– influences des cultures et des différents modes de vie ;

– l'aculturation ;

– l'école dans la société française ;

– politiques sociales concernant le secteur de la petite enfance et de la famille ;

– société actuelle ;

– conception de l'État et de la société.

III. Communication sociale (40 heures) :

– communication et médias ;

– information, publicité, marketing ;

– opinion publique, presse, puissance de l'audiovisuel ;

– les différents groupes sociaux ;
– la famille ;
– chômage, habitat ;
– modes de prise en charge de la petite enfance et structures d'accueil ;
– école et scolarisation ;
– la sexualité infantile ;
– accueil des enfants handicapés, immigrés, séropositifs, la solitude des enfants... ;
– prostitution infantile ;
– loisirs et culture ;
– la prison pour l'enfant et la mère, la famille et le retour de l'enfant dans un environnement social.

3. Contrôle continu

Le contrôle continu devra consister en une épreuve écrite portant sur un sujet interdisciplinaire, une fiche de lecture sur un ouvrage et un dossier pluridisciplinaire.

UF7 : Culture professionnelle, méthodologie et technique (140 heures)

Cette unité de formation comprend deux modules.

I – MODULE DE 100 HEURES

1. Objectif

Ce premier module, de 100 heures, traite de la culture professionnelle. Il a pour objectif de permettre à l'étudiant d'approfondir un domaine particulier de l'action professionnelle, d'acquérir la capacité à se situer en tant qu'éducateur de jeunes enfants dans des contextes institutionnels divers et de s'inscrire dans des processus innovants.

En s'appuyant sur des savoirs acquis dans d'autres unités de formation et sur plusieurs disciplines, cette unité de formation doit prendre en compte :

– l'approfondissement d'une méthode ou technique en liaison avec un stage ;

– la maîtrise approfondie d'un support à la relation éducative ;

– la capacité à être interlocuteur des différentes composantes de l'environnement de l'enfant et partenaires dans une équipe pluridisciplinaire. Cette unité peut être dispensée tout ou partie sur le terrain.

2. Contenu

L'éducateur de jeunes enfants, sa responsabilité éducative, ses interventions, ses limites et la déontologie :

– encadrement éducatif ;

– accompagnement affectif ; créer un climat favorable à l'épanouissement des enfants en stimulant leur développement global ;

– savoir analyser les supports de l'acte éducatif.

a) Approfondissement d'une méthode ou technique en liaison avec un stage (surtout les stages longs) :

– Decroly ;

– Steiner ;

– méthodes actives ;

– Freinet ;

– Montessori.

b) Maîtrise approfondie d'un outil : support à la relation éducative :

– les histoires, aspects culturels de la littérature enfantine, le conte et l'enfant ;

– la presse enfantine, la poésie, l'audiovisuel ;

– les matériaux du livre ;

– les marionnettes, théâtre, déguisements ;

– le jeu, les fonctions du jeu, des jouets (transmission culturelle, anthropologie) ;

– informatique (logiciels), jeux et apprentissages ; la programmation, son évaluation ;
– activités ludiques chez les enfants de 3 ans et les autres ;
– les pré-apprentissages et les apprentissages scolaires ;
– lecture ;
– langue étrangère pour l'éducateur et l'enfant ;
– accueil en service type centre social, en milieu ouvert ;
– aménagement de l'espace ;
– loisirs (centres et parcs de loisirs, terrains d'aventure) ;
– initiation aux sports pour enfants (bébés nageurs) ;
– vacances en collectivité (clubs animation, plages...).

3. *Contrôle continu*

À partir d'un exposé, présentation d'un thème ou d'une technique d'animation sous forme de table ronde, de débat ou dans un lieu de stage ou dans le centre de formation.

II – MODULE DE 40 HEURES

1. *Objectif*

Ce deuxième module, qui porte sur la méthodologie et la technique, a pour objectif de permettre à l'éducateur de jeunes enfants :
– d'affiner ses capacités d'expression écrite et orale ;
– d'acquérir des méthodes de travail.

2. *Contenu*

– prise de notes, fiche de lecture ;
– technique du plan ;
– bibliographie ;
– expression orale/expression écrite :
– entretien ;
– constitution de dossiers, de projets, de rapports, de synthèses et d'évaluation ;

– colloques ;
– conférences ;
– entraînement à l'examen ;
– mémoire.

3. Contrôle continu

– compte rendu ;
– contraction ;
– fiche de lecture ;
– exposé oral ou écrit ;
– constitution d'un dossier ;
– constitution d'un projet.

Les stages

Orientations générales

Les stages permettent à chaque étudiant d'analyser et d'agir en se référant à ses connaissances théoriques, en utilisant au mieux les outils professionnels à adapter aux situations rencontrées.

À partir d'un apprentissage clinique, les stages nourrissent la formation psychopédagogique de l'éducateur de jeunes enfants.

L'éducateur de jeunes enfants doit être mis en situation professionnelle réelle, en particulier pendant les stages longs, et non en situation de simple observateur.

L'éducateur de jeunes enfants doit être capable de dépasser l'intervention purement relationnelle pour mettre en œuvre des supports d'une action éducative.

Il devra élaborer ou gérer un projet éducatif, savoir préciser les buts, les moyens retenus, expliciter les activités spécifiques choisies, les situer par rapport au projet institutionnel, tenir compte de la progression éducative et en mesurer les effets.

Organisation

Neuf mois de stage, découpés en trois stages au moins, en cohérence avec l'architecture pédagogique, dont :

– un stage long d'au moins douze semaines (stage à responsabilité) ;

– deux stages courts d'au moins six semaines ;

– un stage hors structures d'accueil de la petite enfance.

Un des stages se déroulera en internat, dans tout type de structure éducative comprenant un service hébergement.

Les trois stages effectués dans les structures d'accueil de jeunes enfants doivent permettre de connaître une réelle pluralité d'institutions et les différents âges de la petite enfance.

L'un d'entre eux peut être effectué dans un des pays membres de la Communauté européenne.

Lorsque l'intérêt particulier d'un terrain de stage le justifie, le stage peut être effectué, après autorisation de la DRASS, sur le territoire d'un pays non membre de la Communauté européenne.

Les stages effectués dans les structures d'accueil donnent lieu à l'établissement de conventions entre le service d'accueil, le centre de formation et le stagiaire.

La liste des stages, portant indication des responsables de stages, est communiquée lors de chaque rentrée scolaire à la Direction régionale des affaires sanitaires et sociales.

Évaluation des stages

Les stages donnent lieu à une double évaluation.

I – Par les responsables de stages

Elle portera sur trois rubriques.

a) Aptitudes générales professionnelles et personnelles de l'éducateur de jeunes enfants :

– capacité d'initiative et prise de responsabilités ;

– connaissances professionnelles ;

– disponibilité ;

– aisance relationnelle.

b) Relations avec les jeunes enfants :

– connaissance des enfants de 0 à 7 ans ;

– capacité à repérer et utiliser les ressources de l'environnement pour mener une action éducative ;

– aptitudes à rendre compte, à élaborer une synthèse, à mesurer les effets éducatifs d'une action.

c) Insertion dans une équipe et dans un milieu professionnel :

– aptitude à travailler avec les membres d'une équipe ;

– aptitude à analyser le rôle de l'éducateur de jeunes enfants dans le fonctionnement de l'équipe et de l'institution.

II – Par les responsables du centre de formation

Elle portera de manière synthétique sur l'ensemble des travaux écrits produits par le stagiaire et sa capacité à faire le lien entre ses acquis de connaissances et son expérience de stage.

Un compte rendu de la visite de stage est obligatoire pour le stage long.

Travaux écrits exigés des stagiaires

1. Un rapport relatif au stage de responsabilité éducative (stage long) de 10 pages au maximum. Après une brève présentation du terrain et de son projet pédagogique, l'étudiant doit faire apparaître l'utilisation de ses observations pratiques et la recherche de supports à l'action éducative en situation de responsabilité éducative.

Les étudiants qui bénéficient d'une dispense de ce stage sont tenus de remettre un rapport de 10 pages au maximum retraçant une situation de responsabilité éducative à laquelle ils participent.

2. Une brève note (4-5 pages) portant, au choix du stagiaire, sur l'un des deux stages de découverte et donnant, à partir de son expérience de stage, son analyse du rôle de l'éducateur de jeunes enfants dans la structure d'accueil.

3. Une brève note (2-3 pages) sur le stage externe, faisant apparaître le lien entre l'expérience de stage et un aspect du programme de formation.

Schéma de la formation d'éducateur de jeunes enfants

UF1
Pédagogie
et relations humaines
160 h.
20 h.

UF2
Pédagogie de l'expression
et techniques éducatives
160 h.
20 h.

UF5
Santé et sécurité
de l'enfant
160 h.
20 h.

UF4
Vie collective
160 h.
20 h.

UF3
Connaissance approfondie
du jeune enfant de 0 à 7 ans
et pédagogie spécifique EJE
240 h.
40 h.

UF6
Droit, économie
et société
180 h.
20 h.

UF7
Module 1 :
Culture professionnelle spécifique
100 h.
Module 2 :
Technique et méthode
40 h.
20 heures d'approfondissement

<u>Formation pratique</u>
36 semaines de stage :
– 2 stages d'au moins 6 semaines
– 1 stage à responsabilité de 12 semaines + 1 stage externe

Textes de référence pour le cadre d'emplois des EJE territoriaux

Décret n° 91-875 du 6 septembre 1991 (*JO* du 7-12-1992), modifié par le décret n° 92-1059 du 1er octobre 1992 (*JO* du 2-10-1992) et par le décret n° 92-1305 du 5 décembre 1992 (*JO* du 17-12-1992) relatif au **régime indemnitaire** des fonctionnaires territoriaux.

Circulaire du 14 octobre 1992 du ministère de l'Intérieur et de la Sécurité publique. Régime indemnitaire des fonctionnaires territoriaux de la filière médico-sociale.

Arrêté du 18 mars 1993 relatif aux modalités d'**organisation de l'examen professionnel** d'accès au grade d'éducateur-chef de jeunes enfants territorial. ***JO* du 26 mars 1993.**

Décret n° 93-1157 du 22 septembre 1993 et **décret du 5 février 1993** fixant une **bonification judiciaire majorée de 15 points** pour les EJE exerçant à titre exclusif leurs fonctions dans les grands ensembles ou quartiers d'habitat dégradé dont la liste est fixée par le décret du 5 février 1993. ***JO* du 13 octobre 1993** et ***JO* du 13 février 1993.**

Décret n° 95-31 du 10 janvier 1995 portant **statut particulier** du cadre d'emplois des éducateurs territoriaux de jeunes enfants. ***JO* du 12 janvier 1995.**

Décret n° 95-32 du 10 janvier 1995 portant **échelonnement indiciaire** applicable aux éducateurs territoriaux de jeunes enfants. ***JO* du 12 janvier 1995.**

Arrêté du 19 octobre 1995 modifiant l'arrêté du 18 mars 1993 relatif aux **modalités d'organisation de l'examen professionnel d'accès au grade d'éducateur-chef de jeunes enfants territorial. *JO* du 20 octobre 1995.**

Décret n° 96-101 du 6 février 1996 portant **modifications de certaines dispositions relatives à la fonction publique territoriale. *JO* du 8 février 1996.**

Décret n° 98-68 du 2 février 1998 portant **modifications de certaines dispositions relatives à la fonction publique territoriale. *JO* du 6 février 1998.**

Échelonnement indiciaire des EJE

Éducateur de jeunes enfants	Indices bruts	Indices majorés au 1/8/1991	Salaires bruts au 1/4/1998
12e échelon	558	470	**12 857 F**
11e échelon	520	443	**12 119 F**
10e échelon	500	428	**11 708 F**
9e échelon	470	407	**11 134 F**
8e échelon	452	407	**10 723 F**
7e échelon	420	368	**10 067 F**
6e échelon	390	352	**9 629 F**
5e échelon	380	344	**9 410 F**
4e échelon	362	330	**9 027 F**
3e échelon	350	321	**8 781 F**
2e échelon	335	309	**8 453 F**
1er échelon	322	300	**8 207 F**

Éducateur principal	Indices bruts	Indices majorés au 1/8/1991	Salaires bruts au 1/4/1998
5e échelon	593	497	**13 596 F**
4e échelon	543	459	**12 556 F**
3e échelon	519	443	**12 119 F**
2e échelon	499	427	**11 681 F**
1er échelon	471	407	**11 134 F**

Éducateur-chef	Indices bruts	Indices majorés au 1/8/1991	Salaires bruts au 1/4/1998
7e échelon	638	531	**14 526 F**
6e échelon	600	502	**13 733 F**
5e échelon	560	472	**12 912 F**
4e échelon	525	447	**12 228 F**
3e échelon	480	413	**11 298 F**
2e échelon	455	394	**10 778 F**
1er échelon	422	370	**10 121 F**

Le décret « petite enfance » (août 2000)

JO numéro 181 du 6 août 2000,
Textes généraux
Ministère de l'Emploi
et de la Solidarité
Décret n° 2000-762 du 1er août 2000
relatif aux établissements et services
d'accueil des enfants de moins
de 6 ans et modifiant le code
de la santé publique
(deuxième partie :
décrets en Conseil d'État)
NOR : MESD0022398D

Le Premier ministre,

Sur le rapport de la ministre de l'Emploi et de la Solidarité,

Vu le code de la santé publique, notamment les articles L. 2324-1 à L. 2324-4 ;

Vu le décret 92-785 du 6 août 1992 relatif à la protection maternelle et infantile ;

Vu l'avis du conseil d'administration de la Caisse nationale des allocations familiales en date du 6 juin 2000 ;

Le Conseil d'État (section sociale) entendu,

Décrète :

Art. 1er. Au chapitre V du titre 1er du livre II du code de la santé publique, il est rétabli une section 2 ainsi rédigée :

« Section 2

« Établissements d'accueil des enfants de moins de 6 ans

« Sous-section 1

« Établissements d'accueil, à l'exception des centres de vacances, de loisirs ou de placement de vacances

« Art. R. 180. – Sont soumis aux dispositions de la présente sous-section les établissements et services gérés par une personne physique ou morale de droit privé et les établissements et services publics, visés aux premier et deuxième alinéas de l'article L. 2324-1.

« Paragraphe 1

« Missions

« Art. R. 180-1. – Les établissements et les services d'accueil veillent à la santé, à la sécurité et au bien-être des enfants qui leur sont confiés, ainsi qu'à leur développement. Ils concourent à l'intégration sociale de ceux de ces enfants ayant un handicap ou atteints d'une maladie chronique. Ils apportent leur aide aux parents afin que ceux-ci puissent concilier leur vie professionnelle et leur vie familiale.

« Ils comprennent les établissements assurant l'accueil collectif non permanent d'enfants et les services assurant l'accueil familial non permanent d'enfants au domicile d'assistantes maternelles.

« Cet accueil peut être régulier, le cas échéant à temps partiel, ou occasionnel.

« Les établissements ou services peuvent assurer un multi-accueil, associant un accueil régulier et occasionnel, ou un accueil familial et collectif.

« Les établissements d'accueil collectif gérés par une association de parents qui participent à l'accueil sont dénommés établissements à gestion parentale.

« Paragraphe 2

« Procédure de création, d'extension ou de transformation

« Art. R. 180-2. – L'autorisation ou l'avis mentionnés à l'article L. 2324-1 doivent être sollicités auprès du président du conseil général du département dans lequel est implanté l'établissement ou le service demandeur.

« Tout dossier de demande d'autorisation ou d'avis doit comporter les éléments suivants :

« 1) Une étude des besoins ;

« 2) L'adresse de l'établissement ou du service d'accueil ;

« 3) Les statuts de l'établissement ou du service d'accueil ou de l'organisme gestionnaire, pour les établissements et services gérés par une personne de droit privé ;

« 4) Les objectifs, les modalités d'accueil et les moyens mis en œuvre, en fonction du public accueilli et du contexte local, notamment en ce qui concerne les capacités d'accueil, et les effectifs ainsi que la qualification des personnels ;

« 5) Le nombre de places d'accueil régulier que l'établissement souhaite pouvoir utiliser pour de l'accueil occasionnel, ou réciproquement, en cas de multi-accueil ;

« 6) Le nom et la qualification du directeur ou, pour les établissements à gestion parentale, du responsable technique ;

« 7) Le projet d'établissement ou de service prévu à l'article R. 180-10 et le règlement intérieur prévu à l'article R. 180-11, ou les projets de ces documents s'ils n'ont pas encore été adoptés ;

« 8) Le plan des locaux avec la superficie et la destination des pièces.

« Art. R. 180-3. – I. – Le président du conseil général dispose d'un délai de trois mois, à compter de la réception d'un dossier complet, pour délivrer ou refuser l'autorisation prévue au premier alinéa de l'article L. 2324-1. Il dispose d'un délai d'un mois à compter de la réception du dossier pour demander les pièces complémentaires nécessaires à son instruction. Il est accusé réception du dossier complet.

« Le président du conseil général sollicite l'avis du maire de la commune d'implantation. Cet avis lui est notifié dans un délai d'un mois. À défaut de notification dans ce délai, l'avis est réputé avoir été donné.

« À défaut de réponse du président du conseil général dans le délai de trois mois, l'autorisation d'ouverture est réputée acquise.

« II. – L'autorisation délivrée par le président du conseil général mentionne les modalités de l'accueil, les prestations proposées, les capacités d'accueil et l'âge des enfants accueillis, les conditions de fonctionnement, les effectifs ainsi que les qualifications des personnels. Elle mentionne également le nom du directeur ou, pour les établissements à gestion parentale, du responsable technique, lorsque celui-ci dirige l'établissement ou le service.

« L'autorisation peut prévoir des capacités d'accueil différentes suivant les périodes de l'année, de la semaine ou de la journée, compte tenu des variations prévisibles des besoins d'accueil.

« S'agissant d'établissements assurant un multi-accueil collectif, l'autorisation précise le nombre de places d'accueil régulier pouvant être utilisé pour de l'accueil occasionnel et réciproquement, suivant des modalités définies dans le projet d'établissement.

« Art. R. 180-4. – I. – Le président du conseil général dispose d'un délai de trois mois, à compter de la réception d'un dossier complet, pour notifier à la collectivité publique intéressée l'avis prévu au deuxième alinéa de l'article L. 2324-1. Il dispose d'un délai d'un mois à compter de la réception du dossier pour demander les pièces complémentaires nécessaires. Il est accusé réception du dossier complet.

« À défaut de réponse dans le délai qui lui est imparti, l'avis du président du conseil général est réputé avoir été rendu.

« II. – L'avis du président du conseil général porte notamment sur les prestations proposées, sur les capacités d'accueil et, dans le cas de multi-accueil, sur les modalités d'attribution des places, sur l'adéquation des locaux, sur les conditions de fonctionnement de l'établissement ou du service, sur les effectifs ainsi que sur la qualification des personnels.

« Art. R. 180-5. – Dans le cadre de la procédure d'autorisation ou d'avis de création, d'extension ou de transformation, une visite sur place de l'établissement ou du service est effectuée préalablement par le médecin responsable du service de protection maternelle et infantile, ou par un médecin du même service qu'il délègue.

« Cette visite a pour objet d'évaluer si les locaux et leur aménagement répondent aux objectifs et aux conditions définis à l'article R. 180-9, compte tenu de l'âge et des besoins des enfants accueillis.

« Art. R. 180-6. – Tout projet de modification portant sur un des éléments du dossier de demande d'autorisation ou d'avis, ou sur une des mentions de l'autorisation, est porté sans délai à la connaissance du président du conseil général par le directeur ou le gestionnaire de l'établissement ou du service. Le président du conseil général peut, dans un délai d'un mois, selon le cas, refuser la modification ou émettre un avis défavorable à l'exécution de celle-ci. Le refus est prononcé s'il estime que la modification ne respecte pas les conditions d'organisation, de fonctionnement et de qualification des personnels prévues par les dispositions de la présente sous-section, ou qu'elle est de nature à compromettre la santé, la sécurité ou le bien-être des enfants accueillis.

« Paragraphe 3

« Organisation et fonctionnement

« Art. R. 180-7. – I. – Les établissements d'accueil collectif, qui reçoivent régulièrement des enfants de moins de 3 ans ou occasionnellement des enfants de moins de 6 ans, doivent être organisés de telle sorte que la capacité de chaque unité d'accueil ne dépasse pas soixante places.

« Toutefois, la capacité des établissements à gestion parentale ne peut dépasser vingt places. À titre exceptionnel, eu égard aux besoins des familles et aux conditions de fonctionnement de l'établissement, elle peut être portée à vingt-cinq places, par décision du président du conseil général, après avis du médecin responsable du service de protection maternelle et infantile, ou d'un médecin du même service qu'il délègue.

« Pour les établissements d'accueil régulier d'enfants de 3 à 6 ans, dénommés jardins d'enfants, l'effectif de l'unité d'accueil peut atteindre quatre-vingts places.

« II. – La capacité des services d'accueil familial ne peut être supérieure à cent cinquante places.

« III. – Un établissement multi-accueil assurant à la fois de l'accueil collectif et de l'accueil familial ne peut avoir une capacité globale supérieure à cent places.

« Art. R. 180-8. – Des enfants peuvent être accueillis en surnombre certains jours de la semaine, dans la limite de 10 % de la capacité d'accueil autorisée pour l'établissement ou le service considéré et à condition que le taux d'occupation n'excède pas 100 % en moyenne hebdomadaire.

« Art. R. 180-9. – Les locaux et leur aménagement doivent permettre la mise en œuvre du projet éducatif.

« Les personnels des établissements doivent pouvoir y accomplir leurs tâches dans des conditions satisfaisantes de sécurité, d'hygiène et de confort, en portant aux enfants une attention constante et en organisant de manière adaptée à leurs besoins les repas, le sommeil, le repos, les soins corporels et les activités de jeu et d'éveil.

« L'aménagement intérieur des établissements doit favoriser en outre l'accueil des parents et l'organisation de réunions pour le personnel.

« Les services d'accueil familial doivent disposer d'un local réservé à l'accueil des assistantes maternelles et des parents, d'une salle de réunion et d'un espace réservé aux activités d'éveil des enfants.

« Art. R. 180-10. – Les établissements et services d'accueil élaborent un projet d'établissement ou de service qui comprend les éléments suivants :

« 1) Un projet éducatif pour l'accueil, le soin, le développement, l'éveil et le bien-être des enfants ;

« 2) Un projet social ;

« 3) Les prestations d'accueil proposées ;

« 4) Le cas échéant, les dispositions particulières prises pour l'accueil d'enfants atteints d'un handicap ou d'une maladie chronique ;

« 5) La présentation des compé tences professionnelles mobilisées ;

« 6) Pour les services d'accueil familial, les modalités de formation des assistantes maternelles, du soutien professionnel qui leur est apporté et du suivi des enfants au domicile de celles-ci ;

« 7) La définition de la place des familles et de leur participation à la vie de l'établissement ou du service ;

« 8) Les modalités des relations avec les organismes extérieurs.

« Art. R. 180-11. – Les établissements et services d'accueil élaborent un règlement intérieur qui précise les modalités d'organisation et de fonctionnement de l'établissement ou du service, et notamment :

« 1) Les fonctions du directeur ou, pour les établissements à gestion parentale, du responsable technique ;

« 2) Les modalités permettant d'assurer, en toutes circonstances, la continuité de la fonction de direction ;

« 3) Les modalités d'admission des enfants ;

« 4) Les horaires et les conditions de départ des enfants ;

« 5) Le mode de calcul des tarifs ;

« 6) Les modalités du concours du médecin attaché à l'établissement ou au service, et des professionnels visés à l'article R. 180-18 ;

« 7) Les modalités de délivrance de soins spécifiques, occasionnels ou réguliers, le cas échéant avec le concours de professionnels médicaux ou paramédicaux extérieurs à la structure ;

« 8) Les modalités d'intervention médicale en cas d'urgence ;

« 9) Les modalités d'information et de participation des parents à la vie de l'établissement ou du service.

« Dans les établissements à gestion parentale, le règlement intérieur précise en outre les responsabilités respectives et les modalités de collaboration des parents et des professionnels assurant l'encadrement des enfants, ainsi que les fonctions déléguées au responsable technique.

« Art. R. 180-12. – Le projet d'établissement ou de service et le règlement intérieur sont transmis au président du conseil général après leur adoption définitive.

« Ils sont affichés dans un lieu de l'établissement ou du service accessible aux familles.

« Art. R. 180-13. – Lorsqu'il existe un conseil d'établissement ou de service, le projet d'établissement ou de service et le règlement intérieur lui sont soumis pour avis avant leur adoption.

« Paragraphe 4

« Personnels

« Art. R. 180-14. – Aucune personne ayant été condamnée pour des faits contraires à l'honneur, à la probité et aux bonnes mœurs ne peut être recrutée comme personnel d'un établissement ou d'un service visé à l'article L. 2324-1.

« Art. R. 180-15. – Le directeur d'un établissement ou d'un service d'accueil peut être :

« a) Soit une personne titulaire du diplôme d'État de docteur en médecine justifiant des diplômes, certificats et titres mentionnés aux 1, 2 ou 4 du II de l'article 9 du décret n° 92-785 du 6 août 1992 relatif à la protection maternelle et infantile ;

« b) Soit une personne titulaire du diplôme d'État de puéricultrice ou puériculteur justifiant de cinq ans d'expérience professionnelle.

« Toutefois, la direction d'un établissement ou d'un service d'accueil d'une capacité inférieure ou égale à quarante places peut être confiée à une personne titulaire du diplôme d'État d'éducateur de jeunes enfants justifiant de cinq ans d'expérience professionnelle auprès d'enfants de moins de 3 ans, sous réserve, pour les établissements d'accueil régulier, que le personnel de ces établissements comprenne dans son effectif une personne titulaire du diplôme d'État de puéricultrice ou puériculteur ou, à défaut, d'une personne titulaire du diplôme d'État d'infirmier justifiant d'une année d'expérience professionnelle.

« La direction d'un établissement ou d'un service d'accueil d'une capacité inférieure ou égale à vingt places, et d'un établissement ou d'un service d'accueil occasionnel, et la responsabilité technique d'un établissement à gestion parentale peuvent être confiées :

« a) Soit à une personne titulaire du diplôme d'État de puéricultrice ou puériculteur justifiant de trois ans d'expérience professionnelle ;

« b) Soit à une personne titulaire du diplôme d'État d'éducateur de jeunes enfants justifiant de trois ans d'expérience professionnelle auprès d'enfants de moins de 3 ans.

« Art. R. 180-16. – Le directeur d'un établissement ou d'un service d'une capacité supérieure à soixante places est assisté d'un adjoint, titulaire du diplôme d'État de puéricultrice ou puériculteur, d'éducateur de jeunes enfants ou d'infirmier, et justifiant de deux ans d'expérience professionnelle.

« Art. R. 180-17. – La direction d'un jardin d'enfants est confiée à une personne titulaire du diplôme d'État d'éducateur de jeunes enfants justifiant de cinq ans d'expérience professionnelle auprès d'enfants de moins de 6 ans.

« Art. R. 180-18. – Les établissements et services veillent à s'assurer, compte tenu du nombre, de l'âge et des besoins des enfants qu'ils accueillent et de leur projet éducatif et social, le concours d'une équipe pluridisciplinaire composée de professionnels qualifiés, notamment dans les domaines psychologique, social, sanitaire, éducatif et culturel.

« Art. R. 180-19. – I. – Les établissements et services s'assurent du concours régulier d'un médecin spécialiste ou compétent qualifié en pédiatrie, ou, à défaut, de celui d'un médecin généraliste possédant une expérience particulière en pédiatrie.

« Ce médecin assure les actions d'éducation et de promotion de la santé auprès du personnel et, le cas échéant, auprès des parents participant à l'accueil.

« Il veille à l'application des mesures préventives d'hygiène générale et des mesures à prendre en cas de maladie contagieuse ou d'épidémie, ou d'autres situations dangereuses pour la santé.

« Il organise les conditions du recours aux services d'aide médicale d'urgence.

« Dans le cas d'un accueil régulier, le médecin donne son avis lors de l'admission d'un enfant, après examen médical. Toutefois, dans les établissements d'une capacité de vingt places au plus, cet avis peut être donné par un médecin choisi par la famille.

« Dans les établissements et services d'accueil régulier de plus de vingt places, le médecin assure en outre le suivi préventif des enfants accueillis, et veille à leur bon développement et à leur adaptation dans la structure, en liaison avec le médecin de la famille.

« II. – Les modalités du concours du médecin sont fixées par voie conventionnelle entre l'établissement ou le service et le médecin, ou l'organisme qui l'emploie, conformément au règlement intérieur, en fonction du nombre des enfants accueillis et de leur état de santé, à moins que le médecin et l'établissement ou le service ne relèvent de la même collectivité publique.

« Dans le cas d'un accueil occasionnel et des établissements d'accueil régulier de vingt places au plus, et notamment dans les établissements à gestion parentale, un médecin du service de protection maternelle et infantile, non chargé du contrôle de la structure d'accueil, peut, par voie de convention, assurer tout ou partie des missions définies au I du présent article.

« Art. R. 180-20. – Dans les établissements et services d'une capacité supérieure ou égale à quarante places, le personnel comprend au moins une personne titulaire du diplôme d'État d'éducateur de jeunes enfants.

« Il comprend en outre une personne titulaire du diplôme d'État d'éducateur de jeunes enfants par effectif de quarante enfants supplémentaires.

« Art. R. 180-21. – Les personnels chargés de l'encadrement des enfants doivent être titulaires du diplôme d'État d'éducateur de jeunes enfants, du certificat ou du diplôme professionnel d'auxiliaire de puériculture, ou d'une qualification définie par arrêté du ministre chargé des Affaires sociales.

« Art. R. 180-22. – L'effectif du personnel placé auprès des enfants est d'un professionnel pour cinq enfants qui ne marchent pas et d'un professionnel pour huit enfants qui marchent.

« Toutefois, dans les jardins d'enfants, l'effectif du personnel placé auprès des enfants âgés de 3 à 6 ans est calculé de manière à assurer la présence d'un professionnel pour quinze enfants en moyenne.

« Les enfants et assistantes maternelles qui les accompagnent, présents occasionnellement dans un établissement d'accueil collectif, notamment dans le cadre d'une structure multi-accueil, ne sont pas comptés dans les effectifs des enfants et des personnels retenus pour le calcul des taux d'encadrement prévus aux premier et deuxième alinéas du présent article.

« Dans la mesure où les tâches administratives découlant de la fonction de direction sont assurées par des bénévoles, le calcul du personnel peut tenir compte de la participation éventuelle du directeur ou, dans les établissements à gestion parentale, du responsable technique à l'encadrement des enfants.

« Pour des raisons de sécurité, l'effectif du personnel présent auprès des enfants à tout moment dans la structure d'accueil ne doit pas être inférieur à deux, dont au moins un professionnel répondant aux conditions de qualification fixées par l'arrêté prévu à l'article R. 180-21.

« Art. R. 180-23. – Dans les établissements à gestion parentale, il est tenu compte de la participation des parents à l'accueil des enfants pour l'application du ratio défini au premier alinéa de l'article R. 180-22.

« L'effectif des personnes présentes dans ces établissements comprend au minimum et en permanence un professionnel répondant aux conditions de qualification fixées par l'arrêté prévu à l'article R. 180-21, assisté d'un parent ou d'une deuxième personne. Ce professionnel assure, auprès des enfants, la responsabilité technique liée aux compétences définies par son diplôme ou sa qualification professionnelle. Exceptionnellement, aux heures d'ouverture et de fermeture de l'établissement, ce professionnel peut être remplacé par un parent participant régulièrement à l'accueil des enfants, sous réserve que la responsabilité de celui-ci soit précisée dans le règlement intérieur.

« Art. R. 180-24. – Le service d'accueil familial organise régulièrement, en collaboration avec le service départemental de protection maternelle et infantile, des rencontres d'information pour les assistantes maternelles, auxquelles les parents peuvent être associés. Il prévoit l'accueil des enfants lors de ces activités d'information.

« Paragraphe 5

« Dérogations

« Art. R. 180-25. – En l'absence de candidat répondant aux conditions exigées par le premier et le deuxième alinéa de l'article R. 180-15 et par l'article R. 180-17, il peut être dérogé aux conditions relatives à la durée de l'expérience professionnelle, sans que celle-ci puisse être inférieure à trois ans.

« Dans les établissements et services d'accueil régulier de vingt places au plus, et pour tout établissement d'accueil occasionnel, en l'absence de candidat répondant aux conditions exigées par le troisième alinéa de l'article R. 180-15, il peut être dérogé :

« 1) Aux conditions relatives à la durée de l'expérience professionnelle, sans que celle-ci puisse être inférieure à deux ans ;

« 2) Aux conditions de diplômes, en faveur d'une personne titulaire du diplôme d'État d'assistant de service social, d'éducateur spécialisé ou d'infirmier, et justifiant de trois ans d'expérience professionnelle auprès des jeunes enfants ;

« 3) Ou, pour les établissements et services gérés par une personne de droit privé, en faveur d'une personne ayant assuré pendant trois ans la direction d'un établissement ou d'un service relevant de la présente sous-section, ou la responsabilité technique d'un établissement à gestion parentale.

« Ces dérogations sont décidées :

« a) Pour les établissements et services gérés par une personne de droit privé, par le président du conseil général, après avis du médecin responsable du service départemental de protection maternelle et infantile ou d'un médecin de ce service qu'il délègue ;

« b) Pour les établissements et services publics, par la collectivité publique gestionnaire, après avis du président du conseil général.

« Art. R. 180-26. – Des réalisations de type expérimental, dérogeant aux dispositions de l'article R. 180-1, et à celles des articles R. 180-7, R. 180-8, et R. 180-14 à R. 180-23, peuvent être, selon le cas, soit autorisées par décision motivée du président du conseil général, après avis du médecin responsable du service départemental de protection maternelle et infantile, soit décidées par la collectivité publique intéressée, après avis motivé du président du conseil général.

« Ces réalisations font l'objet d'une convention avec les principaux partenaires associés à l'expérimentation, qui en définit la durée, les modalités de fonctionnement, d'évaluation et de validation. »

Art. 2 – Les établissements et services d'accueil existant à la date de publication du présent décret doivent adapter leurs locaux conformément aux dispositions des articles R. 180-7 et R. 180-9 du code de la santé publique à l'occasion de tous travaux de restauration, d'amélioration ou de restructuration, et au plus tard dans un délai de cinq ans.

Toutefois, pour ceux de ces établissements qui ont une capacité comprise entre soixante et quatre-vingts places, il pourra être dérogé aux dispositions du I de l'article R. 180-7 et de l'article R. 180-16 du code de la santé publique, au vu d'éléments relatifs à l'organisation et au fonctionnement de l'établissement, selon le cas, soit après avis du président du conseil général, soit par décision motivée du président du conseil général, après avis du médecin responsable du service de protection maternelle et infantile, ou d'un médecin du même service qu'il délègue.

Art. 3. – Les dispositions des articles R. 180-15, R. 180-16 et R. 180-17 du code de la santé publique ne sont pas applicables au personnel en fonction dans les établissements et services existant à la date de publication du présent décret.

Art. 4. – Dans l'ensemble des textes réglementaires qui mentionnent les mots « crèches » ou « haltes-garderies », il y a lieu de considérer que ces mentions correspondent à des catégories d'« établissements et services d'accueil des enfants de moins de 6 ans », soumis aux dispositions du code de la santé publique.

Art. 5. – Sont abrogés :

– le décret n° 52-968 du 12 août 1952 relatif à la surveillance sanitaire des garderies et jardins d'enfants ;

– le décret n° 74-58 du 15 janvier 1974 relatif à la réglementation des pouponnières, des crèches, des consultations de protection maternelle et infantile et des gouttes de lait, en tant qu'il concerne les crèches.

Art. 6 – La ministre de l'Emploi et de la Solidarité, le ministre de l'Intérieur, la ministre déléguée à la Famille et à l'Enfance et la secrétaire d'État à la Santé et aux Handicapés sont chargés, chacun en ce qui le concerne, de l'exécution du présent décret, qui sera publié au *Journal officiel de la République française*.

Fait à Paris, le 1er août 2000.

Lionel Jospin
Par le Premier ministre :
La ministre de l'Emploi
et de la Solidarité, Martine Aubry
Le ministre de l'Intérieur,
Jean-Pierre Chevènement
La ministre déléguée à la Famille
et à l'Enfance, Ségolène Royal
La secrétaire d'État à la Santé
et aux Handicapés, Dominique Gillot

Fiche de notation pour le recrutement d'un EJE territorial

Candidature au poste de : **Responsable de section/Éducatrice de jeunes enfants**		
Nom du candidat :	Date d'entretien :	
Qualités individuelles		**Observations**
Maturité/équilibre	1 2 3 4 5 6 X	
Motivation pour la crèche	1 2 3 4 5 6 X	
Sens de l'initiative	1 2 3 4 5 6 X	
Dynamisme	1 2 3 4 5 6 X	
Aisance dans l'expression orale	1 2 3 4 5 6 X	
Qualités de réflexion	1 2 3 4 5 6 X	
Sens des responsabilités	1 2 3 4 5 6 X	
Souplesse et diplomatie	1 2 3 4 5 6 X	
Sens de l'organisation et de la coordination	1 2 3 4 5 6 X	

Encadrement et animation d'équipe		**Observations**
Sens du travail en équipe avec la direction	1 2 3 4 5 6 X	
Sens du travail en équipe avec les auxiliaires	1 2 3 4 5 6 X	
Sens de l'animation d'une équipe	1 2 3 4 5 6 X	
Capacité à l'encadrement	1 2 3 4 5 6 X	
Capacité à faire évoluer le projet et à le décliner en projet de section	1 2 3 4 5 6 X	
Capacité d'analyse de situation	1 2 3 4 5 6 X	
Capacité d'évaluation des membres de l'équipe	1 2 3 4 5 6 X	
Sens de l'écoute	1 2 3 4 5 6 X	
Sens du rôle formateur de l'EJE	1 2 3 4 5 6 X	
Éducatif		
Sens de l'accueil	1 2 3 4 5 6 X	
Sens de la communication avec les parents	1 2 3 4 5 6 X	
Sens de l'observation	1 2 3 4 5 6 X	
Connaissance de la notion de référence	1 2 3 4 5 6 X	
Individualisation du rythme de l'enfant	1 2 3 4 5 6 X	
Nom consultants :	Rejeté	Accepté
Commentaires :		

Échelle des notes : 1 : excellent ; 2 : très bon ; 3 : bon ; 4 : moyen ; 5 : insuffisant ; 6 : très insuffisant ; X: pas de critères d'évaluation.

Fiche de poste EJE (collectivité locale)

Poste

Responsable de section EJE ou psychomotricienne.

Raison d'être

Chargé de l'animation et de l'encadrement d'une équipe d'auxiliaires, exerçant auprès d'un groupe d'enfants d'âges homogènes, chargé du pilotage du projet pédagogique d'une section, dans le cadre du projet global de l'équipe de direction.

Activités

1. Pilotage du projet pédagogique de la section

- Participation active à l'élaboration et à l'évolution du projet global de l'établissement.
- Élaboration, rédaction et suivi du projet pédagogique de la section.

2. Encadrement et coordination

– Animation, soutien et accompagnement de l'équipe d'auxiliaires.
– Évaluation et suivi de chacun des membres de l'équipe.
– Organisation du fonctionnement de l'équipe.
– Suivi des effectifs adultes et de la gestion prévisionnelle des absences.
– Organisation des rencontres entre les parents et l'équipe.
– Suivi de l'organisation de l'accueil des stagiaires.

3. Gestion matérielle administrative, technique

– Aménagement de l'espace en fonction du développement des besoins des enfants.
– Suivi du budget éducatif de la section.
– Participation à la réflexion des projets de travaux/rénovation.
– Organisation des moments festifs de la section.

4. Partenariat

– Participation active aux rencontres entre responsables de section interétablissements.
– Participation aux réunions de synthèse (PMI, CAMSP...).
– Menée de projets avec : la bibliothèque, la ludothèque, les écoles maternelles, le cinéma, les centres de formation aux métiers de la petite enfance...

Activités secondaires

– Assurer des renforts ponctuels auprès d'autres établissements.

Compétences

– Capacité à encadrer et animer une équipe.
– Réalisation, menée et suivi d'un projet pédagogique.
– Rôle formateur auprès de l'équipe d'auxiliaires.
– Aide à la décision.
– Capacité à gérer les conflits.
– Capacité à animer une réunion.
– Capacité à rédiger (compte rendu, rapport, synthèse).

Niveaux d'exigence

– Prise d'initiatives, disponibilité.
– Sens de la menée du travail d'équipe.
– Sens de l'organisation et de la coordination.
– Esprit de synthèse.

Horaire de travail

– Une ouverture et une fermeture obligatoire chaque semaine.
– Horaires organisés en fonction de la nécessité du service.

Tâches

1. Être un élément moteur dans le recueil des besoins et idées de chaque professionnelle.
- Réunions régulières avec l'équipe de direction pour la validation du projet pédagogique de la section.
- Organisation de l'accueil des enfants de la section (fiche de rythme et d'observations des enfants, mise en place de repères humains, spatio-temporels et matériels).
- Partenariat actif avec l'équipe de direction, le médecin et le psychologue dans le suivi du développement des enfants (réunion de synthèse).

2. Relais de l'équipe de direction dans le cadre des transmissions faites aux familles et à l'équipe.
- Suivi hebdomadaire des plannings de fréquentation et organisation du service en conséquence.
- Mise en place et animation des réunions de travail, rédaction des comptes rendus.
- Menées des entretiens annuels d'évaluation et des évaluations intermédiaires des membres de l'équipe.
- Élaboration et suivi du planning des absences de l'équipe.
- Participation au recrutement des postes vacants.
- Préparation et animation, en collaboration avec l'équipe de direction, des réunions de parents.
- Évaluation et suivi des différents stagiaires.

3. Suivi de l'évolution des besoins en matériel proposé aux enfants.
– En collaboration avec l'équipe de direction, gestion prévisionnelle des achats et investissements (mobilier).
– Suivi des réalisations de travaux et participation créative au projet de rénovation d'espace de vie des enfants.
– Préparation et suivi logistique des moments festifs (fête de Noël, fin d'année, kermesse...).
4. Une fois tous les deux mois, rencontre entre les responsables de section interétablissements, organisation à tour de rôle dans les structures d'accueil.
– Préparation et compte rendu des réunions de synthèse avec les partenaires extérieurs.
– Élaboration et suivi des activités organisées à l'extérieur de la structure.

Positionnement hiérarchique

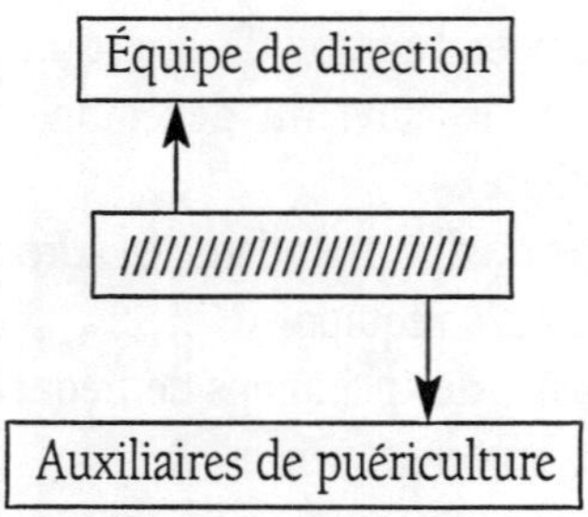

BIBLIOGRAPHIE [1]

ACCARDO Alain (1983), *Initiation à la sociologie de l'illusionnisme*, Le Mascaret, Bordeaux.

ARENDT Hannah (1961), *Condition de l'homme moderne*, Calmann-Lévy, Paris.

ARIÈS Philippe (1975), *L'Enfant et la vie familiale sous l'Ancien Régime*, Seuil, coll. « Points », Paris.

BACHMANN Christian et SIMONIN Jacky (1982), *Changer au quotidien*, Études vivantes, Paris.

BADINTER Élisabeth (1980), *L'Amour en plus*, Flammarion, coll. « Champs », Paris.

BAUDELOT et ESTABLET (1992), *Allez les filles !* Seuil, Paris.

BAUDELOT Olga et RAYNA Sylvie (2000), *Coordonnateurs et coordination de la petite enfance dans les communes*, Actes du colloque de mars 2000, Cresas/INRP.

BLOCH Marc-André (1973), *Philosophie de l'éducation nouvelle*, PUF.

1. Cette bibliographie a été actualisée des principaux ouvrages parus depuis 1992 sur le métier d'éducateur de jeunes ou plus généralement sur le champ de la petite enfance.

BOSSE-PLATIÈRE Suzon (1989), *Les Maternités professionnelles*, Érès, coll. « Travail social d'aujourd'hui », Toulouse.

BOSSE-PLATIÈRE S., DETHIER A., FLEURY C. et LOUTRE DU PASQUIER N. (1995), *Accueillir le jeune enfant, quelle professionnalisation ?* CNFPT, Érès, Toulouse.

BOURDIEU Pierre (1979), *La Distinction*, Minuit, Paris.

BOURDIEU Pierre (1980), *Questions de sociologie*, Minuit, Paris.

BOURDIEU Pierre (1992), *Réponses*, Seuil, Paris.

CARR-SAUNDERS A. et WILSON P. (1933), *The Professions*, Oxford University Press, Londres.

CÉREQ (1983), *Étude sur le devenir des jeunes issus des formations sociales*, Paris.

– (1983), *Les Emplois types des activités sociales, socioculturelles et de conseil*, rapport publié dans le cahier 8 du *Répertoire français des emplois*, La Documentation française, Paris.

CHAPLAIN Didier-Luc et CUSTOS-LUCIDI Marie-France (2001), *Les Métiers de la petite enfance, des professions en quête d'identité*, Syros, Paris.

CHOPART Jean-Noël (2000), *Les Métamorphoses du travail social*, Dunod, Paris.

COHEN Rachel (1982), *Plaidoyer pour les apprentissages précoce, stratégies éducatives pour la réalisation des potentialités humaines*, PUF, Paris.

DAVALLON Jean (1977), *Les Éducateurs de jeunes enfants*, Mésopé, Privat, Toulouse.

DOLTO Françoise (1977-1979), *Lorsque l'enfant paraît*, 3 tomes, Seuil, Paris.

DONZELOT Jacques (1977), *La Police des familles*, Minuit, Paris.

DUBAR Claude (1970), *Idéologie et choix professionnel des éducateurs spécialisés*, thèse de 3e cycle, Paris.

– (1991), *La Socialisation. Construction des identités sociales et professionnelles*, Armand Colin, Paris.

DUPRAZ Luce (1995), *Le Temps d'apprivoiser l'école*, FAS, CDC, Fondation de France, Paris.

ETZIONI A. (1969), *The Semi-Professions and their Organizations*, Free Press.

FLANDRIN Jean-Louis (1976), *Familles, parenté, maison, sexualité dans l'ancienne société*,

Hachette, coll. « Le temps et les hommes », Paris.

FLORIN Agnès (1999), *Modes d'accueil et développement du jeune enfant*, laboratoire de psychologie « Éducation, cognition, développement », université de Nantes.

FOUCAULT Michel (1975), *Surveiller et punir*, Gallimard, Paris.

FREIDSON E. (1984), *La Profession médicale*, Payot, Paris.

GAYERIE Jean-Pierre (1998), « Les relais assistantes maternelles, dossiers experts », *La Lettre du cadre territorial.*

GERVAIS-KARPOWICZ Annick (1991), *Histoire et mémoire des jardinières d'enfants aux éducateurs de jeunes enfants*, contribution à l'analyse du processus de professionnalisation des éducateurs de jeunes enfants, mémoire de DSTS, sous la direction de M. Le Yaouanq, université de Tours.

GOFFMAN Erving (1973), *La Mise en scène de la vie quotidienne*, tomes 1 et 2, Minuit, Paris.

HUGHES E. C. (1958), *Men and their Work*, Free Press of Glencoe, coll. McMillan Limited, Londres.

– (1959) *The Study of Occupations*, *in* MERTON A.K. *et al.*, *Sociology Today*, Basic Books, Lexington.

INSEE, *Les Enfants de moins de six ans* (1992), coll. « Contours et caractères », Paris.

ION Jacques et TRICART Jean-Paul (1984), *Les Travailleurs sociaux*, La Découverte, Paris.

ION Jacques (1991), *Le Travail social à l'épreuve du territoire*, Privat, Toulouse.

KAHN P., OUZOULIAS A. et THIERRY P. (dir.) (1990), *L'Éducation. Approches philosophiques*, PUF, Paris.

KERGOMARD Pauline (1974), *L'Éducation maternelle dans l'école*, Hachette, coll. « Classiques », Paris.

– « La petite enfance : pratiques et politiques » (1998), *Cahiers du Gedisst*, n° 22, L'Harmattan, Paris.

LATREILLE G. (1980), *La Naissance des métiers en France*, Presses universitaires de Lyon.

LEFEBVRE Philippe (1994), *Étude prospective sur l'emploi dans le secteur de la petite enfance*, AFR, Art et Éducation, mission « Nouvelles Qualifications », Observatoire régional des formations, des qualifications et des emplois.

Luc Jean-Noël (1982), *La Petite Enfance à l'école, XIXe et XXe siècles*, INRP et Economica.

Miller Alice (1984), *C'est pour ton bien. Racines de la violence dans l'éducation de l'enfant*, Aubier, Paris.

Ministère de la Solidarité, de la Santé et de la Protection Sociale, *Les coordonnateurs petite enfance*, Actes du colloque, 17-18 mai 1989.

Montlibert C. de (1981), *Le Contrôle de la vie privée*, Delval.

Mozère Liane (1992), *Le Printemps des crèches*, L'Harmattan, Paris.

Muel-Dreyfus Francine (1983), *Le Métier d'éducateur*, Minuit, Paris.

Neyrand Gérard (1999), *Évolution des savoirs sur la petite enfance*, CIMERSS/CNAF.

Norvez Alain (1990), *De la naissance à l'école. Santé, modes de garde et préscolarité dans la France contemporaine*, INED, PUF, Paris.

Parsons T. (1954), *The Professions and Social Structure*, citations d'après le recueil *Essays in Sociological Theory, Pure and Applied*, Free Press, New York.

Piaget Jean (1968), *La Naissance de l'intelligence chez l'enfant*, Delachaux et Niestlé, Paris/Neufchâtel.

« Pourquoi le travail social ? » (1972), *Esprit*, avril-mai.

Rayna Sylvie et Dajez Frédéric (1995), *Formation, petite enfance et partenariat*, L'Harmattan, Paris.

Rayna Sylvie et Brougère Gilles (2001), *Traditions et innovations dans l'éducation préscolaire*, INRP/Crésas.

Schnapper Dominique (1981), *L'Épreuve du chômage*, Gallimard, coll. « Idées », Paris.

Soetard M. (1990), *Friedrich Fröbel*, Armand Colin, Paris.

Territoires, « Pénurie pour les petits », novembre 1990, p. 16-56.

Tripier Pierre (1991), *Du travail à l'emploi. Paradigmes, idéologies et interactions*, Institut de sociologie, Éditions de l'université de Bruxelles.

Verba Daniel (1990), *Histoire d'une gestion collective : le pouvoir partagé*, Syros, Paris.

Verba Daniel (dir.) (1995), *Violence et absentéisme à l'école*, CRDP, Paris.

Verdes-Leroux Jeannine (1978), *Le Travail social*, Minuit, Paris.

VILBROD A. (1995), *Devenir éducateur, une affaire de famille*, L'Harmattan, Paris.

Articles

AUTRET Isabelle, « Éducateurs de jeunes enfants : une profession en mutation », *ASH*, 1992.

BENGUIGUI G., « La définition des professions », *Épistémologie sociologique*, n° 13, 1972, p. 101.

CHAMBOREDON Jean-Claude et PRÉVOT Jean, « Le métier d'enfant : définition sociale de la prime enfance et fonctions différentielles de l'école maternelle », *Revue française de sociologie*, 14 (3), juillet-septembre 1973, p. 295-335.

CHAPOULIE G., « Sur l'analyse sociologique des groupes professionnels », *Revue française de sociologie*, XIV, p. 89.

DUBAR Claude, « La qualification à travers les journées de Nantes », *Sociologie du travail*, n° 1-87.

FAERDIG Anne, « La crèche parentale comme laboratoire d'insertion de femmes en difficulté », mémoire de maîtrise de sciences et techniques « développement local », juin 1995.

FLEXNER A., « Is social work a profession ? » *School and Society*, vol. 1, juin 1926.

HELFTER Caroline, « Éducateurs de jeunes enfants », *ASH*, n° 1948, 10 novembre 1995.

HUGHES E. C., « Professions », *Daedalus*, n° 92, 4, 1963.

Informations sociales, « Le jardin d'enfants », janvier 1952.

Journal de l'action sociale, « Les éducateurs de jeunes enfants : objectif civilisation », octobre 1997.

Journal de l'action sociale, « Les éducateurs de jeunes enfants trouvent vite un emploi... précaire », mai 1998.

Journal de l'action sociale, « Accueil des jeunes enfants : l'évolution des attentes », septembre 1999.

LALLEMAND Dominique, « Développement des quartiers : parier sur la petite enfance », *ASH*, n° 1837, 18 juin 1993.

LARMIGNAT Valérie, « Prendre le tournant du social : jusqu'où ? » *ASH*, n° 2046, 21 novembre 1997.

MAURICE M., « Propos sur la sociologie des professions », *Sociologie du travail*, n° 2, 1972, p. 213-225.

MONTLIBERT C. de, « Le métier de puéricultrice », *Actes de la recherche en sciences sociales*, n° 32-33, avril-juin 1980.

NICOLLE A., « La formation et la profession de jardinières d'enfants », *Sciences de l'homme et professions sociales*, Privat, Toulouse, 1974.

PARADEISE Catherine, « Rhétorique professionnelle et expertise », *Sociologie du travail*, n° 1-85n 1985.

Recherches et prévisions, « L'accueil des jeunes enfants », CNAF, 1997.

Recherches et prévisions, « Petite enfance, normes et socialisation : points de vue », CNAF, 1999.

Sciences humaines, « L'enfant en devenir », octobre 1996.

VERBA Daniel, « La professionnalisation des métiers de la petite enfance », *Le Furet*, 1995.

VERBA Daniel, « Le sentiment de la petite enfance ou l'invention d'une nouvelle catégorie. enjeux et profession » *Migrants-formation*, n° 110, septembre 1997.

TABLE DES MATIÈRES

Dans la collection
Alternatives sociales / Les métiers du social

Le Métier d'éducateur de jeunes enfants, Daniel Verba, 1993, 2001, 2003.

Les Aides à domicile, des emplois en plein remue-ménage, Lise Causse, Christine Fournier, Chantal Labruyère, 1998.

Le Métier de conseiller(ère) en économie sociale et familiale, professionnalité et enjeux, François Aballéa, Isabelle Benjamin, François Ménard, 1999, 2003.

Le Métier d'animateur, Jean-Marie Mignon, 1999.

Les Métiers de la petite enfance, des professions en quête d'identité, Didier-Luc Chaplain, Marie-France Custos-Lucidi, 2001.

Autres titres de la collection
Alternatives sociales

Ancienne série (titres disponibles) dirigée par Michel Tachon

La Fin du mariage, Françoise Battagliola, 1988.

D'une génération ouvrière à l'autre, Paul Bouffartigues, Francis Godard, 1988.

Informatique et travail social, Françoise Duribreux, 1988.

Les Naufragés de l'intelligence, Nicole Diederich, 1991.

L'Enfant face à la séparation des parents : une solution, la résidence alternée, Gérard Neyrand, 1994.

L'Ingénierie sociale, Michel Bonetti, Jean Fraisse, Vincent de Gaulejac, nouvelle édition, 1996.

Histoire des centres sociaux, du voisinage à la citoyenneté, Robert Durand, 1996, 2001.

Les Jeunes face à la justice pénale, analyse critique de l'ordonnance de 1945, Francis BAILLEAU, 1996.

Les Politiques familiales, Agnès PITROU, 1996.

Nouvelle série

Reconstruire les liens familiaux, Benoit BASTARD, Laura CARDIA-VONÈCHE, Bernard EME, Gérard NEYRAND, 1996.

Les Adolescents face à la violence, sous la direction de Caroline REY, 1996, 2000.

Savoir vivre ensemble, agir autrement contre le racisme et la violence, Charles ROJZMAN avec Sophie PILLODS, 1998.

Faire société, les associations au cœur du social, sous la direction de François BLOCH-LAINÉ, 1999.

Vivre le RMI des deux côtés du guichet, Monique MOULIÈRE, Thierry RIVARD, Alain THALINEAU, 1999.

Le Social dans la tourmente, Florence PINAUD, Charlotte AUBERT, 1999.

Les Collégiens, l'école et le temps libre, Joël ZAFFRAN, 2000.

L'Enfant face à la séparation des parents, une solution, la résidence alternée, Gérard NEYRAND, nouvelle édition, 2001.

La Médiation : expériences et compétences, Philip MILBURN, 2002.

Jeux de drôles. Jeunes et société : quand le théâtre transforme la violence, René BADACHE, 2002.

Peut-on civiliser les drogues ? De la guerre à la drogue à la réduction des risques, Anne COPPEL, 2002.

Les Démarieurs. Enquête sur les nouvelles pratiques du divorce, Benoit BASTARD, 2002.

Face à l'insécurité sociale. Désamorcer les conflits entre usagers et agents des services publics, Suzanne ROSENBERG, Marion CARREL, 2002.

Composition : DV Arts Graphiques à Chartres
Achevé d'imprimer en février 2003
par la Société Nouvelle Firmin-Didot
27650 Mesnil-sur-l'Estrée
Dépôt légal : mars 2003
N° d'impression : 63258